서른 살이 심리학에게 묻다

서른 살이 심리학에게 묻다

김혜남(정신분석 전문의) 지음

갤리온

프롤로그

인간은 노력하는 한
방황한다

서른이란 나이는 심리학에서 특별한 이름이 없는 무명의 나이이다. 심리학에서는 인간의 발달을 설명할 때 인생의 큰 변화가 일어나는 시기를 중심으로 아동기, 사춘기, 21~40세까지의 초기 성인기, 40대의 중년기, 50대의 갱년기, 그리고 60대 이상의 노년기로 나누어 설명한다. 30대에 대한 다른 언급은 없다. 그저 초기 성인기에 묶여 20대의 뒤에 어정쩡하게 붙어 있을 뿐이다. 심리학자 에릭슨도 30대를 발달학상 뚜렷한 과제나 변화가 없기 때문에 '미지의 시기'라고 했다. 그러다 보니 청년이라고 하기엔 나이가 들었고 장년이라고 하기엔 아직 젊은 서른 살은 아직까지 연구된 것이 거의 없는 실정이다.

그도 그럴 것이 예전의 서른 살은 우리네 인생에 있어서 크게 두

드러지는 나이가 아니었다. 누구나 20대 중후반이면 직장에 들어가고 결혼을 했기 때문에 서른 살은 그저 일과 가정을 꾸려 나가기에 여념이 없는 나이일 뿐이었다. 한 직장에서 열심히 일하면 어느 정도 승진이 보장되었고, 지금처럼 40대에 은퇴하라는 압박을 받지도 않았다. 그래서 정신없이 바쁘지만 밝은 미래가 기다리고 있기에 힘껏 달리기만 하면 되었다.

하지만 현대 사회에서 서른 살은 고달프고 우울하다. IMF 사태 이전의 사회 초년생들은 지금보다 물질적으로는 덜 풍요롭게 자란 세대지만, 적어도 지금과 같은 취업난을 경험하지는 않았다. 그러나 지금의 서른 살은 어린 시절 경제 호황기의 수혜자로 풍족한 환경에서 자랐지만 대학 입학 전후로 IMF를 겪고 그 여파로 인해 심각한 취업난과 고용 불안에 시달려야만 했다. 그 어느 세대보다 경제적으로나 정신적으로 안정되지 못한 20대를 보내고 서른 살을 맞이한 것이다. 이들은 취업 준비로 젊음을 다 소진해 버리고 아무런 준비 없이 숨 가쁘게 차가운 현실로 내동댕이쳐졌다. 그래서 인생의 한 전환기로서, 미래의 방향을 결정짓는 중요한 선택의 시기로서, 홀로 서야 하는 실질적인 독립의 시기로서, 꿈에서 현실로 내려오는 좌절의 시기로서 서른 살의 삶은 고되기만 하다.

의도한 바와 달리 자꾸만 꼬이는 인간관계를 어찌해야 좋을지 모를 때, 죽어라 일에 매달리는데 성과가 나지 않아 괴로울 때, 중요한 선택의 기로에 서 있을 때, 허심탄회하게 내 고민을 들어 주고 현명한 조언을 해 주는 사람이 있다면 얼마나 좋을까? 그래서 서른 살은 자신에게 조언과 도움을 줄 '멘토'를 절실히 필요로 하게 된다.

그러나 그들은 고아나 다름없다. 부모와 스승의 권위가 바닥에 떨어진 지 이미 오래고, 노인들은 사회의 퇴물인 양 취급받는다. 이는 곧 가야 할 길을 비춰 주고, 잘못된 길로 들어섰을 때 꾸짖어 주는, 믿고 의지할 만한 어른들이 사라져 버렸음을 뜻한다. 그러다 보니 젊은이들은 자기 스스로 사는 법을 배우는 수밖에 없다. 그들이 자기 계발이나 인간관계에 관한 책들에 몰리는 이유가 여기에 있다.

그뿐인가. 그들에게는 '이행기'마저 허락되지 않았다. 서른 살은 부모로부터 심리적, 경제적으로 완전히 독립하는 시기이다. 그 과정에서 생기는 불안을 극복하기 위해서는 새롭고 낯선 세계에 대한 두려움을 달래고 자신을 추스를 수 있는 중간 세계가 필요하다. 그것을 정신분석에서는 '이행기'라고 부른다. 어릴 적 아이가 부모와 분리되는 데 대한 불안을 해소하기 위해 곰인형이나 담요 등 부모를 대신하는 물건에 집착하듯, 본격적인 어른의 세계로 가기 위해서는 불안을 달래 줄 시간과 공간이 필요한 것이다.

그런데 젊음을 발산하고 이것저것 시도해 보며 실질적인 어른이 되는 연습을 해야 할 20대 중후반을 심각한 취업난 때문에 책상 앞에서 보낸 그들은 서른이 되어 갑작스레 어른들의 사회로 내던져진다. 예행연습 없이, 미래의 땅에 대한 사전 조사 없이 떠밀려 가

듯 들어간 어른의 삶은 낯설고 불안하기만 하다. 그래서 멘토가 사라진 시대, 이행기마저 없었던 서른 살은 뒤늦게 방황하게 되며, 그 방황은 쉽게 끝나지 않는다.

나는 매일 마음의 상처로 고통스러워하는 사람들을 만난다. 그런데 부끄럽게도 내가 그들을 치료하는 것이 아니라 그들이 나를 치료한다고 느낄 때가 더 많다. 고생을 안고 태어난 듯 어릴 적부터 힘든 삶을 이어 오다, 관성의 법칙인지 성인이 된 후에도 고통과 고달픔 속에서 살아가는 사람들. 가끔은 고통을 견디다 못해 극심한 정신 분열 증상을 일으키기도 하지만, 그 열병이 가라앉으면 그들은 다시 묵묵히 자기 자리를 지켜 나간다. 마치 인생의 아픔을 이해하고 그것을 껴안고자 노력하는 구도자처럼 말이다. 그들은 나에게 가르쳐 준다. 아무리 힘들어도 충분히 살 가치가 있으며, 세상과 사람에 대한 근본적인 믿음과 희망을 놓아서는 안 된다는 사실을.

사는 게 혼란스럽고 힘들게만 느껴지면 누구나 방황을 하게 된다. 그 과정에서 실수를 하고, 잘못된 선택을 하기도 한다. 나를 찾아오는 환자들도 냉혹한 현실 속에서 살아남고자 최선을 다했지만 어느 순간 그것이 너무 힘들어 병적 혼란을 겪는 것일지도 모른다. 사람들은 그들을 고통스런 상황에 무릎 꿇은 패배자로 볼지도 모르지만 내 생각은 다르다. 그들은 삶을 포기한 것이 아니라 그 상황과 다시 부딪쳐 싸울 힘을 얻기 위해 나를 찾아온다. 그리고 결국 제자리를 찾아간다. 그러니 그들은 결코 패배자가 아니다.

　서른 살의 당신도 마찬가지일 것이다. 비록 당신이 지금은 방황하고 있지만 그 방황은 당신이 최선의 삶을 살기 위한 노력의 일환이지, 쓸모없는 것이 아니다. 괴테가 말했다. '인간은 노력하는 한 방황한다' 라고. 그러니 당신은 지금 당신이 할 수 있는 최선을 다하고 있는 것이다. 방황하고 있다고 해서 패배자가 된 듯 좌절하거나 움츠러들 필요가 전혀 없다. 그래서 내가 당신에게 해 주고 싶은 이야기는 딱 한 가지다.

"당신은 언제나 옳다. 그러니 거침없이 세상으로 나아가라!"

2008년 2월
김혜남

| 차 례 |

| 프롤로그 | 인간은 노력하는 한 방황한다 5

1 내 인생, 도대체 뭐가 문제인 걸까?

- 왜 쿨함에 목숨 거는가? ··· 17
- 혹시 겉으로는 웃고 있지만 속으로는 울고 있는가? ········· 28
- 무수한 선택의 가능성, 그 저주에 대하여 ························ 39
- 무엇인가로부터 도망치기 전에 기억해야 할 것 ··············· 49
- 서른 살, 악마의 유혹에 빠지기 쉬운 까닭 ······················ 58
- 이제 그만 '조명 효과'에서 벗어나라 ······························· 66
- 그들이 진정한 멘토를 만난 것은 결코 우연이 아니다 ····· 75

2 | 서른 살, 방어 기제부터 점검해 보라

- 왜 세상을 믿지 못하는가? ·············· 85
- 그녀에게 중학교 이전 기억이 거의 없었던 이유 ·············· 94
- 서른 살, 방어 기제부터 점검해 보라 ·············· 99
- 지금 극복하지 않으면 평생 끌려 다닐 문제 ·············· 107
- 가까워지는 것이 두려운 사람들 ·············· 116
- 마마걸, 마마보이가 착각하고 있는 것 ·············· 126
- 유능한 사람들이 특히 많이 빠지는 함정 ·············· 135
- '피해자 증후군'을 경계하라 ·············· 142

3 | 진정 내가 원하는 것은 무엇일까? : 일과 인간관계

- 서른 살이 직장에서 괴로운 까닭 ·············· 153
- 나는 왜 만족을 모르는가? ·············· 161
- 인생을 숙제처럼 사는 사람들 ·············· 168

- 나는 왜 남에게 일을 맡기면 불안해하는가? ················ 172
- 나는 지금 쓸데없이 시간만 허비하고 있는 것은 아닐까? ········· 177
- 나는 왜 끊임없이 남과 비교하는가? ···················· 182
- 일과 삶의 균형을 찾는 방법 네 가지 ···················· 186
- 그만두기 전에 생각해 봐야 할 것들 ···················· 195
- 직장에서 가족 관계를 바라지 마라 ···················· 202

4 내게도 다시 사랑이 올까? : 사랑과 결혼

- 거절당하는 것이 두려운 사람들 ······················ 211
- 상대방의 과거를 알고 괴로워하는 사람들 ················ 215
- 왜 자꾸만 사랑을 확인하게 되는 걸까? ·················· 222
- 왜 질투를 멈추지 못하는 걸까? ······················ 229
- 이상형만을 기다리는 사람들이 겪는 오류 ················ 234
- 피그말리온식 사랑법 —너는 내가 하자는 대로 해야 해! ········ 241
- 연인에게 부모의 역할을 강요하지 마라 ·················· 245
- 결혼, 그 두려움에 대하여 ·························· 250
- 부모로서 산다는 것의 의미 ························ 260
- 기혼자들의 위험한 생각, 그 속에 숨어 있는 결혼의 본질 ········ 267
- 그럼에도 우리가 사랑을 하는 이유 ···················· 280

5 | 심리학이 서른 살에게 들려주고 싶은 이야기

- 마음먹은 만큼 성공할 수 있다 287
- 서른, 더 뜨겁고 간절한 사랑을 할 수 있는 나이 294
- 마음먹은 만큼 행복해질 수 있다 299
- 당신은 언제나 옳다, 그러니 거침없이 세상으로 나아가라 306

내 인생, 도대체 뭐가 문제인 걸까?

1

왜 '쿨함'에 목숨 거는가?

"제가 참을 수 없는 것은 쿨하지 못한 저 자신이에요."

이 말이 내 귓가에 한참이나 맴돌았다. 얼마 전 한 환자가 내게 한 말이다. 그녀는 실연을 당했노라고 했다. 나는 실연이 때론 죽음보다 더한 고통임을 알고 있다. 그런데 그녀는 실연으로 인해 사랑하는 사람을 더 이상 볼 수 없다는 사실보다 그깟 이별쯤 '쿨' 하게 털어 버리지 못하고 몇 날 며칠을 우울해하는 자기 자신을 더 못 견뎌 했다. 쿨하지 못함, 그것이 그녀를 초라하고 우울하게 만들었던 것이다.

나는 그런 그녀의 모습이 많이 안타까웠다. 제대로 사랑했다면 느닷없는 실연의 아픔에서 자유로울 수 있는 사람은 세상에 단 한 명도 없다. 오히려 아픈데도 아픈 줄 모르는 사람, 슬픈데도 슬픈 줄 모르는 사람, 화가 나는 상황에서도 화를 느끼지 못하는 사람이 문제가 많은 법이다. 그들은 자신의 감정을 터트렸을 때 펼쳐질 상황이 무서워, 언젠가부터 그런 감정이 일어나면 무조건 억눌러 온 것이기 때문이다.

하지만 적절하게 밖으로 표출되지 않은 감정은 마음속에서 곪아 터지게 되어 있다. 무조건 감정을 발산하는 것도 문제지만 너무 심한 감정 절제가 안 좋은 이유가 바로 거기에 있다. 그러므로 그녀가 실연당했을 때 우울함을 경험한 것은 지극히 당연한 현상이다. 그런데도 그녀는 그것이 당연하지 않다고 생각했다.

쿨한 사람과 나르시시스트의 공통점

요즘 젊은이들은 '쿨' 하게 사랑하고 '쿨' 하게 살고 싶어 한다. 쿨함에 열광하는 그들에게 최고의 찬사는 '쿨한 사람' 이라는 말이다. 왜 하필 '쿨(cool)' 일까?

쿨한 사람들은 남의 눈치 안 보고 자신이 하고 싶은 대로 한다. 또한 세련되게 잘 차려입은 옷차림에, 냉정함과 침착함 그리고 여유로운 미소로 무장하고 인생을 즐기며, 일 처리를 깔끔하게 하고, 타인에게 무심한 듯 힐끗 한 번 눈길을 주고 제 갈 길을 간다.

그런데 저널리스트인 딕 파운틴의 말에 따르면 쿨의 핵심은 언제나 쿨하게 '보이는' 데 있다. 즉 다른 사람들이 자신을 쳐다보는 시선에 의존하는 것이다. 물론 겉으로 볼 때 쿨한 사람은 남의 시선에 무관심하다. 그래서 그 옆에 있는 사람들은 곁에 있으나 없는 듯한 '이방인'이 되어 버린다. 그러면 이방인은 쿨한 사람의 눈길을 자신에게 고정시키고 싶어 그를 갈망하는 눈으로 응시하게 된다.

쿨한 사람이 바라는 것이 바로 그것이다. 겉으로 무관심한 척할 뿐 속으로는 다른 사람들의 사랑을 갈망하며, 심지어 그것에 좌지우지되기까지 한다. 타인의 관심과 사랑을 원하는 감정을 타인에게 던져 버리고 그를 멸시함으로써 그 감정에서 벗어나는 것이다.

그래서 쿨한 사람은 철저하게 자기중심적이다. 그들은 세상을 자신의 반사경으로 보면서 타인의 눈에 투영된 자신의 이미지 외에는 아무것에도 흥미를 갖지 않는다. 타인의 눈동자에 비친 자신의 이미지와 반쯤 입을 벌리고 자신을 보며 감탄하는 상대의 모습에서 만족을 구할 뿐이다.

여기에 한몫 거드는 것이 범람하는 이미지의 세상이다. 사람들은 시도 때도 없이 휴대폰이나 디지털 카메라를 꺼내 들고 사진을 찍는다. 어디서든지 당장 꺼낼 수 있는 카메라는 우리의 현실 생활을 하나의 이미지로 만들어 버린다. 마치 항상 자신 앞에 카메라가 있고 자신의 행동을 누군가가 보고 있는 양 미소를 짓고 상황을 연출하는 것이다. 하지만 그처럼 보이는 이미지에 몰두하다 보면 타인의 감정을 돌아볼 여력을 잃어버리게 된다. 쿨한 사람이 타인의 감정을 공감하지 못하고 오로지 자신의 감정에만 충실한 이유는 바로 그 때문이다.

그래서일까. 쿨한 사람들은 나르시시스트를 닮아 있다. 사람들은 누군가 자신을 봐 주기를 바란다. 그것은 갓난아이 적 가만히 누워 엄마가 눈을 맞춰 주기를 기다리던 의식의 먼 밖에 있는 기억으로부터 시작된다. 아이는 엄마가 사랑이 가득한 눈으로 자신을 바라보면 스스로에 대한 확고한 믿음을 가져 더 이상 외부의 시선에 매달리지 않게 된다. 반대로 엄마가 아이를 쳐다보지 않거나 내킬 때만 눈길을 주면 아이는 자신이 열등하다고 느끼며 버림받을지도 모른다는 공포에 떨게 된다. 그리고 그처럼 열등한 자기 자신을 부정하고 방어하기 위해 아이는 남들에게 사랑받는 전지전능한 과대적 자기를 만들어 낸다. 일명 '거짓 자기'이다. 그러고는 연못에 비친 자기 모습에 반해 사랑에 빠져 결국 이루지 못할 사랑의 고통 속에서 시름시름 앓다가 죽고 만 나르키소스처럼 타인의 눈에 비친 자기 모습과 사랑에 빠진다.

이러한 나르시시스트들의 과대 자기는 그 기반이 약해 자존심을 유지하기 위해서 항상 외부로부터의 확인이 필요하다. 그렇기 때문에 겉으로는 독립적이고 외부에 무관심한 것처럼 보이는 현대의 나르시시스트들은 타인에게 자신이 어떻게 비치는지를 항상 의식하며 거기에 민감하다. 그래서 타인의 사소한 시선이나 말 한마디에도 큰 상처를 입는다. 또한 이렇게 남의 시선에 의존할 수밖에 없는 나약한 자신을 부정하기 위해, 남들에게 받을 수 있는 상처를 예방하기 위해 오히려 아무에게도 의존하지 않으려 한다.

상처받지 않기 위해 그들이 택한 길 — 무엇에도 집착하지 않기

쿨한 사람들도 마찬가지이다. 그들은 타인과 친밀한 관계를 맺는 것을 회피한다. 애써 감정적인 거리를 유지하는 것이다. 그렇게 해서 그들은 대인 관계로 인한 상처로부터 자신을 지킨다.

'도쿄에 올라와서 기숙사에 들어가 새로운 생활을 시작했을 때 내가 해야 할 일은 한 가지밖에 없었다. 모든 사물을 너무 심각하게 생각하지 말 것, 모든 사물과 나 자신 사이에 적당한 거리를 둘 것, 그것뿐이었다.'

무라카미 하루키의 소설 『상실의 시대』에서 주인공 와타나베가 한 말이다. 왜 와타나베에게는 거리 두기가 필요했을까? 그에게는 가장 친한 친구가 아무런 이유나 설명도 없이 갑자기 자살해 버린 아픈 기억이 있다. 친구의 자살은 감수성이 예민한 와타나베에게 큰 혼란과 슬픔, 배신감을 남겼다. 와타나베는 감당하기 힘든 혼란을 처리하기 위해 상처를 아무것도 아닌 것처럼 만들어 버린다. 통제하기 힘든 감정에 전혀 흔들림 없을뿐더러 오히려 그 감정을 통제하는 '역설적 초연함'을 무기로 내세운 것이다.

'역설적 초연함'이란 다른 사람이나 사물은 물론 자신의 감정과도 거리를 두는 것을 말한다. 그때그때의 감정에는 충실하나 분노, 슬픔, 외로움 등 오래 지속되면서 거치적거리는 부정적 감정에는 초연한 태도를 취한다. 이는 그 누구와도 정서적으로 얽히는 것을 피하려는 태도이다.

쿨함에 숨어 있는 역설적 초연함은 대인 관계에서 오는 상처로부터 자신을 방어함과 동시에 현대 사회 속에서 겪는 좌절감과 박탈감으로부터 자신을 보호하기 위한 방어 장치이기도 하다.

현대 사회는 그 어느 때보다 개인의 자율성이 보장되고 풍요로우며 화려함이 넘치는 사회이다. 그러나 겉으로 보이는 것과는 달리 사람들은 오히려 막연한 불안과 박탈감에 시달린다. 왜냐하면 자율성의 극대화에는 모든 것을 개인이 혼자 결정하고 그 책임 또한 혼자 져야 한다는 뜻이 내포되어 있기 때문이다. 더구나 연일 매스컴에 오르내리는 스타들의 화려한 삶에 비해 우리의 생활은 한없이 초라하다. 여기저기서 들려오는 사람들의 성공담은 우리의 무능함을 더욱 두드러지게 만든다. 어떤 것을 성취해도 나보다 더 큰 성공을 거둔 사람들이 항상 있기 마련이기에, 개인은 끝없이 비교를 하고 비교를 당하는 '잘못 적용된 사회적 비교'의 틀에 갇혀 막연한 불안과 무력감에 시달릴 수밖에 없다.

개인이 어찌할 수 없는 이러한 박탈감과 무력감, 불안 등에 대처하는 데에는 아무것도 아닌 것처럼 웃어넘기거나 모든 불합리함을 기성 사회의 잘못된 유산으로 치부해 비웃어 주는 것이 편리할 수 있다. 역설적 초연함이 필요해지는 것이다.

노예 시대 때 '쿨'이 일종의 생존을 위한 마음가짐, 즉 계속되는 착취와 차별, 불이익을 견뎌 내기 위해 고안해 낸 방어 장치였듯 현대 사회에서 '쿨'은 또 다른 사회적 좌절감과 박탈감으로부터 자신을 보호하는 방어책으로 쓰이고 있는 것이다.

"심각할 필요 없어, 쿨하게 즐기는 거야"

쿨함의 또 다른 특징은 바로 쾌락 추구이다. 얼마 전 일본의 한 청소년 연구소가 각국 청소년들의 인생 목표에 대해 조사한 바에 따르면 일본 청소년들은 '친구 많이 사귀기'를, 중국 청소년들은 '부자 되기'를, 미국 청소년들은 '원만한 가정 꾸리기'를 인생의 목표로 생각한다고 답했다. 우리나라의 청소년들은 뭐라고 답했을까? 이들은 대다수가 인생의 목표를 '즐기기'라고 답했다. 그것이 인생을 있는 그대로 즐겨 보자는 탐미주의적 의미라면 그리 걱정할 게 없지만, 만일 '쿨하게 즐기기'라는 의미가 강하다면 이야기는 달라진다. 그 속에는 우리나라 청소년들이 느끼는 사회와 미래에 대한 불안과 냉소가 담겨 있기 때문이다.

'쿨하게 즐기기'는 순간에 대한 탐닉을 의미한다. 사회가 불안하고 미래가 불확실할수록 사람들이 현재의 쾌락에 몰두하는 이러한 성향이 두드러진다.

모든 것이 급변하는 세상에서 과거의 것들은 금방 쓸모없는 것으로 전락하고 만다. 또한 사람들의 사고 구조는 테크놀로지의 숨 가쁜 발달 속도를 따라가지 못하고 자꾸만 뒤처진다. 게다가 유행이나 기술적인 면뿐만 아니라 가치 또한 빠른 속도로 변하는 세상에서 사람들은 자신이 미래를 통제하고 만들어 갈 수 있다는 자신감을 잃어버린다. 이러한 미래에 대한 자신감의 상실은 사람들로 하여금 미래의 삶을 계획하기보다는 현재에 몰두하게 만든다. 당장 내일도 어떻게 될지 모르는데 꼬박꼬박 저금을 하고 있을 바보가 어디 있겠는가.

여기에 현대의 소비주의는 사람들의 욕망을 부추겨 쾌락에의 탐닉을 정당화할 뿐 아니라 그것을 하나의 미덕으로 찬양한다. 그리하여 쿨한 사람들은 고민이 생길 때조차 심각해지지 않으려 하며 쇼핑을 그 해소 방편으로 삼는다.

이제 어떤 것도 믿을 수 없는 세상에서 살아남는 방법은 아무것도 믿지 않는 것, 아무것에도 마음을 주지 않는 것, 그저 순간순간을 즐기며 사는 것이다. 신나게 클럽에서 몸을 비비며 춤을 추다가도 곧 돌아설 수 있는 냉정한 열정을 가지고 말이다.

쿨함, 현대 사회가 낳은 슬픔

그러나 쿨함이 가능하기 위해서는 다른 사람의 시선이 반드시 필요하다. 여기에 쿨함의 딜레마가 있다. 쿨한 사람도 점차 나이를 먹으면서 다른 사람의 시선을 잡아끌 수 있는 젊음을 잃어버리게 된다. 아무리 쿨해 봤자 더 이상 남이 쳐다봐 주지 않는 시기가 오는 것이다.

한편 쿨함은 차별적이다. 자본주의적인 속성 위에서 자란 쿨함은 물질적이고 세속적인 면을 띤다. 다시 말해 쿨함에는 어느 정도의 재력이 필요한 것이다. '파리의 연인'에서 박신양은 쿨하다. '내 이름은 김삼순'의 현빈과 '커피프린스 1호점'의 공유도 쿨하다. 그러나 '파리의 연인'의 김정은과 '내 이름은 김삼순'의 김선아, '커피프린스 1호점'의 윤은혜는 결코 쿨할 수 없다. 삶이 그들에게 쿨함을 허락하지 않기 때문이다. 그것을 김별아의 소설 『이상한 오렌지』는 다음과 같이 표현한다.

"쿨하다는 것은 한없는 상냥함이야. 그것은 질척대는 삶의 중력권 밖에 있다는 얘기거든. 그건 살아 있는 사람들에게는 절대 허락되지 않는 거야. 살기 위해서는 일상에 신음하기 마련이니까."

삶이 쿨함을 허락하지 않더라도 쿨함이란 갑옷으로 무장하려는 젊은이들은 그래서 슬프다. 쿨함에 목숨 거는 젊은이들은 말 그대로 멋지고 자유롭고 세련되게 보이기 위해 애쓰지만, 알고 보면 한 치 앞도 모르는 시대에서 살아남고자 악다구니를 쓰는 것이고, 외로우면서도 상처 입기 두려워 외로움을 참아 내고 있는 것이다. 그러나 자신이 감추고 있거나 억누르고 있는 분노가 자신을 해칠 수도 있음을 그들은 기억해야 한다.

김혜남의
심리치유카페

조울증이 있다고
말하는 사람들에게

"저는 조울증이 있어요."
요즘 사람들을 만나면 자주 듣는 이야기다. 자신의 감정 기복이 심하다는 말을 그렇게 표현하는 것이다. 이런 사람들은 기분이 좋다가도 금세 나빠지는 등 변덕이 죽 끓듯 하고, 조그만 일에도 기분이 금방 울적해지며, 짜증이 잘 난다고 한다. 드라마를 보다가 울기 일쑤고, 남이 자신을 조금만 칭찬해 줘도 기분이 날아갈 것같이 좋아진다고도 한다.
그런데 자세히 들어 보면 일상생활이나 직장 생활은 큰 무리 없이 꾸려 나가고 있고, 수면 등에도 별 문제가 없다. 그러면 나는 이렇게 대답한다.
"당신 감정이 당신에게 뭔가 하고 싶은 말이 있나 보네요."
인간은 감정의 동물이다. 나의 겉을 감싸고 있는 것이 이성이라면, 나의 안을 채우고 있는 것은 감정이다. 문제는 이성은 나의 말을 듣지만 감정이란 놈은 도대체 내 말을 듣지 않는다는 것이다. 감정은 제멋대로 하기를 좋아한다. 조울증이란 감정이 뇌의 생화학적 변화 때문에 통제할 수 있는 범위를 넘어선 상태를 말한다. 그러나 기분의 변화만 있고, 말이나 행동, 일상생활, 수면 등에 이상이 없을 때는 병이라 말하지 않는다.
그런데 조울증이 있다고 하는 사람들의 이야기를 들어 보면 누구라도 같은 상황이라면 똑같이 느꼈을 법한데도, 그런 정당한 감정 반응조차

'조울증'의 증거로 생각하는 경우가 많다. 그래서 내가 "그런 상황이라면 나라도 그렇게 느꼈을 거예요"라고 말하면 무척이나 놀라는 모습을 보인다.

그들은 분명 감정적이며 다소 감정 기복이 있지만 조울증이라고 진단 내릴 만한 상태는 결코 아니다. 그럼에도 그들은 자신이 조울증에 걸렸다고 표현하면서 감정에 휘둘린다는 사실을 못 견뎌 한다. 감정은 항상 평온해야 정상이라고 생각하기 때문이다. 또 감정에 의해 영향을 받기보다는 감정을 완전히 통제하고 싶어 한다.

현대의 아이들은 부모의 지나친 사랑과 기대로 인해 감정의 과잉 상태에 빠져 있다. 심지어 아이의 감정을 대신 처리해 주는 부모도 있다. 예컨대 어떤 부모는 아이가 화가 나서 씩씩거리면 그 감정을 아이 스스로 처리할 때까지 기다리지 못하고 대신 나서서 싸운다. 그러면 아이는 화나는 감정을 처리하는 방법을 깨칠 수 없다. 그런 일이 자꾸 반복되면 아이는 자신의 감정이 정확히 어떤 것인지 몰라 혼란스러워하며 자신의 감정을 두려워하게 된다. 또한 어려서부터 지나친 통제 속에서 살아온 사람은 통제받는 것에 대해 극도의 거부감과 분노를 가진다.

이제 그들은 자신이 감정이란 이물질 같은 놈에 의해 좌지우지되는 것을 견디지 못한다. 그래서 그 어떤 감정이든 억압하기 위해 애쓰거나 자신이 '조울증'이란 병에 걸린 것은 아닐까 불안해한다.

감정은 우리의 삶에서 음악과도 같은 것이다. 그것은 우리의 내적 세계와 외부 세계가 만나서 내는 일종의 합창이다. 따라서 감정은 두려워할 것이 아니라 즐겨야 할, 인간만이 가질 수 있는 신의 선물이다. 그러므로 감정 기복이 심해 고생하고 있다면 그 감정이 내는 소리에 가만히 귀 기울여 보라. 그것은 마음에 어떤 갈등이 있다는 신호이므로 그 원인을 알게 되면 문제를 해결할 힘을 얻어 마음의 평온을 되찾을 수 있다.

> 혹시 겉으로는
> 웃고 있지만
> 속으로는 울고 있는가?

어느 날 무심코 텔레비전을 켰는데 '썩소'라는 생소한 말이 튀어나왔다. 언제부터인가 모르는 말이 너무 많이 쏟아져 나와 묻기를 포기했기에 이번에도 그냥 넘어갈까 하다가 딸아이 얼굴을 쳐다보았다. 역시 내 딸이다.

"또 우리 엄마 당황한다. '썩소'가 뭔지 모르는 거죠? 썩소는 썩은 미소의 준말이에요."

그러더니 텔레비전 속 한 남자를 가리키며 말했다.

"저 표정이 바로 썩소예요."

'썩은'이라는 말이 왜 하필 '미소'라는 말 앞에 붙어야 하며, 왜 그 말이 유행하는 걸까? 세상에서 가장 아름다운 말 중의 하나인 '미소' 앞에 붙는 말치고 '썩은'은 너무 고약하지 않은가. 그러나 문득 그 말이야말로 겉으로는 웃고 있지만 속으로는 울고 있는 요즘의 서른 살을 보여 주는 말일지도 모른다는 생각이 들었다.

그의 서른 살

그는 작은 섬에서 태어났다. 그가 태어나자 부모님은 잠시 멈추었던 항해를 다시 시작했다. 사실 그의 집은 배였다. 그리 크지 않지만 그래도 아늑한……. 그리고 그는 선장인 아버지와 항해사 겸 요리사인 어머니에게서 많은 것을 배웠다. 항해하는 법, 지도를 읽는 법, 태풍에 대처하는 법, 고기 잡는 법 등등. 아버지는 그가 크면 언젠가는 항구에 내려 그만의 여행을 시작해야 할 것이라고 말했다. 그리고 그가 노력하면 항구에서 멋지고 으리으리한 역마차를 구해 남들의 부러움을 받으며 여행할 수 있을 것이라고도 했다. 그는 그날이 오기를 손꼽아 기다렸다. 배 안이 답답하고 지겨울 때도 많았으니까.

배에서는 텔레비전과 인터넷 등으로 바깥세상을 구경할 수 있었는데, 그 세상은 너무나 멋지고 화려했다. 드라마나 영화에서는 늘 젊고 멋있는 남녀의 꿈같은 사랑 이야기가 펼쳐졌고, 그들의 호화롭고 윤택한 모습은 그에게 답답한 현실의 탈출구이자 동경의 대상이었다. 광고는 세상에는 좋은 물건이 많으며 성공하기만 하면 그 모든 것을 가질 수 있다고 유혹했다.

때론 위험한 상황도 있었지만 항해는 비교적 순조로웠다. 어느덧 저 멀리 항구가 보이기 시작했고, 아버지는 그에게 종종 키를 잡게 했다. 그러고는 어느 항구에 정박할 것인지 생각하라고 했다. 그는 열심히 지도를 보면서 어디에서 내리는 게 좋을지 골똘히 생각했다.

그러는 사이 배는 어느덧 항구에 도착했다. 그의 가슴은 흥분과 모험심으로 뛰었지만 한편으론 불안하고 슬펐다. 이제 부모님이 계시는 이 배와도 이별이구나, 지금부터는 나 혼자 가야 하는구나. 하지만 호기심이 더 컸기에 그는 힘차게 배에서 내렸다. 항구에는 그가 생각했던 것보다 훨씬 더 많은 사람이 있었다. 그리고 그들 모두 더 좋은 역마차를 구하느라 동분서주하고 있었다. 그는 자신도 어서 돈을 벌어 역마차를 사야겠다고 다짐하며 미리 생각해 둔 곳을 찾아 나섰다. 그러나 쉽사리 찾을 수가 없었다. 항구 지도를 외워 놓았지만 항구의 모습이 많이 변해 버린 탓에 지도와 다른 곳이 많았기 때문이다. 그리하여 그는 길을 잘못 들어 헤매기도 하고, 진창에 빠져 옷을 더럽히기도 했다.

'이따위 지도를 만든 놈이 도대체 누구야.'

그는 혼자 투덜거렸다. 우여곡절 끝에 일을 시작했지만 돈은 좀처럼 모이지 않았다. 게다가 믿을 수 있는 중개인을 만나는 것도, 어떤 게 튼튼하고 좋은 역마차인지 가려내는 것도 쉽지 않았다. 앞으로의 여행에 꽃이 만발한 들판만 이어질 수는 없을 텐데, 돌길이나 험한 산길을 지나야 할지도 모르는데, 과연 내가 역마차를 타고 어디까지 갈 수 있을까? 그에게는 모든 게 불확실했다. 다시 배로 돌아가고 싶은 마음이 간절했다.

개중에는 벌써 화려한 역마차를 구해서 길을 떠나는 사람도 있었다. 그는 초조해지기 시작했다. 마치 경주를 하는 것처럼 뒤떨어지고 낙오될까 봐 두려웠다. 그는 이제껏 자신이 텔레비전에서 봐왔고 꿈꿔 왔던 것과는 한참 동떨어져 있는 초라한 자신을 돌아보았다. 아무도 평범한 자신에게 눈길을 주지 않았다. 모든 것이 공허해졌다. 알 수 없는 분노가 치밀어 오르기도 했다. 그는 '이게 아닌데, 이게 아니었는데' 하는 생각과 함께 점차 우울해졌다. 그런 우울함이 곧 실패를 의미하는 것만 같아 그는 더욱더 좌절할 수밖에 없었다.

나도 '속물'인 걸까?

인생을 여행에 비유한다면 위에서처럼 부모의 배에서 내려 자기만의 여행을 시작하는 시기, 즉 인생에서 심리적·물질적 독립을 하게 되는 시기는 서른 살 안팎이다. 이 시기를 전후해서 대부분의 사람들은 직장에서 안정적으로 자리를 잡고, 결혼을 하게 된다. 예전에는 스무 살이 넘으면 이런 독립을 준비하기 시작했지만, 기술이 발달하고 세상이 복잡해지면서 배우고 준비해야 할 것이 점점 더 많아지다 보니 요즘은 그 시기가 서른 살 전후로 늦춰지고 있다. 그렇기 때문에 서른 살은 인생의 발달 단계에 있어서 하나의 전환기가 된다. 이 시기의 결정이 어쩌면 앞으로의 인생을 좌우할 수도 있는 것이다.

부모의 보호와 간섭으로부터 벗어나 삶의 주인이 되는 독립은 우리가 간절히 원하던 것이었다. 그러나 독립은 자유와 희망 못지않은 크기의 슬픔과 두려움을 내포하고 있다. 왜냐하면 부모로부터의 독립은 부모와의 이별을 뜻하며, 부모 밑에서 안전하게 보호받고 지내던 어린 시절과도 이별하는 것임을 뜻하기 때문이다.

독립은 또한 책임이라는 무거운 짐을 등에 지는 것을 의미한다. 어릴 때는 무엇인가 잘못해도 어리다는 이유로 책임지지 않아도 되었고 많은 것을 용서받을 수 있었다. 그리고 20대까지만 해도 객기와 실수는 오히려 청춘과 젊음의 증거로 받아들여졌다. 하지만 이제는 항구를 잘못 선택하는 것도, 역마차를 잘못 사는 것도, 길을 잘못 드는 것도 모두 내 책임이다. 그 빌어먹을 잘못된 지도를 믿은 것뿐인데 말이다. 그것은 곧 "물어내" 하는 투정을 받아 주거나 잘못을 돌이켜 줄 사람이 없음을 의미한다. 즉 권리보다 의무가 커지는 시기로 들어가는 것이다. 서른 살의 짐은 그렇게 다가온다.

한편 서른 살은 꿈과 현실이 충돌하는 좌절의 시기이기도 하다. 배 위에서 바라본 세상은 무척이나 화려했다. 그리고 세상은 우리에게 열심히 공부하면 원하는 모든 것을 가질 수 있을 것이라고 속삭였다. 그러나 부와 성공을 꿈꾸며 배에서 내린 우리를 기다리는 건 약육강식의 법칙이 지배하는 냉혹한 현실뿐이다. '난 이런 사람이 될 거야, 이렇게 살 거야'라고 생각했던 우리에게 서른이라는 나이는 잔인하게도 거울을 들이댄다. 그 거울에는 어릴 적 꿈꾸던 모습과는 너무도 다른 우리의 모습이 비친다. 그렇기에 서른 살은 그토록 경멸해 왔던 속물의 세상에서 자리를 잡고 살기 위해 애쓰는 자신을 바라봐야 하는 실망의 시기인 것이다.

알랭 드 보통은 속물을 '하나의 가치 척도를 지나치게 떠벌리는 사람'이라고 정의하면서, 속물의 독특한 특징은 '사회적 지위와 인간의 가치를 똑같이 보는 것'이라 하였다. 어릴 적 우리는 어른들을 물질만 아는 속물이라고 경멸했다. 그들이 제공하는 속물적 혜택을 누리면서 말이다. 심지어 어른들이 우리가 원하는 물질적 풍요를 제공해 주지 못하면 우리는 그들을 무능하다며 멸시하기까지 했다. 이러한 이중적인 태도는 어른의 세계를 거부하면서도 언제까지나 어른들의 보호와 사랑을 받는 순수한 어린아이로 남고 싶은 피터 팬 심리라고 할 수 있다.

그런데 서른 살이 되면 우리의 마음속에도 기성세대와 똑같은 탐욕과 시기, 권력욕 등이 존재하고 있음을 발견하게 된다. 이러한 자각은 자신이 올바르고 선하다고 생각했던 우리의 믿음에 커다란 타격을 가한다.

그뿐만이 아니다. 옳지 않다는 것을 알면서도 단지 먹고살기 위해서 인정할 수 없는 상사에게 머리를 수그리고, 때론 가면을 쓰고 아첨을 하기도 한다. 처세에 능한 사람이 성공하는 세상이 역겹지만 끝까지 냉소적일 수 없어서 어느 순간 현실에 적응하고자 처세

술을 가르쳐 주는 책들을 집어 든다. 경멸해 마지않던 처세 책을 한 손에 들고, 한편으로는 역겨운 세상에 물들어 가는 자신이 비참해 때늦은 방황을 하기도 한다. 20대까지 품었던 순수하고 정의로운 삶의 열정은 어느덧 사라져 버리고, 점점 속물이 되어 가는 자신을 보면서 절망하고 갈등하는 것이다.

그러나 자신의 내부에 있는 위험하고 세속적인 욕망들을 인정할 수 없는 서른 살의 젊은이들은 그러한 속성을 기성세대로 밀어낸다. 즉 타인에게 투사하는 것이다. 이제 그들의 눈에는 기성세대를 대변하는 권위적 인물들이 더욱더 이기적인 속물들로 비쳐 권위에 도전하고 저항하게 된다. 물론 그들에게 돌아오는 것은 기성세대에 대한 심한 실망뿐이다.

하지만 부와 명예를 얻고 싶은 욕구는 누구나 가지고 있다. 단지 그 욕구가 어떻게 포장되어 나타나느냐의 차이가 있을 뿐이다. 더구나 현대 사회의 속물근성은 부와 사회적 지위 자체를 향한 질주라기보다는 무리에서 소외되지 않으려는 집단적 몸부림에 가깝다. 요즘 젊은이들치고 명품을 하나 이상 안 가지고 있는 사람은 드물다. 큰 차에 명품 옷이나 명품 가방, 고급 시계를 가지고 있는 것이 소위 잘나가고 있음을 나타내는 하나의 표식이 되고, 거기에서 제외될까 봐 두려운 젊은이들은 부리나케 명품으로 자신을 포장한다. 즉 과거의 속물근성이 욕망에서 출발했다면 현대 사회의 속물근성은 불안에 기초하고 있다.

더구나 서른 살은 냉혹하고 불합리한 현실의 땅에서 언제든 실패자가 될 가능성에 직면하게 된다. 성공한 사람에게만 스포트라이트가 쏟아지는 세상에서 자칫 잘못하면 아무도 관심을 가져 주지 않는 버림받은 인생이 되어 버리는 것이다.

우리가 살아가기 위해서는 나 자신의 삶이 중요하고 특별한 것이라는 확신이 반드시 필요하다. 그런 확신이 없다면 인간은 살 수 없다. 그러나 현대 사회는 나 자신의 유일성과 중요성을 발견할 만한 기회를 용납하지 않는다. 언제든지 무위로 돌아갈 수 있는 나의 노력과 시간들, 그것은 참을 수 없는 공허와 허무를 낳는다.

그렇기 때문에 서른은 희망과 가능성의 나이이기도 하지만 방황과 좌절, 그리고 우울에 빠져 드는 나이이기도 하다. 인생의 한 전환기로서, 미래의 방향을 결정짓는 중요한 선택의 시기로서, 홀로 서야 하는 실질적인 독립의 시기로서, 꿈에서 현실로 내려오는 좌절의 시기로서 서른 살의 삶은 고되기만 하다.

『키친』에는 있지만 서른 살에게는 없는 것

서른 살은 한 세계의 끝이자 다른 한 세계의 시작이다. 하나의 문이 쾅 닫히고 다른 문이 열리면서 과거에 누렸던 것들을 포기해야 하는 나이. 열린 문 안에 무엇이 있을지 모르는 상태에서 그 안으로 혼자 걸어 들어가야 하는 나이. 그래서 서른 살은 20대의 젊음에 뚜껑을 덮는 듯, 무거움으로 다가온다.

요시모토 바나나의 소설 『키친』은 어른이 되는 과정에서 겪는 이별의 슬픔과 방황, 그리고 이를 극복해 나가는 과정을 그린 성장 소설이다.

부모님을 일찍 여의고 할머니와 단둘이 살아오던 스물세 살의 미카게는 어느 날 할머니의 죽음을 맞는다. 이 세상에 완전히 홀로 남겨진 것이다. 그런 미카게는 굳이 침대를 놔두고 냉장고 옆에서 잘 정도로 부엌을 좋아하는데, 이때 부엌은 구강기적 갈망을 의미한다. 아직 어른이 될 준비가 안 된 상태에서 홀로 서야 하는 미카게는 구강기로 퇴행하여 엄마의 품 안을 그리워하며 부엌에서 잠든다.

그러던 어느 날 미카게 앞에 이상한 가족이 나타난다. 무뚝뚝하지만 한없이 따뜻한 남학생 유이치와 원래는 남자였지만 성전환 수술을 받아 여자가 된 유이치의 엄마가 바로 그들이다. 그들은 부엌을 고집하는 미카게를 간섭하거나 재촉하지 않는다. 다만 그들은 자신들의 집에 놀러 오는 미카게가 슬픔을 이길 때까지 가만히 기다려 준다. 결국 미카게는 유이치 가족의 극진한 배려와 보살핌을 받으면서 서서히 상처를 극복하고 세상에 대한 믿음을 회복해 나간다. 그리고 다시금 힘을 찾은 미카게는 세상으로 향하는 문을 열 채비를 한다.

어른이 되는 과정의 불안을 극복하기 위해서는 유이치의 집처럼, 새롭고 낯선 세계에 대한 두려움을 달래고 자신을 추스를 수 있는 중간 세계가 필요하다. 새로운 세계로 가기 위한 일종의 실험장이 필요한 것이다. 이 세계는 동화 『소공녀』 속에서도 찾아볼 수 있다. 주인공 세라의 다락방이 바로 그것이다. 세라는 춥고 열악한 다락방을 '……하는 셈치고' 하는 상상의 놀이를 통해 행복한 방으로 변화시켜, 현실의 고통을 이겨 내고 자신의 존엄성과 세상에 대한 신뢰를 지킨다.

이 중간 세계를 정신분석에서는 '이행기'라고 부른다. '미운 세 살'이라는 말을 들어 본 적이 있을 것이다. 이때 아이들은 부모와 하나로 연결되어 있던 심리적 탯줄을 자르고 자신과 부모가 서로 독립된 존재임을 인식한다. 그러면서 부모와 분리되는 데 대한 불안을 해소하기 위해 '이행기 대상(transitional object)', 즉 부모를 대신하는 물건에 집착한다. 세 살 아이들이 곰인형이나 담요, 베개 등을 꼭 끌어안고 놓지 않으려 하는 것은 바로 그 때문이다.

서른 살은 진정한 독립을 이루는 시기다. 경제적 능력의 획득과 더불어 더 이상 부모에게 의존하지 않고 자신만의 가성과 삶을 꾸려 나가기 시작하는 것이다. 그런 의미에서 20대는 앞으로 실질적인 어른이 되기 위해 여러 가지 연습을 하는 시기라 할 수 있다. 이 시기에는 사람들과 사귀고 친해지는 법을 배우고, 평생을 같이할 배우자를 찾아 불같은 사랑에 몸을 던지기도 하며, 자신이 꿈꾸는 세상을 만들기 위해 사회적인 문제들에 열정을 불사르기도 한다. 그리고 무엇보다 자신에게 맞는 직업을 찾아 여러 시도를 하면서 갖가지 시행착오를 겪는다.

그러나 요즘은 이러한 20대의 과도기적 성격이 사라진 지 오래다. 취업의 문이 좁아진 요즘, 20대는 젊음의 발산과 실험기라는 본래의 의미를 잃어버리고 중·고등 학교 시절의 연장기가 되어 버렸다. 행동하며 배워야 할 시기에 도서관에 앉아 취업 준비에 몰두해야 하는 것이다.

그 결과 요즘의 젊은이들은 준비 기간 없이 서른 살을 맞게 된다. 취업 준비로 젊음을 소진해 버린 그들은 부모로부터 독립함과 동시에 숨 가쁘게 차가운 현실로 내동댕이쳐진다. 두려움과 불안을 가라앉힐 수 있도록 다양한 경험을 하고 판타지를 가질 수 있는 중간 세계가 사라진 것이다. 그래서 독립과 의존 사이에서 갈등하는 마음을 다독이고, 세상과 사람들에 대한 불신을 떨쳐 내어, 자신의 미래를 만들기 위해 희망찬 발걸음을 내디뎌야 할 서른 살의 그들은 우울함에 시달린다. 겉으로는 웃고 있지만 속으로는 울고 있는 것이다.

무수한 선택의 가능성,
그 저주에 대하여

여기 멋진 신세계가 있다. '공유, 균등, 안정'이라는 표어를 내세우는 이곳에서 아이들은 체격과 지능, 성격 등의 특성은 물론이고 직업과 취미, 적성도 인공적으로 미리 정해진 채로 태어난다. 예를 들어 열대 지방에서 노동자로 일하게 될 태아에게는 일찌감치 수면병과 티푸스에 대한 면역력을 키워 준다. 그리고 로켓 조종사가 될 태아에게는 회전력을 키워 줌으로써 거꾸로 매달려 있는 것도 행복하게 느끼도록 만든다.

이처럼 철저한 인공 조작을 거쳐 대량 생산된 아이들은 성인이 된 뒤 이미 날 때부터 정해져 있는 일을 하기만 하면 물질은 필요에 따라 충분히 공급받는다. 또 최첨단 과학 설비들의 도움으로 편리한 생활을 누리며, 성생활도 자유롭게 한다. 따라서 육체적 고통이나 물질적 근심, 걱정, 불만이 있을 수 없다. 그럼에도 고민이나 불안이 생기면 행복한 감정을 유지시키는 '소마'라는 알약을 먹으면 된다. 소마는 '잠시 현실을 잊을 수 있고, 돌아올 때도 골치 아픈 게 전혀 없는' 특효약이다.

위는 올더스 헉슬리가 쓴 『멋진 신세계』의 모습이다. 그러나 소설 속에서 존이라는 남자는 신세계의 지도자인 총통 무스타파 몬드에게 이렇게 말한다.

"불행해질 권리를 요구합니다."

"그렇다면 나이를 먹어 추해지는 권리, 매독과 암에 걸릴 권리, 먹을 것이 떨어지는 권리, 이가 들끓을 권리, 내일 무슨 일이 일어날지 몰라서 끊임없이 불안에 떨 권리, 장티푸스에 걸릴 권리, 온갖 표현할 수 없는 고민에 시달릴 권리도 원한다는 말인가?"

긴 침묵 끝에 존은 대답한다.

"네, 저는 그 모든 권리를 요구합니다."

매일 백오십 번, 선택의 기로에 서는 사람들

인간 공학의 혜택으로 모든 사람이 안정과 행복 속에 살아가고 있는데, 왜 존은 굳이 불행해질 권리를 요구한 것일까. 모든 것이 타인에 의해 이미 결정되어 있고 그것을 따르기만 하면 되는 삶. 그것에는 인간을 규정짓는 가장 중요한 것이 빠져 있다. 그것은 설사 불행해지는 한이 있어도 나의 삶을 스스로 선택하고 실행할 자유이다. 존은 결국 결정지어진 미래가 아닌, 자신이 마음껏 선택하고 그것에 따라 스스로 개척해 나갈 수 있는 미래를 바랐던 것이다. 그래서 그것을 가질 수만 있다면 불행해질 권리마저 껴안겠다고 한 것이다.

자신의 미래를 선택할 수 있는 자유. 그것은 그만큼이나 인간에게 소중한 것이다. 그런데 나도, 당신도 그런 자유를 가지고 있으니 이 얼마나 기쁜가.

게다가 21세기는 그야말로 다양성과 이동의 시대이다. 모든 것이 빠르게 발달하고 변화하며, 감각적이고, 이동이 잦으며, 많은 것이 충분함을 넘어서 홍수를 이룬다. 따라서 우리가 선택할 물건도, 할 수 있는 일도 훨씬 더 많아졌다. 그런데도 정작 우리가 할 수 있는 선택은 그리 많아 보이지 않는 것은 왜일까?

선택할 게 많다는 것은 복이다. 그러나 지나치게 많은 것 중에 선택을 하라고 하면 그건 저주가 된다. 왜냐하면 한 가지를 선택하기 위해서 나머지 것들을 포기해야 하기 때문이다. 그 많은 유혹과 가능성을 포기하고 선택한 것이 최상의 선택이라고 누가 확신할 수 있겠는가. 어쩌면 다른 선택이 더 옳았을지도 모르는데 말이다.

『내셔널 지오그래픽』의 조사에 따르면 사람들은 매일 백오십 번씩 선택을 할 상황에 놓이며, 그 중에서 서른 번 정도 신중한 선택을 하기 위해 고민하고, 다섯 번 정도 올바른 선택을 한 것에 대해 미소를 짓는다고 한다. 삶의 매 순간이 '선택의 연속'이며, 올바른 선택을 하는 게 얼마나 어려운 일인지를 보여 주는 결과라 할 수 있다.

이제 사람들 눈에는 자신이 선택한 한 가지보다 포기한 수많은 것이 아른거린다. 더 행복했을지도 모를 다른 가능성에 대한 미련 때문에 사람들은 자신의 선택에 대해 만족하지 못하고 우울해한다. 가지 않은 길을 쳐다보느라 가야 할 길을 못 가는 형국이 되는 것이다.

게다가 모든 선택에는 책임이 뒤따른다. 내가 스스로 그것을 선택했기 때문에 그 결과에 대한 책임도 내가 져야 하는 것이다. 또 일단 선택을 하면 되돌리기 어렵다. 그래서 우리는 선뜻 '선택의 기쁨'을 누리지 못한다. 오히려 무수한 선택의 가능성 앞에서 그 상황을 저주처럼 여기며 두려워한다.

서른 살, 선택이 더 힘든 이유

서른 살은 앞으로의 인생을 좌우할 중요한 결정들을 내려야 하는 선택의 시기이다. 그러나 선택의 기로에 선 사람들은 수많은 가능성 앞에서 흔들린다. 과연 어떤 선택을 하는 게 최선일까? 어떤 선택이 가장 안전할까? 잘못된 선택을 해서 인생을 망치면 어떡하지? 물론 이것저것 비교해 보고 충분히 실험해 본 뒤 선택하면 된다. 하지만 애석하게도 주위에서 시간이 없다며 빨리 선택하라고 재촉한다. 서른이라는 나이는 더 이상 이것저것 시험해 볼 여유가 없는 나이라고 하면서 말이다.

이러한 서른 살의 선택을 어렵게 만드는 또 하나의 요인은 불확실성이다. 원래 불확실한 것은 우리의 호기심을 자극하고 그것을 탐구하고자 하는 모험심과 도전 정신을 자극한다. 불확실한 것을 어떻게든 풀어서 확실한 것으로 만들고 싶어 하는 것이다. 만일 모든 것이 확실하다면 이 세상에 무슨 재미가 있고 우리가 어떤 의욕을 가지겠는가. 모든 것이 정해진 대로 흘러가고 예측 가능하다면 굳이 어떤 의지나 희망을 갖고 노력할 필요가 없을 것이다. 즉 미리 정해져 있지 않고 아직 불확실하기 때문에 우리는 원하는 대로 인생을 설계할 수 있다는 희망을 가지는 것이다.

불확실성이 가지는 가능성의 요소는 인간관계에도 해당된다. 상대의 마음이 어떤지 확실하지 않기 때문에 우리는 마음 졸이며 상대의 마음을 사로잡기 위해 온갖 노력을 기울인다. 영화나 소설을 볼 때도 뻔한 결말은 어떠한 흥미도 유발하지 못한다. 그래서 우리는 '세븐'이나 '식스 센스'처럼 끝까지 결말을 예측할 수 없거나, 우리의 예측을 완전히 무너뜨리는 영화에 빠져 든다.

그런 의미에서 보자면 불확실성은 인간 존재의 한 전제 조건이며, 정신 발달의 추진력이다. 또한 불확실성이 어떤 큰 흐름이나 규칙 속에 존재할 때는 인생의 자극제가 되고 즐길 수 있는 것이 된다.

그러나 불확실성이 규칙을 넘어설 정도로 너무 클 경우, 우리는 넓은 사막에 혼자 남겨진 듯한 느낌을 받게 된다. 그러면 불안 지수가 높아지면서 다가올지도 모르는 위험에 대비해 자기 방어적이고 공격적이 되기 쉽다.

그런데 안타깝게도 우리 사회는 점점 불확실성이 커지고 있다. 아무리 최상의 선택을 한다 해도 그 미래가 불확실하다는 것, 이제 더 이상 평생 직장이란 없으며 숨막히는 무한 경쟁 체제에서 살아남아야 한다는 것. 그러한 불안은 젊은이들을 자신의 내부로 움츠러들게 만든다. 변덕스런 세상에서 믿을 것은 자기 자신밖에 없다는 생각을 하게 만드는 것이다. 그러나 능력도 변덕스러워서 언제 그 능력이 발휘될지, 언제 또 그 능력의 한계가 드러날지 모른다. 그래서 능력에 대한 확신마저 흔들리는 가운데 젊은이들은 미래에 대한 불안으로 전전긍긍한다.

서른 살, 그들은 물질적 풍요로움과 선택의 자유로움을 부여받았지만 그들이 서 있는 땅은 불확실성이 극대화된 지극히 불안정한 땅이다. 그래서 무수한 선택의 자유는 그들에게 더욱더 '저주'로 느껴질 뿐이다.

선택을 대하는 자세에 대하여

영화 '악마는 프라다를 입는다'에는 이러한 선택에 대한 이야기가 함축되어 있다. 명문 대학 출신에다 편집장으로 활동하며 상도 받았던 앤드리아 삭스는 저널리스트가 되겠다는 부푼 꿈을 안고 뉴욕으로 간다. 여러 언론사에 이력서를 넣지만 답이 온 곳은 오직

한 곳, 『런웨이』란 패션지의 그것도 편집장인 미란다의 비서직뿐이었다. 저널리스트가 되기 위해 1년만 버틸 생각으로 그곳에 취직한 앤드리아를 맞이하는 것은 냉혹한 현실이었다.

회사의 많은 것이 편집장인 미란다의 선택에 좌지우지되는데, 그녀는 모든 사람을 무자비하고 혹독하게 다룬다. 거기서 살아남기 위해서는 누구든 그녀의 명령에 한 치의 오차도 없이 움직여야 한다. 도나텔로 베르사체, 지젤 번천, 조르조 아르마니 등 전 세계 유명 인사로부터 크리스마스 선물을 무려 256개나 받는 패션계의 살아 있는 전설, 미란다. 그녀는 비서인 앤드리아의 사생활마저 간섭하며 그녀의 모든 것을 통제하기 시작한다. 앤드리아는 살아남겠다는 일념으로 그 명령을 따른다. 남자 친구의 생일 파티에 가는 대신 미란다가 여는 파티에 동행하며, 오히려 그 속에서 마음고생을 한 자신을 몰라주는 남자 친구를 야속해한다.

우리는 흔히 '나도 그러고 싶은데 일 때문에 어쩔 수 없었어'라는 변명을 자주 한다. 윗사람이 시켜서, 안 그러면 사표를 써야 하기 때문에 등등 불가피한 이유를 대면서 말이다. 이 영화에서도 선택의 순간이 자주 나온다.

앤드리아가 오랜만에 아버지와 만나고 있는데 걸려 온 미란다의 전화, 친구들과의 만남 중에 걸려 온 상사의 전화, 애인과 헤어지는 순간 걸려 온 미란다의 전화, 수석 비서를 제치고 파리로 가자는 미란다의 명령. 여기서 앤드리아는 선택권이 없어 보인다. 심지어 앤드리아는 살아남기 위해서는 명령을 따를 수밖에 없다고 항변한다.

어쩔 수 없다며 일에만 열중하는 앤드리아는 점차 자신이 속해 있던 세계와 멀어져 가고 결국 애인과도 결별하고 만다. 그러나 수석 비서를 제치고 미란다를 따라 파리로 간 앤드리아는 그제야 자신도 싫지만 어쩔 수 없이 한 무수한 일이 바로 자신이 선택해서 한 일임을 깨닫는다. 그녀는 저널리스트가 되기 위해 그런 일들을 견디며 해 내고 있었던 것이다.

이제 모든 것이 자신이 선택한 결과였으며, 잘못된 선택으로 진정 중요한 것들을 잃어버렸음을 알게 된 앤드리아는 과감히 사표를 던지고 나온다. 물론 영화는 해피엔드로 끝난다. 앤드리아는 다른 언론사에 당당하게 합격하니까 말이다.

앤드리아는 우리에게 묻는다.

"정말 당신은 어쩔 수 없이 그 일을 하고 있는가?"

생각해 보면 어쩔 수 없이 하는 일이란 있을 수 없다. 정말 하기 싫으면 하지 않으면 그만이다. 그러나 그 일을 하고 있는 것은, 그 사람들과 시간을 보내는 것은, 그 직장을 그만두지 않는 것은 모두 내가 선택한 것이다. 그러니 일단 선택하면 그에 최선을 다하고, 잘못된 선택이라고 생각된다면 그것을 과감히 엎을 수 있는 용기를 가지는 것이 중요하다. 앤드리아처럼 말이다. 괜히 시대를 탓하고, 어쩔 수 없는 상황을 탓하고, 애매한 사람에게 그 선택의 책임을 전가할 일이 아닌 것이다.

그리고 세상이 내 모든 것을 빼앗고, 나에게 최악의 상황을 주었더라도 나에게는 절대 빼앗길 수 없는 한 가지가 있음을 기억해야 한다. 그것은 바로 그 상황을 어떻게 받아들일 것인지에 대한 내 선택권이다.

빅터 프랭클은 유대인으로 아우슈비츠 수용소에 포로로 잡혀갔다가 죽기 직전 전쟁이 끝난 덕분에 살아남은 사람이다. 어느 날 그는 수용소에서 이상한 일을 목도하게 되었다. 매일처럼 죽어 나가던 사람들의 숫자가 크리스마스가 다가오면서 점점 줄어들었다. 하지만 크리스마스가 지나자 사망자 숫자는 급격하게 늘어났고 얼마 뒤에는 평균치를 회복했다. 왜 그런 현상이 빚어진 걸까?

빅터 프랭클의 연구에 따르면 죽을 사람들을 며칠이나마 더 살게 만든 것은 그들의 어처구니없는 기대였다. 사람들은 크리스마스 전에는 전쟁이 끝나 수용소에서 풀려날 것이라고 기대했다. 누가 그렇게 약속한 것도 아닌데 그런 막연한 기대를 한 것이다. 물론 크리스마스가 지나도 전쟁은 끝나지 않았고 그들은 풀려나지 못했다. 그러자 기대가 무너져 내리면서 그들의 목숨도 다하고 말았다.

아마도 그들이 크리스마스에 특별한 의미를 부여하지 않았더라면 그 전에 이미 생명이 다했을 것이다. 그러므로 지리멸렬한 어제와 별반 다를 게 없는 오늘일지라도 어떤 의미를 부여하느냐에 따라 그 결과는 달라질 수 있다.

상황을 어떻게 받아들일 것인지에 대한 선택권, 그것은 무척이나 중요하다. 선택의 기쁨을 누리는 것이 힘든 오늘날도 그 선택권은 여전히 유효하기 때문이다. 어쩔 수 없다고 체념해 버리기 전에 다시 한 번 살펴보라. 선택의 기쁨을 누릴 수 있는 방법이 진정 없겠는지를…….

무엇인가로부터
도망치기 전에
기억해야 할 것

스무 살엔, 서른 살이 넘으면 모든 게 명확하고 분명해질 줄 알았다. 그러나 그 반대다. 오히려 '인생이란 이런 거지'라고 확고하게 단정해 왔던 부분들이 맥없이 흔들리는 느낌에 곤혹스레 맞닥뜨리곤 한다. 내부의 흔들림을 필사적으로 감추기 위하여 사람들은 나이를 먹을수록 일부러 더 고집 센 척하고 더 큰 목소리로 우겨 대는지도 모를 일이다. 아무튼 말들은 잘한다. 각자의 등에 저마다 무거운 소금 가마니 하나씩을 지고 낑낑거리며 걸어가는 주제에 말이다. 우리는 왜 타인의 문제에 대해서는 날카롭게 판단하고 냉정하게 충고하면서 자기 인생의 문제 앞에서는 갈피를 못 잡고 헤매기만 하는 걸까.

정이현의 『달콤한 나의 도시』에 나오는 이야기다. 이 소설의 주인공인 은수와 유희, 재인은 모두 서른한 살이라는 짐을 지고 좌충우돌한다. 그들이 그런 혼란을 겪게 된 것은 두 가지 문제에서 비롯되었다. 하나는 결혼이라는 문제에 대한 고민이고, 다른 하나는 앞으로 남은 수많은 세월을 무엇을 하며 살 것인가에 대한 고민이다.

남자의 경우 서른 살은 직장에서 2~3년차로 정신없이 바쁠 때다. 그러나 여자는 대부분 서른 살이면 5~6년차가 되면서 결혼과 직장 문제를 동시에 경험하게 된다.

우선 결혼 문제를 들여다보자. 결혼 적령기가 늦춰지면서 여자의 경우 결혼하는 평균 연령이 스물여덟으로 높아졌다지만 서른 살의 벽은 여전히 존재한다. 서른 살인데도 결혼을 안 했거나 결혼할 애인이 없으면 주위에서 가만히 두질 않는다. 오죽하면 정신적으로 문제가 있을지도 모른다는 사회의 시선이 두려워 '정상적 인생의 알리바이'를 마련하고자 결혼을 하겠는가. 꿋꿋이 사회와 주변의 위협(?)을 잘 넘겼더라도 서른다섯 살이 되면 또다시 심리적인 위축을 받게 된다.

직장 생활은 또 어떤가. 입사했을 때의 의욕과 패기는 어느새 사라지고 그 자리에 일에 대한 회의가 찾아든다. 직장은 자아실현의 장이라는데 현실에서 직장은 돈을 대가로 나의 자아를 착취하는 곳이라는 피해 의식에 사로잡히기도 한다. 여기서 딜레마가 생긴다. 어릴 적부터 꿈꿔 온 일은 그냥 꿈이었다고 접고 싫든 좋든 나에게 주어진 일만 하면서 살 것인가, 아니면 실패할 위험을 무릅쓰고 내가 원하는 것을 하면서 살 것인가의 딜레마이다. 그래서 여자들은 나이 서른에 나를 찾을 것인가, 현실과 타협할 것인가의 문제로 고민을 하게 된다.

『달콤한 나의 도시』에서 주인공들은 그 고민 끝에 각자 다른 길을 걸어간다. 백수였던 재인은 선본 지 한 달 만에 조건 좋은 의사와의 결혼이란 안정적인 제도 안으로 들어간다. 그리고 유희는 "더 늦으면 후회할 것 같아"라며 과감히 직장을 때려치우고 "이젠 진짜 내가 원하는 인생을 살 거야"라며 그녀의 꿈이었던 뮤지컬 배우가 되기 위해 노래와 춤을 배우기 시작한다. 반면 직장 7년차인 은수는 어떤 것도 선택하지 못하고 어정쩡하게 서 있다가 일곱 살 연하의 태오라는 남자와 풋풋한 사랑을 하게 된다. 하지만 은수는 자신의 나이에 짓눌려 사랑에 푹 빠지지 못한다. 그러다 예기치 않게 직장을 그만둔 은수는 아무 감정도 안 생기지만 안정되어 보이는 영수란 남자와 어정쩡한 만남을 지속하다 결혼을 결심하게 된다.

그러나 결국 세 여자의 성인식은 모두 힘겹고 녹록지 않다. 그저 사회적인 안정을 바란 재인의 결혼은 이혼으로 막을 내리고, 뒤늦게 뮤지컬 배우가 되고 싶어 하는 유희는 번번이 오디션에서 떨어진다. 결혼을 앞둔 은수는 영수의 어두운 과거를 알게 되고 결혼은 물거품이 되고 만다. 그들에게 서른한 살은 불완전하고 모순투성이인 삶 그 자체였다. 그들은 볼멘소리로 나에게 이렇게 말하는지도 모른다.

"왜 내 삶은 남들처럼 쉽지 않은 거죠?"

재인에게는 사랑도 없이 한 달 만에 조건만 보고 결혼했으니 이혼으로 치달은 건 당연한 결과라 말하고, 유희에게는 서른 살이 넘어 뮤지컬 배우가 되겠다고 나서면서 그런 현실에 부딪힐지 정말 예상하지 못했느냐 따지고, 은수에게는 순수한 사랑을 받아들이지 못하고 현실과 타협하려 했으니 그 대가를 치르는 것뿐이라고 말할까?

아니, 나는 감히 그들에게 그런 말을 할 자신이 없다. 왜냐하면 내 주위에 있는 서른이 넘은 여자들은 대부분 재인이나 유희나 은수 중의 누군가를 닮아 있기 때문이다. 지독히 운이 없거나 팔자가 드세거나 야망으로 가득 차 있지 않더라도 많은 여자가 결혼을 안 한 채로, 직장에서 세월을 축내며 서른 살을 맞이한다. 그리고 불합리한 현실에 맞서 싸우기엔 현실의 벽은 너무나 공고하다. 유희를 보라. 남들은 늦었다고 하는 나이에 용감하게 사표를 쓰고 꿈을 찾아 나서지만 그 싸움은 다윗과 골리앗의 싸움처럼 너무나 힘겹기만 하다. 그래서 재인과 은수는 원하는 것을 뒤로하고 현실과 비겁하게 타협하려 했던 것인지도 모른다.

나는 문득 영화 '조제, 호랑이 그리고 물고기들'의 주인공인 츠네오라는 남자가 떠올랐다. 츠네오는 우연히 다리를 쓰지 못해 집에만 틀어박혀 지내는 조제와 사랑에 빠진다. 그러다 조제와 결혼하겠다는 결심을 하기에 이르는 츠네오. 그는 사랑하는 조제를 부모님에게 소개시키기 위해 가던 중 집에 전화를 걸어 못 가겠다는 말을 한다. 그때 전화를 받은 동생이 묻는다.

"형, 지쳤어?"

츠네오는 결국 조제와 헤어진다. 그 뒤 어느 날 츠네오는 길가의 가드 레일을 잡은 채 통곡을 하고 그 뒤로 그의 독백이 나지막하게 흐른다.

"담백한 이별이었다. 이유는 여러 가지 댈 수 있지만 사실은 단 하나뿐이었다. 내가 도망쳤다."

그들이 낙원을 떠나 다시 현실로 돌아간 이유

우리는 항상 도망을 꿈꾼다. 자신이 원한 삶이든, 어쩔 수 없이 흘러오다 보니까 살게 된 삶이든 간에 현실은 언제나 도망을 꿈꾸게 만든다. 현실을 견딜 수 있는 것은 어쩌면 늘 도망칠 수 있다는 가능성을 품고 살기 때문인지도 모르겠다. 도망칠 수도, 도망갈 곳도 없다고 생각한다면 환기구 없는 방에 갇힌 것처럼 끔찍하지 않을까.

그리고 가끔 누군가는 도망을 시도한다. 자신을 옭아매고 있는 현실의 밧줄을 끊고 어디론가 떠나겠다는 자유를 꿈꾸면서 말이다. 그러나 도망은 회귀를 전제로 한다. 도망친다는 것은 자신의 본거지가 지금 머물고 있는 그곳임을 인정한다는 것이다. 그렇지 않으면 선택한다고 할 것이지 굳이 도망이란 말을 사용할 필요가 없을 테니까. 다른 삶을 선택하는 것과 현재의 삶으로부터 도망하는 것은 분명히 다르다.

물론 도망쳐서 다른 삶을 선택할 수도 있다. 그러나 도망은 목적지가 있는 것이 아니라 탈출 그 자체를 목적으로 한다. 게다가 도망은 불확실한 세계로 자신을 던지는 것과 같다. 도망가서 머무는 그곳은 또 다른 현실에 지나지 않기 때문이다. 현실은 영화나 소설에서 보듯이 그리 낭만적이지 않다. 그래서 영화에서 도망자는 항상 되돌아오거나, 붙잡혀 오거나, 아니면 어디에도 뿌리를 내리지 못하는 방랑자가 되고 만다.

나 역시 평생 도망을 꿈꾸며 살아왔다. 그리고 머리가 희끗희끗해지는 지금도 도망을 꿈꾼다. 내 일을 사랑하고 내 가족을 사랑하면서도 가끔 나를 옥죄는 현실로부터의 도망을 꿈꾼다. 구체적인 목적지도 정해 놓지 않은 채 아주 막연하게 그저 푸른 항공을 떠다니는 자유라는 꿈같은 이름을 찾아서.

그처럼 도망을 갈망하는 사람들을 위해 만들어진 영화가 바로 '지중해'이다. 제2차 세계 대전 당시 여덟 명의 이탈리아 군인이 그리스의 작은 섬이 전략적으로 필요하다는 상부의 지시에 따라 미기스티 섬으로 간다. 그러나 그 섬에 도착한 뒤 무전기가 고장 나면서 그들은 섬에 고립되고 어느새 사람들로부터 잊혀진다.

남자들은 다 전쟁터로 끌려가 여자들과 노인들만 남은 그 섬에 정착하기로 한 그들은 이후 꿈같은 세월을 보낸다. 그림 그리는 것이 취미였던 중위는 교회 벽화를 그리고, 사사건건 규칙을 고집하던 완고한 상사는 어린아이들과 놀고 춤춘다. 책을 좋아하는 내성적 성격의 병사는 책을 마음껏 읽으며 지내다 창녀와 사랑에 빠져 결혼을 한다. 사랑을 나눌 수 있는 여자들이 있고 어린애처럼 춤추고 놀 수 있는 평화로운 작은 섬은, 그들에게는 곧 낙원이었다.

3년 후 고장 난 비행기가 우연히 그 섬에 착륙하고, 그들은 전쟁이 끝났음을 알게 된다. 그리고 영국군에 의해 구조될 수 있는 기회를 얻는다. 그러나 이미 낙원에서 살고 있는 그들이 굳이 본국인 이탈리아로 돌아가려고 할까? 영화는 나의 예상을 빗나갔다. 결혼한 병사 한 명을 제외한 나머지 일곱 명이 모두 '국가 발전에 기여하기 위해서', '임무를 수행하기 위해서' 다시 이탈리아로 돌아간다.

'이런 시대에 살아남아서 꿈을 꿀 수 있는 길은 도피뿐이다' 라는 말로 시작되는 이 영화는 전쟁으로 피비린내 나는 세상에서 지친 남자들이 꿈꾸는 유토피아를 그린 영화이다. 처음엔 어쩔 수 없이 현실로부터 멀어졌지만 미기스티 섬에서 평소 꿈꿔 오던 자유로운 생활을 누린 여덟 명의 병사들. 미기스티 섬은 누구나 염원하는, 세속적인 잣대나 편견 따위가 없는 어린애처럼 천신난만하게 살 수 있는 낙원이다.

그런데 왜 그들은 그런 낙원을 버리고 현실로 돌아갔을까? 그들이 그토록 꿈꿔 오던 낙원에서 계속 살 수도 있었는데 왜 그들은 본국으로 다시 돌아간 걸까? 왜냐하면 그들의 정체성은 꿈속의 세상이 아닌 현실에 기초하기 때문이다.

사람은 누구나 이 세상에서 유일한 존재로서의 자신을 실현시키고 싶어 한다. 그러나 미기스티 섬 같은 낙원에서 그들이 스스로 할 수 있는 것은 별로 없다. 섬이 어머니의 품을 상징한다면, 그들은 그저 어머니의 품 안에서 노는 어린아이들이라 할 수 있다. 그러나 그들은 스스로를 증명하기 위해 무엇인가를 하고 싶어 한다. 그렇기 때문에 그들은 자신들의 의무를 찾아서, 그리고 국가 재건에 한몫을 담당하기 위해서 이탈리아로 돌아가는 것이다.

게다가 그들이 3년을 머무르면서 미기스티 섬은 이제 그들에게 또 하나의 현실이 되고 말았다. 우리가 사는 곳은 곧 우리의 현실이다. 생각해 보라. 섬에 남은 병사가 사랑하는 여인과 같이 운영하는 식당은 관광지의 한 식당일 뿐이다. 거기에는 나름대로의 규칙과 질서가 있고, 병사가 그곳에 살려면 그 규칙들을 따를 수밖에 없다. 즉 또 다른 구속과 억압이 시작되는 것이다. 그렇기 때문에 현실은 항상 우리에게 구속감을 불러일으키며, 도망치고 싶은 유혹을 느끼게 한다. 육지에 사는 사람들은 섬으로의 도망을 꿈꾸고, 섬사람들은 육지로 도망치는 꿈을 꾼다.

그러니 만일 당신이 도망치고 싶다면 생각해 볼 일이다. 당신이 원하는 목적지가 있는지, 아니면 단순히 도망치고 싶은 건지를 말이다. 뚜렷한 목적지 없이 그저 벗어나고 싶은 마음만 굴뚝같다면 당신은 도망쳐서 자유를 얻는 게 아니라 당신을 더 옭아맬 수 있는 또 다른 현실을 만날 수도 있음을 명심해야 한다. 그런 의미에서 도망친 낯선 미지의 땅에서 해답을 찾기보다는 지금 당신이 마주하고 있는 현실에서 문제를 어떻게 풀어 나갈지 그 방법을 찾는 것이 오히려 현명할 수 있다.

문득 학창 시절 좋아해서 외우고 다녔던 영시가 생각난다. 제목과 시인은 잊어버렸지만 아직도 이 시를 기억하고 있다는 것은 내가 그만큼 도망을 꿈꾸고 살았음을 증명하는 것일 게다.

문이 하나 있었지

그 문을 나는 열 수가 없었지

손잡이를 잡을 수도 없었고

왜 나는 나의 감옥으로부터 걸어 나올 수가 없었나?

지옥이란 무엇인가?

지옥은 자기 자신

지옥은 단 홀로인 것

그 안에 있는 모습은 단지 환영일 뿐

도망쳐 빠져나올 곳도

도망쳐 빠져나갈 곳도 없지

인간은 언제나 혼자인 것

서른 살,
악마의 유혹에
빠지기 쉬운 까닭

애당초 인간이 악하게 태어난 것은 아니다. 생존 본능을 가졌으나 스스로는 아무것도 못하는 존재, 생존을 위해서는 사랑과 돌봄이 필요한 미약한 존재로 태어날 뿐이다. 갓난아기를 '천사'라고 부르는 까닭은 아기는 사랑이 있어야 살 수 있는 존재로, 사람들에게 사랑을 일깨워 주기 때문이다.

그러나 점차 아이가 성장해 감에 따라 아이의 마음 안에서는 많은 일이 일어난다. 이때 타고난 공격적 본능이 너무 크거나, 적절한 돌봄을 받지 못하거나, 동일시할 대상이 없어 자아와 초자아 발달에 이상이 생기면 아이는 자신의 본능적 욕구를 제어할 힘을 상실한다. 뿐만 아니라 상처를 많이 받을 경우 분노는 아이의 타고난 공격성과 합쳐져 강한 에너지가 부하된 위험한 시한 폭탄처럼 되어 버린다. 위험한 충동을 행동으로 옮겨 다른 사람들에게 치명적인 상처를 입혔음에도 그에 대한 일말의 죄책감도 갖지 못할 때 우리는 그를 악인이라 부른다.

그러나 악이 악인에게만 있는 것은 아니다. 사람의 마음속에는 악한 부분이 항상 있게 마련이다. 그리고 악마 같은 측면은 기회가 있을 때마다 고개를 쳐들고 우리를 유혹한다. 『지킬 박사와 하이드 씨』만 보더라도 낮에는 점잖고 교양 있는 지킬 박사가 밤만 되면 추악한 하이드 씨로 변하지 않는가.

서른 살, 당신이 위험한 이유

사실 인생은 평생 자신과의 싸움이라고 할 수 있다. 우리는 살면서 외부의 유혹에도 흔들리지만 마음속의 유혹에 더 많이 흔들린다. 어릴 적에는 형제자매끼리 과자나 부모님의 사랑을 두고 치열한 전투를 벌인다. 형제자매에 대한 질투가 심해지면 그들이 사라져 버리기를 바라기도 한다. 학창 시절에는 친한 친구가 성적이 더 잘 나오면 그를 끌어내리고 싶은 충동을 느낀다.

그뿐만이 아니다. 남들보다 더 많이 사랑받고 싶어 하고, 더 많이 갖고 싶어 하며, 남들보다 막강한 힘을 가지고 그들을 지배하고 싶어 한다. 나보다 잘난 사람에게 강한 시기와 질투를 느끼고 그들이 실패하기를 간절히 원하며, 나에게 모욕을 준 사람이 사고가 나기를 바란다. 영화에서나 볼 수 있는 황홀한 섹스를 꿈꾸고, 금기시된 모든 것을 열망하기도 한다. 때론 뚜렷한 이유도 없이 아무것이나 잡히는 대로 파괴해 버리고 싶은 충동에 휩싸이기도 한다.

게다가 성장을 멈춘 우리의 마음은 극히 자기중심적이 되어 내가 원하는 것은 다 이루어져야 한다고 생각한다. 그래서 다른 사람이 했으면 심한 비난과 비판을 쏟을 행동이 내가 원하는 경우에는 정당하고 옳은 것이 된다. 왜냐하면 나는 언제나 옳으며 남들과 다르다는 믿음이 있기 때문이다. 정치인을 보라. 그들은 남들이 탈당할 때는 이기적이고 거짓말쟁이라고 비난하면서도 막상 자신이 그런 행동을 할 때면 그것은 대승적 차원에서 어쩔 수 없는 선택이라고 이야기한다.

문제는 이들이 자신의 말을 정말로 믿고 있다는 데 있다. 이들에겐 남들을 판단하는 척도와 자신을 판단하는 척도가 확연히 분리되어 있다. 그렇기 때문에 그들에게는 자신의 행동이 결코 모순이 아니다. 애당초 자신은 남들과 다른 사람, 아니 다른 종족인 것이다. 내가 하면 로맨스요, 남들이 하면 불륜이라고 경멸하는 것과 같은 이치라고나 할까.

이런 현상의 극단적인 예가 바로 나치의 유대인 학살이다. 나치는 대공황으로 독일이 살기 어려워지자 그렇게 된 게 모두 유대인 때문이라며 그들을 학살하기 시작했다. 그러고는 아리안족의 우수성과 위대함을 보존하기 위해서라도 열등한 민족인 유대인을 제거

해야 한다고 선전했다. 나르시시즘의 극치라 할 수 있다. 내 안의 욕망만 옳고 다른 사람의 욕망은 천하고 나쁘다는, 극단적인 자기 몰두의 결과인 것이다. '내 안에도 악마는 있지만 나치처럼 심하지는 않아' 라고 가슴을 쓸어내리고 있다면 다음의 이야기를 들려주고 싶다.

옛날 어느 왕국에 유명한 성자가 살고 있었다. 그는 자비로웠으며 많은 선행을 베풀었다. 어느 날 왕이 유명한 화가에게 성자의 초상화를 그리라 명했다. 그림이 완성되던 날 왕은 연회를 열었다. 드디어 트럼펫이 울리고 그림의 휘장이 걷혀졌을 때 왕은 초상화를 보고 깜짝 놀랐다. 초상화 속의 성자 얼굴이 야만적이고 잔인하며 도덕적으로 타락한 모습이었기 때문이다.

"이 무도한 놈!"

분노한 왕은 신하들에게 당장 화가의 목을 베라고 명했다. 그러자 잠자코 있던 성자가 왕에게 말했다.

"아닙니다. 왕이시여, 이 초상화는 진실을 말하고 있습니다. 이 그림을 보기 직전까지도 저는 온 힘을 다해 저 초상화에 그려진 모습처럼 되지 않기 위해 싸우고 있었습니다."

이 이야기는 우리에게 성자마저도 매일같이 자신 안의 악마와 싸우고 있음을, 그것이 얼마나 힘든 일인지를 여실히 보여 준다.

그런데 사회에 진출한 지 얼마 안 된 젊은이들은 자신의 꿈을 이 넓은 세상에 펼치고 싶은 마음에 호기가 넘친다. 불가능이란 없다고 믿고서 성공을 향해 달리는 그들은 욕망에 몰입되며 다시금 나르시시즘의 전지전능함에 빠진다. 특히 서른 살은 성공에의 야망이 그 어느 때보다 강한 시기이다. 남을 짓밟고라도 위로 올라가고 싶은 야망, 성공하고 있는 동료를 끌어내리고 싶은 시기심, 돈을 벌기 위해서라면 수단과 방법을 가리지 않는 마음 등 하루에도 열두 번씩 악마가 고개를 치켜든다. 그래서 서른 살은 위험하다.

| '스파이더맨3'가 일깨워 주는 것

'스파이더맨3'는 거미에 물려 스파이더맨이 된 청년 피터 파커가 자신의 파괴적 욕망과 싸우면서 어른이 되는 과정을 그린 영화이다. 전작인 '스파이더맨 1, 2'에서 악당을 물리치고 도시를 구한 피터는 3편에서 자신을 영웅으로 떠받드는 시민들의 환호에 도취되어 자신의 힘을 즐기고 과시하기 시작한다. 한껏 우쭐해진 그는 자신의 모습을 황홀하게 쳐다보느라 다른 사람의 감정을 살필 겨를이 없다. 다른 사람들은 다만 그를 찬양해야 하는 대상에 지나지 않게 된 것이다.

결국 피터는 사랑하는 메리가 겪는 고통에도 무관심해진다. 그래서 공연 후 메리가 매스컴의 혹평 때문에 괴로워하는데도 위로를 해 주기는커녕 자신의 영웅담만 잔뜩 늘어놓는다. 그러다 사건이 발생했다는 소식을 접하고는 메리를 홀로 남겨 둔 채 영웅 놀이를 하러 가 버린다. 그런 피터가 메리가 극단에서 해고당해 술집에서 노래를 부르게 된 것을 눈치 챌 리 만무하다. 피터는 메리도 그저 스파이더맨에 열광하고 있겠거니 생각할 뿐이다. 참다못한 메리는 결국 피터에게 "넌 내 마음을 몰라"라고 말하고는 그의 곁을 떠난다.

이런 피터 앞에 삼촌을 죽인 진짜 살인범이 샌드맨이란 괴물이 되어 나타난다. 복수심에 불타는 피터는 "복수심은 독약과 같은 거야. 평범한 사람도 괴물로 만들어 버리지"라는 숙모의 충고마저 무시해 버린다.

진정한 어른으로 성장하기 위해서는 자신의 발목을 잡아끄는 과거의 상처와 망령들로부터 벗어날 수 있어야 한다. 그리고 세상을 지배하고 싶은 욕망이나 공격적이고 파괴적인 욕망들과도 싸워 이겨야 한다.

그런데 막강한 힘을 가지고 있고 인기가 하늘을 찌르는 피터는 그런 욕망들을 다스리기는커녕 욕망의 노예가 되고 만다. 그런 피터의 모습은 외계에서 온 수수께끼의 유기체인 심비오트로 상징화된다. 심비오트라는 검은 물질에 감염되어 블랙 스파이더맨이 된 피터. 이제 싸움은 원래의 스파이더맨과 심비오트에 감염된 블랙 스파이더맨이 마음속에서 벌이는 싸움으로 변한다.

원래의 스파이더맨이 '순수'를 외칠 때 블랙 스파이더맨은 '쾌락'을 외치고, 원래의 스파이더맨이 삼촌을 죽인 샌드맨을 용서하려 할 때 블랙 스파이더맨은 '복수'를 하라고 부추긴다. 블랙 스파이더맨을 조종하는 심비오트의 유혹을 뿌리치지 못한 피터는 여자들을 유혹하고, 동료를 무참히 짓밟으며, 급기야는 메리에게까지 폭력을 가한다.

사랑하는 여자에게까지 상처를 입힌 자신의 행동에 놀라 괴로워하는 피터. 숙모는 그에게 말한다.

"너를 용서해라. 나는 널 믿는다. 넌 좋은 사람이고 네 길을 찾게 될 것이다. 제시간에."

어른이 되기 위해서는 자신을 제어할 수 있어야 하며, 과도한 욕망에서 벗어나 올바른 선택을 해야 한다. 물론 시간은 무한정 기다려 주지 않기에 제시간 안에 선택을 해야 한다.

다행히 피터는 올바른 선택을 한다. 심비오트를 벗어 던지고 원래의 스파이더맨으로 돌아간 것이다. 피터는 과거의 원한과 상처, 과도한 욕망들에서 벗어나 살인범인 샌드맨을 용서하고 메리의 사랑도 되찾는다.

악마의 유혹에 빠지지 않으려면

진정한 성인이 되기 위해 우리 역시 피터와 같은 과정을 겪는다. 내 안의 파괴적이고 이기적인 욕망들과 싸워야 하고, 과거의 상처에서 비롯된 비뚤어진 마음과도 싸워야 하는 것이다. 남들을 짓밟고라도 성공하고 싶은가. 다른 사람의 환호와 경탄을 받고 싶은가. 때론 방해하는 모든 것을 없애 버리고 싶지는 않은가. 그런 마음이 들 때는 피터의 충고를 떠올려 봤으면 좋겠다. 피터가 심비오트를 벗어 던지자 심비오트는 곧바로 다른 사람의 몸속으로 들어간다.

그때 피터는 그를 보며 이렇게 말한다.

"나도 그 느낌을 알아. 기분 좋지. 모든 것을 얻게 되니까. 하지만 너는 너 자신을 잃고 있어."

누구에게나 악마가 있다. 그 사실을 부정할 필요는 없다. 상황에 따라 나쁜 마음이 들 수 있으며, 나쁜 마음을 가지는 것 자체를 억누를 필요도 없다. 그것을 행동으로 옮기지만 않으면 되는 것이다. 다만 우리 모두 언제든 심비오트에 감염된 피터처럼 사랑하는 사람에게 폭력을 가하고, 복수심에 불타 살인도 저지를 수 있는 존재임을 인정하고, 위험한 욕망들을 적절하게 통제하기 위해 끊임없이 노력해야 한다. 그러면 악마적 요소들은 승화되어 우리의 삶에 건강한 활력소로 작용하게 될 것이다.

이제 그만 '조명 효과'에서 벗어나라

유석 씨는 직장 여직원들 사이에서 인기 1위이다. 항상 깔끔하고 세련된 옷차림에 전문가의 솜씨로 만진 듯한 헤어스타일, 거기다 좌중을 한순간에 사로잡는 유머 감각까지 어느 것 하나 빠지지 않는다. 그가 들어가면 사무실에 활기가 넘친다. 그가 유머 섞인 아침 인사를 하면 평소 무뚝뚝하기로 소문난 김 부장마저 한마디 거든다.

"어이, 유석 씨 오늘 멋진데……."

이러니 같은 남자 동료들은 유석 씨에게 묘한 질투와 열등감을 갖지 않을 수 없다. 유석 씨는 그들의 못난 마음을 부추기기라도 하듯 걸을 때도 발걸음과 손동작 하나하나까지 신경을 쓴다.

현대 사회에서 첫인상이 중요해진 까닭

윌리엄 제임스는 『심리학의 원리』에서 다음과 같이 말했다.

"사회에서 밀려나 모든 구성원으로부터 완전한 무시를 당하는 것 – 이런 일이 물리적으로 가능할지는 모르겠으나 – 보다 더 잔인한 벌은 생각해 낼 수 없을 것이다. 방 안에 들어가도 아무도 고개를 돌리지 않고, 말을 해도 대꾸도 안 하고, 무슨 짓을 해도 신경도 쓰지 않고, 만나는 모든 사람이 죽은 사람 취급을 하거나 존재하지 않는 물건을 상대하듯 한다면, 오래지 않아 울화와 무력한 절망감을 견디지 못해 차라리 잔인한 고문을 당하는 쪽이 낫다는 생각이 들 것이다."

다른 사람에게 무시를 당하고 싶어 하는 사람은 없다. 누가 나를 향해 얼굴을 찡그리면 상심하게 되고, 못났다고 하면 정말 내가 못난 것처럼 느껴진다. 버림받고 소외되는 것에 대한 불안이 엄습해 오기 때문이다. 반면 누가 나를 칭찬하면 기분이 좋고, 누가 나를 기억해 주면 갑자기 인생이 살 만한 것이 되기도 한다. 누가 나를 무시하든 조롱하든 그에 상처받지 않으면 얼마나 좋을까. 하지만 인간은 누구나 타인의 시선으로부터 자유롭지 못하다. 아니, 타인이 나를 경탄의 시선으로 바라봐 주기를 간절히 바란다.

그런데 요즘은 그 정도가 지나치다. 사람들은 '남들에게 내가 어떻게 보일까?' 에 집착하고 짧은 시간 내에 남들에게 강한 인상을 남기기 위해 온갖 노력을 마다하지 않는다.

현대 사회의 만남은 짧은 것이 특징이다. 예전에 이동이 적었던 시대에는 만남의 기간 역시 길었다. 사람들은 한집과 한직장에서 오랫동안 머물렀고, 따라서 같은 사람과 오래도록 이웃을 하고 거래를 하며 지냈다. 그 결과 오랜 시간을 두고 상대를 만나면서 상대가 어떤 사람인지를 찬찬히 파악할 수 있었다.

그러나 현대에 들어 세계가 글로벌화되면서 사람들의 이동 또한 활발해졌다. 서울에서 이른 아침 회의에 참석한 뒤 일본 출장을 다녀와서 밤 늦게 부산에서 친구를 만나는 게 가능하다. 여행이나 어학 연수를 가는 사람은 또 얼마나 많은가. 학교와 학원을 옮길 때마다 새로운 사람을 만나며, 사이버 공간 안에서 새롭게 만나는 사람도 굉장히 많다. 게다가 요즘은 3~4년에 한 번씩 직장을 옮기고, 이사를 간다.

즉 사람들은 이제 한곳에 정착해 살기보다는 여기저기 이동하며 살게 되었고, 따라서 만남과 이별의 횟수도 늘어났다. 만남의 형태 역시 서로의 이익에 따라 만났다 금방 헤어지는 단기간의 만남이 주를 이룬다. 짧은 만남은 상대를 알 수 있는 충분한 시간을 허락하지 않는다. 이럴 때 우리가 상대를 파악하는 방법은 첫인상에 의존하는 것이다. 따라서 얼마나 강렬한 첫인상을 남기느냐가 다른 사람과의 관계에서 매우 중요해진다.

한편 현대에서 중요한 것은 현재이다. 지나간 과거는 쓸모가 없고, 미래는 한 치 앞도 예측하기 힘들기 때문이다. 그래서 당장 눈앞에 보이는 현재의 경험만이 중요하게 되고, 따라서 사물을 파악하는 것은 그때그때 보고 느끼는 감각과 직관에 의지하게 된다. 그러므로 젊은이들이 성공하려면 첫인상부터 남들에게 잘 보여야 한다고 생각하는 것은 어쩌면 당연한 일일 것이다.

이러한 이유들로 인해 현대의 젊은이들은 '내가 누구인가?' 보다는 '내가 어떻게 보이는가?' 하는 자신의 이미지에 더 집착한다. 남들에게 강한 인상을 남기고 그들이 자신에게 반하고 호감을 갖게 하기 위해 외모를 뜯어고치고 유머집을 외운다. 앞의 유석 씨처럼 말이다. 그리고 남들이 자신을 경탄의 눈으로 멋있다고 바라봐 줄 때 비로소 자신이 괜찮은 사람이라는 안도감을 갖는다.

아직도 스스로를 무대의 주인공이라고 생각하는가?

그러나 이처럼 타인의 환호에 목숨 거는 사람은 만성적인 공허감에 시달리게 마련이다. 왜냐하면 타인의 시선이란 언제든지 떠나갈 수 있는 것으로, 아무도 쳐다보지 않으면 그 즉시 나는 사랑받지 못하는 버림받은 존재가 되어 버리기 때문이다. 그래서 타인의 시선을 지나치게 신경 쓰는 사람은 자신을 있는 그대로 사랑해 주지 않는 타인에 대한 분노와 타인의 사랑을 잃어버리는 데 대한 불안으로 공허감에 시달리게 된다.

앞의 유석 씨 역시 마찬가지였다. 너무나 쾌활하고 자신감 넘치는 유석 씨는 겉으로 보이는 것과 달리 항상 마음 한구석이 텅 비어 있는 듯한 느낌 속에서 살았다. 행여 누구라도 자신을 비난하거나 못 본 체하면 겉으로는 아무렇지 않은 듯 행동했지만 그날 밤은 밤새 뒤척이며 그 일을 곱씹고 혼자 분노하곤 했다.

또한 유석 씨의 매력에 끌렸던 사람들은 차츰 그로부터 멀어져 갔다. 유석 씨가 자신의 내적인 열등감과 불안이 드러날 경우 사람들이 자신에 대해 실망하고 떠날까 봐 남들에게 절대 속을 보이지 않았기 때문이다. 유석 씨는 풍선에 매달려 살아가고 있는 것과도 비슷하다. 타인의 환호와 감탄이 풍선을 채우고 있을 때는 하늘 높이 날 수 있지만, 타인의 시선이 사라지게 되면 풍선에서 바람이 빠져 땅으로 추락하고 만다.

코넬 대학교의 토머스 길로비치 교수는 어느 날 한 학생에게 가수 배리 매닐로의 얼굴이 새겨진 티셔츠를 입게 한 다음 실험실에 들어가게 했다. 잠시만 그곳에 있다 나오라고 했는데, 그 안에는 대여섯 명의 학생이 있었다. 실험실에서 나온 학생에게 길로비치 교수가 물었다.

"그 안에 있던 사람들 중 당신이 매닐로 티셔츠를 입었다는 걸 알아차린 사람이 몇 명이나 될 것 같습니까?"

그는 46퍼센트 정도가 자신을 기억할 것 같다고 답했다. 그러나 실제로 그 학생이 매닐로 티셔츠를 입고 있었다고 답한 사람은 23퍼센트에 지나지 않았다. 이후 코미디언 제리 세인필드와 인권 운동가 마틴 루서 킹 목사의 얼굴이 그려진 티셔츠를 가지고 똑같은 실험을 했는데, 티셔츠를 입은 학생은 48퍼센트가 기억할 것이라고 했지만 실제로는 8퍼센트밖에 안 됐다.

왜 이런 현상이 빚어졌을까? 그것은 '조명 효과(spotlight effect)'라는 심리 현상으로 설명할 수 있다. 조명 효과란 자신을 연극 무대에 선 주인공인 것처럼 생각하는 것이다. 무대에 오르면 주인공에게 스포트라이트가 쏟아지고, 관객들은 주인공이 어떤 옷을 입고, 어떤 말을 하고, 어떤 표정을 짓는지 그의 움직임 하나하나를 주시한다.

그러나 우리는 무대에 오른 주인공이 아니다. 그럼에도 우리는 스타처럼 조명을 받고 있다고 착각하면서 다른 사람들의 시선에 민감하게 신경을 쓴다. 예전에 우리는 그러한 경험을 한 번씩은 다 했다. 사춘기의 청소년들은 자신을 무대의 주인공이라고 생각하며 나머지 사람들은 전부 자신을 쳐다보는 관객인 것처럼 생각한다. 이를 '상상 속의 청중(imaginary audience)'이라고 부른다.

그래서 거울 앞에서 머리와 옷매무새를 수십 번 가다듬으며, 심지어 밖으로 나갔다가 금세 돌아와서는 다른 옷으로 갈아입고 나가기도 한다. 그뿐인가. 실수를 저지르면 무지무지하게 창피해한다. 모든 사람이 내 실수를 목격하고는 비웃을 것이라고 생각한다. 물론 그것은 착각이다. 다른 사람들이 나만 바라보고 있을 만큼 한가하지 않기 때문이다. 우리는 어른이 되면서 그런 착각에서 벗어나게 된다. 각자 자신만의 고유한 정체성을 형성함으로써 남들이 나를 어떻게 볼까에 목숨 걸지 않게 되는 것이다.

다른 사람들이 나를 주시하고 있다고 생각할 때, 나를 주시하고 있는 것은 바로 나 자신이다. 다른 사람들은 실험 결과에서도 봤듯이 생각만큼 나를 주시하지 않는다. 그저 나 혼자 조명을 켜 놓고 나 혼자 지켜보고 있는 것이다. 그러니 이제라도 나만이 스타이고, 나만이 세상의 주인공이라는 착각을 버려야 한다. 다른 사람들도 모두 그들 인생의 주인공이고, 그들의 인생을 위해 열심히 살아가고 있으니까 말이다.

우리에게 필요한 것은 내 두 발로 땅을 디디고 살고 있다는 안정감과 자신감, 그리고 스스로를 사랑하는 마음이다. 결국 내가 나 자신을 향해 환호할 수 있어야 하는 것이다. 남들의 시선에 목숨 거느라 너무 많은 부분을 외양에만 투자하게 되면 내적 성숙을 위해 투자할 수 있는 에너지가 줄어든다. 인생을 허비하게 되는 것이다. 그러므로 이제라도 내가 나의 진정한 팬이 될 수 있어야 한다. 그래야 더 이상 타인의 시선에 목숨 걸지 않고 행복할 수 있다.

무엇이 그리 창피한가?

"시어머니는 항상 체면만 따지셨어요. 아이 돌잔치도 빚을 내서 동네 잔치로 치러야 했고, 항상 당신은 번듯한 옷차림으로 나가셔야 했어요. 남들이 하는 건 다 해야 했고 안 그러면 창피해서 못 산다는 말을 입에 달고 사셨지요. 그놈의 체면이 뭔지……."

승미 씨는 한숨을 내쉬었다. 그동안 시댁의 체면을 지키느라 억눌러 살아온 시절이 한으로 맺힌 그녀는 울화병을 앓고 있었다. 그런데 중·고등학교에 다니는 두 자식은 더 가관이라 했다.

"다른 애들이 어떤 상표의 신발을 신으면 애들은 꼭 그걸 사 달라고 들들 볶아요. 안 그러면 창피해서 집 밖에 못 나간다나요."

우리는 어른 아이 할 것 없이 '창피해서 못 살겠다'란 말을 입에 달고 산다. 실수를 해도 창피하고, 돈이 없어도 창피하다. 차가 낡아도 창피하고, 공부를 못해도 창피하다.

창피함은 내 모습이 내가 원하는 이상적인 상태가 아니라, 결함투성이로서 부적합하고 실패한 모습으로 비쳐질 때 느끼는 감정이다. 보잘것없는 나 자신이 드러난다는 것은 창피한 일이고, 속해 있는 집단으로부터 쫓겨날 수도 있는 위험한 일이다. 이런 창피함은 특히 의존적인 사람에게 많이 나타나는 감정이다. 의존적인 사람은 나와 남을 함께 섞여 있는 한덩어리의 상태로 인식한다. 그렇기 때문에 그들은 '다른 사람 지향적'이며 다른 사람의 의견에 많은 영향을 받는다.

우리나라는 전통적으로 집단주의 사회다. 가문을 워낙 중요시하다 보니 개인과 가문의 경계가 모호하다. 개인은 전적으로 가문으로부터 보호받고, 가문에 의지하며, 개인의 영광은 곧 '가문의 영광'이다. 오죽하면 '문중에서 쫓겨난다' 든지 '호적을 파 버린다' 는 말이 가장 위협적인 말이 되었겠는가. 이런 분위기에서는 체면을 지키는 것이 목숨보다 중요해진다.

창피함을 느낄 수밖에 없는 상황에서 창피함을 느끼는 것은 문제가 안 된다. 하지만 우리나라 사람들이 창피함을 느끼는 수준은 너무 지나치다. 성수대교가 무너지고 곧이어 삼풍백화점이 내려앉았을 때 나는 그 위험 수위를 느꼈다. 그때 우리는 모두 충격에 사로잡혔다. 어떻게 다리가 무너지고 거대한 백화점이 순식간에 내려앉을 수 있단 말인가.

그런데 사건이 일어난 다음 날부터 언론은 외국의 언론들이 그 사건에 대해 어떻게 생각하는지를 보도하는 데 급급했다. 있을 수 없는 일이 일어났기에 그 원인을 해석하는 데 있어 여러 사람의 의견을 들어 보는 것은 필연적이다. 하지만 우리나라 사람들과 언론의 주된 정서는 '창피함' 이었다. '외국 사람들이 우리나라를 어떻게 볼까' 하는 창피함, '이런 부실한 나라에서 살고 있다' 는 창피함. 창피함이 사건 수습보다 더 중요해지는 순간이었다.

요즘 '난 네가 창피해' 라는 말이 유행이란다. 그 말 속에는 창피하지 않을 사람을 데리고 다니고 싶다는 욕망이 숨어 있다. 그 사람이 좋아서 같이 있고 싶고, 같이 다니고 싶어야 한다. 허약한 나 자신을 채워 줄 보완책으로 다른 사람을 선택해서는 안 되는 것이다. 무엇이 그리 창피한가? 당신에게 '난 네가 창피해' 라는 말을 하는 사람이 있다면 조심하라. 그는 당신을 있는 그대로 볼 생각이 애초에 없는 사람이니까.

그들이 진정한 멘토를
만난 것은
결코 우연이 아니다

　그리스 신화에서 오디세우스는 트로이 전쟁에 출정하기 직전, 친구인 멘토에게 자신의 아들인 텔레마코스를 잘 보살펴 달라고 부탁한다. 멘토는 간곡한 부탁을 충실히 이행해 전쟁에 나간 오디세우스 대신 텔레마코스 왕자를 지혜롭고 현명한 왕으로 키워낸다. 20년 후 텔레마코스는 아직도 전쟁터에서 돌아오지 않은 아버지 오디세우스를 찾아 위험한 길을 떠난다. 그러자 여러 신이 텔레마코스가 곤경에 처할 때마다 멘토의 모습을 하고 나타나 도움을 주면서 그를 인도한다.

　'충실하고 현명한 조언자 또는 스승'이라는 의미를 가지는 '멘토'라는 말은 이와 같은 이야기에서 비롯되었다. 대부분의 사람들이 첫 번째로 갖는 멘토는 '아버지' 혹은 '어머니'이다. 물론 혹자는 "엄마처럼 살지 않을 거야" 또는 "세상에서 아버지가 제일 싫어"라는 말을 하며 자랐을 수도 있지만 애초에 부모에게 멘토로서 기대하는 것이 없었다면 실망할 이유도 없었을 것이다.

청소년기에는 부모로부터 심리적인 독립을 이룸에 따라 세상 밖에서 그 대상을 찾게 된다. 스승이나 친구, 스타 등을 멘토로 삼게 되는 것이다. 우리는 멘토를 통해 '멘토처럼 되고 싶다'라는 꿈을 구체적으로 실현시켜 간다. 꿈을 이루기 위해서 무엇을 공부하고, 어떤 노력을 해야 하는지 등을 알게 되는 것이다. 그러므로 누구의 말처럼 인간의 발달사는 나의 삶을 펼쳐 나가기 위해 부모라는 멘토를 벗어나 새로운 멘토를 찾고, 그와 결별하고 또 다른 멘토를 찾아 나가는 과정의 연속이라고도 할 수 있다.

「청소부 밥」과 「밀리언 달러 티켓」이 우리에게 주는 교훈

서른이란 나이는 분명 어른이지만 어른의 세계에서는 아직 어린아이에 불과하다. 사회생활을 시작해 이제 겨우 현실에 눈뜨기 시작한 서른 살은 아직 많은 것이 두렵고 서툴 뿐이다.

의도한 바와 달리 자꾸만 꼬이는 인간관계를 어찌해야 좋을지 모를 때, 죽어라 일에 매달리는데 성과가 나지 않아 괴로울 때, 어떻게 일을 진행시켜야 할지 몰라 혼란스러울 때, 중요한 선택의 기로에 서 있을 때 허심탄회하게 내 고민을 들어 주고, 현명한 조언을 해 주는 사람이 있다면 얼마나 좋을까? 그래서 서른 살은 자신에게 조언과 도움을 줄 그 누군가를 절실히 필요로 하게 된다.

그러나 그들은 고아나 다름없다. 집과 학교에서 부모와 스승의 권위가 바닥에 떨어진 지 이미 오래이고, 노인들은 사회의 퇴물인 양 취급받는다. 그것은 곧 가야 할 길을 비춰 주고, 잘못된 길로 들어섰을 때 점잖게 꾸짖어 주는, 믿고 의지할 만한 어른들이 사라져 버렸음을 뜻한다. 권위를 위한 권위는 배척되어야 하지만 삶의 지혜와 연륜이 쌓인 권위는 반드시 필요하다. 하지만 의지할 만한 권위 있는 대상을 잃어버린 젊은이들은 사는 법을 배우기 위해 독학을 하는 수밖에 없다. 그들이 자기 계발이나 인간관계에 관한 책들에 몰리는 이유가 여기에 있다.

『청소부 밥』에서 주인공인 로저는 젊은 나이에 CEO가 되었다. 남들이 부러워할 만한 성공을 거두었는데 정작 그는 회사 일 때문에 너무 바빠 지난 몇 년간 어떻게 살아왔는지 기억이 거의 없다. 아이들은 늘 로저를 기다리다 지쳐 잠이 들고, 아내는 "그냥 남들처럼 남편 노릇, 아빠 노릇을 해 주길 바랄 뿐인데, 그게 그렇게 어려운 거야?"라며 로저를 몰아붙인다. 자신을 전혀 이해해 주지 않는 아내를 원망하는 것도 잠깐 다시금 일하느라 바쁜 로저의 얼굴은 늘 피곤에 찌들어 있다. 그는 말한다.

"이젠 왜 이 일을 하고 있는지조차 모르겠어요. 집에 가 봤자 마음만 더 불편하고요. 어떤 때는 가족이 전혀 모르는 사람들처럼 느껴지기도 합니다. 저는 그저 돈을 뱉어 내는 현금 지급기 신세인 거죠."

그때 로저 앞에 나타난 청소부 밥. 은퇴하고 아내마저 저 세상으로 가 버린 뒤 청소 일을 하고 있는 밥은 지친 모습의 로저를 보고, 젊은 날의 자신을 떠올린다. 그래서 매주 월요일마다 로저에게 자신의 경험을 들려주게 된다.

그 이야기들 속에는 밥의 죽은 아내 앨리스가 가르쳐 준 삶의 지침들이 들어 있다. 밥의 이야기를 듣고 그것을 실천하는 가운데 인생에서 중요한 것이 무엇인지를 깨달은 로저는 일의 노예에서 벗어나 가정과 일 사이의 균형을 찾아 나간다.

『밀리언 달러 티켓』의 주인공인 톰은 소프트웨어 개발 회사에서 내키지 않는 일을 마지못해 하고 있다. 하루하루 러닝머신 위를 숨가쁘게 달리는 것처럼 정신없이 일하고 있지만 인원 감축, 인력 재배치가 이뤄질 것이라는 소문이 나돌면서 불안해하는 그. 그러던 어느 날 해외 출장을 떠나는데 늦어서 비행기를 놓칠 뻔하다가 우여곡절 끝에 좌석이 퍼스트 클래스로 업그레이드되는 행운을 얻게 된다. 그는 옆 좌석에 앉아 있는 사람에게 말한다.

"도대체 뭐가 문젠지 모르겠어요. 이 방면에서 능력도 인정받고 성공도 하고 싶은데 시간만 축내는 건 아닌지 조급해질 때가 많아요. 그것을 타개하고자, 아니 뭔가 변화를 주고자 비즈니스 성공에 관한 책을 읽고 있습니다만, 아직도 방법을 찾지 못해 이렇게 허둥대며 살고 있답니다."

그런데 옆 좌석에 앉아 있던 사람은 다름 아닌 자수성가한 백만장자 마이클이었다. 그래서 톰은 비행기 안에서 6시간 동안 마이클로부터 삶의 성공 전략을 듣게 된다. 이후 톰은 진정한 열정을 다시 찾고 배운 것들을 차근차근 행동에 옮긴다.

내 앞에도 어느 날 청소부 밥과 백만장자 마이클 같은 멘토가 나타나면 얼마나 좋을까. 좋은 사람을 만나는 것처럼 복된 일은 없다. 그러나 아무리 좋은 사람을 만나도 그의 좋은 점을 보지 못하면 그 또한 아무 소용이 없다. 그러므로 멘토를 만나기 위해서는 누구를 만나든 그의 긍정적인 측면을 찾고자 눈을 크게 뜨고 마음을 활짝 열어야 한다.

생각해 보라. 로저가 늙은 청소부의 말에 귀 기울이고, 톰이 옆 좌석에 앉은 사람의 말에 귀 기울인 것은 그 문제를 해결하기 위해 의식적이든 무의식적이든 골몰해 있었으며, 누군가의 도움을 절실히 구하고 있었기 때문 아니겠는가. 로저가 자신의 삶에 아무런 문제가 없다고 생각했다면, 톰이 어떻게든 방법을 찾고자 책을 읽지 않았더라면 멘토를 만날 수 있었을까? 그들은 더 이상 이렇게 살 수 없다는 변화의 필요성을 절실히 느끼고 있었기에 다른 사람의 말에 귀 기울일 수 있었다.

즉 멘토를 만나기 위해서는 누군가의 도움을 필요로 한다는 사실부터 인정해야 한다. 누구에게도 의지하려 하지 않고 모든 것을 혼자 해결하려는 태도는 자칫 자신 안의 감옥에 갇힐 위험성을 안고 있다. 다른 사람에게서 아무런 도움도 받지 않으려는 태도는 자신의 열등감이 노출되는 것에 대한 불안이며, 의존을 '약함'의 증거로 받아들인 결과이기 때문이다.

그러므로 멘토를 만나는 건 우연히 찾아오는 행운이 아니다. 적극적으로 도움이 필요함을 남들에게 알려야만 멘토를 만날 수 있다. 우선 선입견이나 편견 없이 마음의 문을 열고 사람들을 바라보라. 그러면 알게 될 것이다. 모든 사람에게는 배울 점이 있다는 것을……. 그리고 그 가운데 존경하고 신뢰할 수 있는 사람을 찾아가 고민을 털어놓는 것을 주저하지 마라. 그가 나를 귀찮아 하거나 우습게 보면 어쩌냐고? 걱정하지 마라. 남에게 도움을 줄 수 있다는 것은 인생에서 우리가 누릴 수 있는 기쁨 중의 하나이다. 사람은 누구나 타인에게 도움이 되는 사람이고 싶어 한다. 그런 행동이 그의 존재 가치를 높여 주고 그가 인정받고 있음을 나타내 주기 때문이다. 그러므로 그는 흔쾌히 고민을 들어 주고 자신의 경험에서 우러나온 조언을 해 줄 것이다.

멘토가 모든 것을 해결해 주지는 않는다

그러나 한 가지 조심해야 할 것이 있다. 멘토가 모든 문제를 해결해 주리라는 환상을 버려야 한다는 것이다. 멘토는 그저 곤경에 처한 나의 이야기를 들어 주고, 자신의 경험을 이야기해 줌으로써 내가 어떤 행동이나 결정을 하는 데 도움을 주는 사람일 뿐이다. 멘토에게 너무 의존하다 보면 스스로 문제를 해결할 자신감을 잃고,

멘토와의 관계도 병적인 애증 관계로 치닫게 된다.

조언을 주는 것은 멘토이지만 그 조언을 내 것으로 만들어 현실에 적용하는 사람은 바로 나 자신이다. 게다가 멘토도 틀릴 때가 있고 나와 맞지 않는 해법을 일러 줄 때도 있다. 그러므로 최종 판단은 결국 나의 몫이다. 멘토의 말이 나에게 많은 영향을 줄 수 있는 것도 그것이 전혀 새로운 말이 아니라 이미 내 마음속에 존재하고 있던 말이기 때문이다. 나의 내면과 멘토의 내면이 서로 공명하면서 파장을 일으키는 것이다. 로저나 톰의 마음속에도 이미 밥과 마이클이 말해 준 그 모든 내용이 있었을 것이다. 단지 그들에게는 자신의 생각에 대한 확신과 그것을 실행할 용기가 부족했을 뿐이다. 그러므로 진정한 멘토는 내 안에 있다 해도 과언이 아니다.

혼자 풀기 어려운 문제에 봉착하면 우선 잠시 멈추어 당신 안의 목소리에 귀를 기울여라. 그런 다음 신뢰할 수 있고 존경힐 만한 사람을 찾아가 조언을 구하라. 마지막으로 그 조언을 당신의 것으로 만들어 행동하라. 그것이 바로 풀리지 않는 문제의 해법을 찾아내는 지름길이다.

서른 살, 방어 기제부터 점검해 보라

2

왜 세상을 믿지 못하는가?

혼자 여행을 떠나 본 사람들은 알 것이다. 여행을 떠나기 전 낯선 세상에서 보고 느낄 것들에 대한 기대만큼이나 큰 것이 무사히 여행을 마칠 수 있을까 하는 불안감이란 사실을. 주변에 아는 사람은커녕 낯선 사람들뿐일 텐데 길을 잃으면 어떡하지? 말도 안 통하는데 열차나 비행기를 잘못 타거나 놓치면 어떡하지? 호텔이나 유스호스텔은 잘 찾아갈 수 있을까? 여권이나 지갑을 잃어버리면 어떡하지? 혹시 병이라도 나면 어떻게 할까? 등등……. 그 불안감은 '파리나 로마에 가면 특히 소매치기를 조심해야 한다', '베네치아에서는 길을 잃어버리기 십상이다' 등의 이야기를 들으면 더

고조된다.

그러나 여행을 해 보면 우리는 알게 된다. 길을 잃고, 열차를 놓치고, 유스호스텔을 못 찾아도 살아남을 방법이 있다는 것을 말이다. 여권과 지갑을 잃으면 여행 일정에 많은 차질을 빚게 되지만 그것 또한 새로운 경험으로 받아들이게 된다. 심지어 낯선 사람들이 보여 주는 호의에 무척이나 놀라기도 한다. 그래서 많은 여행자가 '나도 우리나라에 여행 오는 사람들에게 친절하게 대해 줘야지' 하는 마음을 먹는다. 그러나 낯선 세상과 낯선 사람들이 더 이상 무섭지 않게 되기까지는 시간이 필요하다. 그만큼 낯선 무엇인가는 우리에게 먼저 '위험' 신호로 다가온다. 그래서 새로운 세상 앞에서는 멈칫거리게 마련이다. 내가 걸어가야 할 저 세상이 안전하다고 누가 장담할 수 있지? 그때 우리를 도와주는 것이 바로 세상과 사람들에 대한 기본적인 믿음이다.

세상과 사람들에 대한 기본적인 믿음, 즉 '베이식 트러스트(basic trust)'는 세 살 이전 엄마와의 관계에서 시작된다. 아기는 처음에 엄마의 배 속만이 자기가 아는 세상의 전부였다. 그러나 태어나 보니 신기하고 낯선 것이 너무도 많다. 아이는 호기심에 그것들을 만져 보고, 맛을 보고, 촉감을 느껴 보고, 귀를 기울이고, 말을 걸기도 해 본다. 그러다 어느 순간 겁이 나 주위를 둘러보며 엄마를 찾는다. 그때 엄마가 웃으며 자신을 보고 있으면 안심하게 된다. 그런 일이 반복되면 아이는 엄마에 대한 기본적인 신뢰를 갖게 된다. 그래서 엄마가 잠깐 안 보여도 엄마가 곧 돌아올 것이라는 믿음을 갖고 마음 놓고 낯선 세상을 탐험한다.

그러나 아이가 쳐다봐도 엄마가 눈을 마주쳐 주지 않거나 엄마의 사랑이 너무 변덕스러우면 엄마에 대한 기본적인 신뢰가 흔들리게 된다. 이제 아이는 엄마가 눈에 보이지 않으면 엄마가 영원히 사라져 버릴까 봐 불안해하면서 엄마와 떨어지지 않으려 필사적으로 애쓰게 된다. 그러면 아이는 마음 놓고 낯선 세상을 마주하지 못한다.

이처럼 베이식 트러스트는 우리가 인생을 살아가면서 사람들을 만나고 탐험과 모험을 할 수 있는 밑바탕을 이룬다. 세상과 사람들에 대한 믿음이 있어야 낯선 사람을 만나 관계를 맺고, 낯선 곳에 갈 수 있으며, 실패에 대한 두려움을 극복할 수 있는 것이다.

상처는 가까운 사람들에게서 더 많이 받는다

그러나 아무리 우리가 우리 자신과 세상을 믿는다 해도 세상은 알 수 없는 것과 믿을 수 없는 사람으로 가득 차 있다. 서로 속고 속이며, 돈 때문에 사람을 죽이고, 어느 날 테러와 전쟁이 일어나 순식간에 많은 사람이 몰살당하며, 불안정하게 요동치는 경제의 흐름이 우리에게 불안감을 안겨 준다. 이런 세상을 믿으라고? 소용 가치가 없어지면 언제든 쥐도 새도 모르게 폐기 처분될 수 있는, 그래서 두 눈 똑바로 뜨고 있지 않으면 안 되는 세상을 믿고 살라고?

사회생활을 하면 할수록 세상은 만만하기는커녕 더욱더 비정한 모습으로 다가온다. 이익에 따라 적과 친구가 수시로 바뀌고, 자칫 허점이라도 보였다가는 그것이 나중에 어떤 부메랑이 되어 나에게 돌아올지 모르는, 항상 긴장의 끈을 놓으면 안 되는 피곤한 관계가 도처에 가득하다.

게다가 살아가면서 우리에게 큰 상처를 주는 것은 다름 아닌 가까운 사람들이다. 나와 같이 상사 흉을 보던 절친한 동료가 다음 날 상사에게 가서 고자질을 한다. '내 동생같이 느껴져서 든든하다'고 말한 상사가 어느 날 내 아이디어를 마치 자기 것인 양 훔쳐 재빠르게 보고서를 작성한다. 미안하지만 한 달만 빌려 달라며 1000만 원을 꿔 가더니 갚을 생각을 안 하는 친구도 있다.

이처럼 서로의 필요에 따라 관계가 설정되고 시시각각 변하는 삭막한 세상에서 사람 사이의 진정성이 과연 존재하기는 하는 건지, 사람들은 회의하게 된다.

카프카의 『변신』이 우리에게 시사하는 사실

그렇다면 가족이 안전지대일까? 카프카는 그의 소설 『변신』에서 '아니다'라며 고개를 젓는다. 세일즈맨으로 일하면서 부모님과 여동생을 부양하던 그레고르는 어느 날 아침 자신이 벌레로 변해 있음을 발견한다. 행여 그레고르의 기분을 상하게 할세라 문 두드리는 것조차 조심하던 가족들의 태도는 이때부터 돌변하기 시작한다. 어머니는 아들의 모습을 보고 기절한 뒤 다시는 아들을 보지 않으려 한다. 아들 대신 일을 해야 하는 아버지는 벌레로 변한 아들을 경멸하고 무시하며, 급기야 밟아 죽이려고 하다가 어머니의 만류로 그만둔다. 유일하게 그레고르의 방을 청소해 주고, 그에게 우유와 빵을 가져다 주던 여동생도 차츰 변해 간다. 자신의 마음을 전하려는 그레고르의 노력은 헛수고로 돌아가고, 가족들에게 다가가려는 시도는 오히려 역효과를 가져와 더 큰 상처만 받을 뿐이다. 결국 여동생은 손으로 탁자를 쾅 내리치며 말한다.

"만약 저게 오빠라면, 제 발로 집을 나갔을 거예요!"

그 뒤 그레고르는 가구마저 팔아 버려 횅한, 먼지만이 가득한 방에서 굶어 죽는다. 가족들은 비로소 더러운 벌레로부터 해방되었다고 느끼며 안도한다.

이 소설에서 카프카는 능력이 없어진 사람이 가족으로부터 당하는 소외와 친대가 어느 징도인지를 잘 보여 준다. 현대 사회에서 능력이 없어진 사람은 밥만 축내고 다른 사람을 괴롭히는 벌레만도 못한 존재인 것이다.

영화 '밀리언 달러 베이비'에서 주인공 매기가 권투 중 척추 손상을 입어 전신 마비가 되자, 그녀의 가족들은 디즈니랜드를 구경하고 와서는 그녀의 마비된 손을 강제로 움직여 사인을 하게 한 다음 상금을 가로챈다. 능력이 없어지거나 병이 든 사람은 직장뿐 아니라 가족들에게조차 폐기 처분당하는 사회인 것이다.

'피는 물보다 진하다' 라는 말이 있지만 돈 문제가 끼어들면 '남보다 못한' 관계로 돌변하는 사람들을 종종 본다. 부모의 유산 문제로 재판을 벌이고, 늙고 병든 노부모를 버리며, 장애인이라는 이유로 아이를 버리는 사람들도 있다. 이런 세상을 어떻게 믿으란 말인가.

위험한 세상에서 안전하게 사는 법

이처럼 삭막한 사회에 발을 들여놓은 지 얼마 안 되는 서른 살은 멈칫하고 주저한다. 살아남기 위해 냉정해지고 계산적이 되어야 하는 건지, 그렇지 않으면 손해를 보고 이용만 당하면서 사회 변두리를 돌다가 생을 마감하게 되는 건 아닌지 불안해진다. 그리고 이런 불안이 너무 크면 사회 초년병 시절 좌절을 겪고 실망했을 때 다시 일어서기가 힘들어진다.

그러나 다행히 세상에는 나쁜 사람보다 좋은 사람이 훨씬 더 많다. 우리의 마음은 불쌍한 사람을 보면 눈물 흘리며 도움을 주고 싶어 한다. 그리고 세상에는 규칙을 지키고 서로를 존중하는 사람이 규칙을 깨트리고 제멋대로 사는 사람보다 훨씬 많다. 비록 한쪽에서는 파괴가 일어나고 있어도 다른 한쪽에서는 이를 재건하고 상처 입은 사람들을 도우려는 이들이 있는 곳이 바로 이 세상이다.

그리고 우리는 모두 마음속에 파괴적이고 위험한 충동들을 금지하고 조절하는 자아와 초자아라는 구조를 가지고 있다. 또한 사회적으로는 지나친 행동을 금지하는 규칙과 법이 있다. 물론 이 세상에 완전한 곳은 어디에도 없다. 그렇기 때문에 초자아나 법만으로 모든 위험을 막을 수는 없다. 그러나 위험을 피하는 방법을 배우면 위험을 최소화시킬 수는 있다.

또한 아무도 자신을 100퍼센트 믿지 못한다. 그렇기 때문에 남을 100퍼센트 믿지 못하는 것은 당연하다. 내가 나를 완전히 믿지 못하는데 어떻게 남을 완전히 믿고, 남이 나를 완전히 믿어 주기를 바라겠는가. 그러므로 우리가 이 위험한 세상에서 안전하게 사는 방법은 이 세상 어디에도 완전히 안전한 곳은 없음을 아는 것, 세상에는 나쁜 사람보다 좋은 사람이 훨씬 많다는 사실을 믿는 것, 우리 모두는 욕망과 충동을 지닌 나약한 인간임을 인정하고 서로가 서로에게서 피해를 입지 않기 위해 적절한 룰을 정함으로써 서로를 보호하는 것, 다른 사람들의 질투나 경쟁심 그리고 원한을 유발하지 않기 위해 항상 겸손한 자세로 남을 존중하는 마음을 갖는 것, 그리고 자신이 피해를 입었을 때 그저 당하고만 있지 말고 직절히 대응하여 피해를 최소화하고 미래의 피해를 예방하는 것 등이 필요하다.

결국 믿을 만하고 안전한 세상은 우리 스스로가 만들어 가는 것이다. 그리고 마지막으로 우리 모두는 서로 연결되어 있다는 사실을 기억해야 한다.

미치 앨봄의 『천국에서 만난 다섯 사람』에서 주인공 에디는 평생을 루비 가든이라는 조그만 놀이 공원에서 놀이 기구 정비공으로 일했다. 전쟁에서 왼쪽 무릎을 다쳐 지팡이를 짚고 다녀야 했던 에디는 사랑하는 여자마저 일찍 하늘나라로 떠나보낸 뒤 자신의 인생이 참으로 보잘것없다고 생각했다. 그리고 그것은 모두 더럽고 지루한 정비 일을 자신에게 떠안기고 죽은 아버지 탓이라고 생각해 평생 아버지를 원망하며 살았다.

그러던 어느 날, 에디는 아이를 구하려다 불의의 사고로 죽게 된다. 그리고 죽은 뒤 처음 만난 파란 사내에게서 충격적인 이야기를 듣는다. 그 사내가 자기 때문에 죽었다는 것이다.

에디가 일곱 살 때 친구들과 공놀이를 하고 있는데, 친구가 던진 공이 길가로 날아갔다. 그러자 에디는 자동차가 오는 것도 모르고 차도 한가운데로 뛰어들었다. 에디는 간신히 공을 집어 친구들에게 달려갔지만, 에디를 피하려던 차는 트럭에 부딪혀 그 안에 타고 있던 파란 사내가 죽고 말았다.

에디는 고의는 아니었지만 어쨌든 차도로 뛰어든 자기 때문에 죽은 파란 사내를 보며 말한다.

"내 어리석음 때문에 나는 길에 뛰어들었고 나로 인해 당신은 죽었소. 왜 당신이 죽어야 했단 말이오? 이건 공평치 않아요."

그러자 파란 사내는 말한다.

"삶과 죽음에는 공평함이 없어요. 당신은 나 대신 당신이 죽었어야 한다고 말합니다. 하지만 내가 지상에서 살 때, 다른 사람들도 나 대신 죽었어요. 매일 그런 일이 일어나지요."

그럼에도 이해할 수 없다는 에디에게 파란 사내는 말한다. 내가 죽어서 당신이 살게 된 것이 좋은 것이고, 타인이란 아직 미처 만나지 못한 가족일 뿐이라고, 바람과 산들바람을 떼어 놓을 수 없듯이 한 사람의 인생을 다른 사람의 인생에서 떼어 놓을 수 없다고…….

이 이야기를 읽으며 나는 그런 생각을 했다. 우리 모두가 서로 연결되어 있음을 안다면, 그래서 고의가 아니더라도 서로에게 피해를 입힐 수 있다는 것을 안다면, 좀 더 조심스럽고 따뜻하게 다른 사람들과 세상을 바라볼 수 있지 않을까.

그녀에게 중학교 이전 기억이
거의 없었던 이유

"우리 집에는 아무 문제도 없었어요. 부모님도 자상하셨고, 어려서 별일도 없었고요."

만성적인 우울증과 간혹 찾아오는 분노 폭발로 정신 치료를 받기 시작한 L씨는 어릴 적 기억을 묻는 질문에 이렇게 답했다. 특이하게도 그녀는 중학교 이전의 기억은 거의 나지 않는다고 했다.

"중학교 이후는 간간이 기억나는데 그 전은 거의 기억이 나지 않아요. 아마 별다른 일이 없어서일 거예요."

그 말에 나는 조심스럽게 말했다.

"혹시 그 전의 일들을 기억하는 게 너무 고통스럽기 때문이 아닐까요?"

그녀는 머뭇거리며 자기 가족은 정말 화목했으며, 특징적인 일들이 없었을 뿐이라고 항변했다. 그러나 차츰 면담이 진행되고 기억을 억압하던 저항에서 풀려나면서 그녀는 어릴 적 겪은 고통스러운 기억들을 하나 둘 떠올리기 시작했다. 자주 아프고 우울해하던 엄마, 동생이 태어나고 외갓집에 보내졌던 기억, 집에는 별 관심이 없던 아버지에 대한 원망과 그리움 등등…….

그녀는 왜 중학교 이전의 기억을 하지 못한 것일까? 왜 결코 화목하지 않았던 집을 화목했다고 말하게 되었을까? 그녀는 자신에게 문제가 있다고 생각해서 나를 찾아오긴 했지만, 자신의 무의식을 접하는 것을 두려워했다. 어릴 적 입은 심한 상처를 마주할 준비가 아직 안 되어 있었던 것이다.

그래서 그녀는 어린 시절 아무 힘이 없던 자신이 감당하기엔 너무 무섭고 힘들었던 사건들을 아예 잊어버리려고 했다. 상처로 인한 고통에서 벗어나고자 아예 기억을 지워 버리려 했던 것이다. 게다가 그녀는 '화목하지 않은 집'을 '화목한 집'이라면서 기억을 왜곡시키기까지 했다. 그래서 그녀는 자신이 원하는 대로 어릴 적 아무 문제가 없는 화목한 집에서 잘 자란 아이가 되었다. 그러나 과거의 상처는 그대로 남아 있었다.

이처럼 해결하지 못한 과거의 고통스러운 기억은 마음속에서 곪게 되고 언젠가는 어떤 형태로든지 터져 나와 우리를 괴롭힌다. 해결되지 않은 과거가 '미해결된 경험'으로 남아 현재를 좀먹는 것이다. 그녀의 만성적인 우울증과 분노 폭발 또한 어릴 적 입은 깊은 상처에서 비롯된 것이었다.

해결되지 않은 과거는 현재를 좀먹는다

우리 마음속에는 상처 입은 어린아이가 살고 있다. 그 아이는 상처를 입었는데 아무도 알아차리거나 치료해 주지 않아 마음 안으로 숨어 버린 아이다. 그래서 상처 입은 그 시간에 멈춘 채로 발달조차 멈추어 버린다. 더 이상 자라지 않는 것이다.

물론 마음속 상처 입은 아이도 고통에서 벗어나고자 끊임없이 노력한다. 그래서 과거 상황으로 되돌아가 상처받았던 일을 아예 무효화시키려고 하거나, 그 상황을 다르게 재현해 봄으로써 상처를 극복하려고 애쓴다. 우리가 과거의 고통을 자신도 모르게 자꾸 반복하는 이유가 거기에 있다.

그러므로 만약 비슷한 유형의 사람하고만 사랑에 빠지며, 비슷한 실수를 반복하고, 사랑을 바라지만 막상 사랑에 빠지면 금방 밀어내 버리는 현상이 계속된다면 왜 그런지를 생각해 봐야 한다. 반복적으로 일어나는 일이 과거의 기억 중 가슴 아팠던 어떤 일과 연관성은 없는지 생각해 봐야 하는 것이다.

가만히 마음에 귀 기울여 보라. 그래서 마음 안의 어떤 부분이 나에게 이처럼 불안과 두려움을 주는지, 어린 시절의 어떤 기억들이 지금의 나에게 그 그림자를 펼치고 있는지, 어느 시절의 상처받은 아이가 지금 울고 있는지 살펴보라.

과거로부터 완전히 자유로울 수 있는 사람은 없다

'시작이 반이다' 라는 말이 있다. 자신에게 문제가 있다는 것을 알고 인정하는 것만도 대단한 일이다. 세상에 문제 없는 사람은 없다. 모든 사람이 어느 정도의 문제는 다 가지고 있다. 그래서 정신분석의 선구자인 프로이트가 내세운 정상의 기준도 '약간의 히스테리(a little hysteric), 약간의 편집증(a little paranoid), 약간의 강박(a little obsessive)' 을 가진 것이었다. 이것은 곧 그만큼 어떤 사람도 과거의 상처로부터 완벽하게 자유로울 수 없음을 의미한다. 그러니 자신에게 문제가 있다는 것을 부끄러워하거나 부정할 필요가 없다. 다만 그것으로부터 '자신의 문제가 어떤 것인지 아는 것' 으로 나아가면 된다.

그러기 위해서는 마음속 상처 입은 아이를 더 이상 모른 체하면 안 된다. 계속해서 비슷한 고통을 겪고 있다면 그 아이가 성장하고 싶어서 내는 소리임을 알아차리고 그 아이가 고통스러운 기억으로부터 벗어나게 도와주어야 한다. 그 아이가 마음껏 울 수 있게 해주고, 어디가 아팠는지 말할 수 있도록 도와주고, 상처에 약을 발라 주어야 한다. 그러면 과거의 상처가 아물면서 과거를 떠나보낼 수 있게 된다.

그 과정을 거치고 나면 이후 비슷한 경험을 또 반복하게 되더라도 스스로에게 '지금 일어나는 일은 그때의 일과는 상관없어. 단지 내가 그때처럼 무서운 일이 일어날까 봐 두려워하고 있는 거야. 그리고 지금의 나는 그때처럼 아무 힘이 없는 어린아이가 아니야. 그러니까 똑같은 상황이 펼쳐진다 해도 나는 그 상황을 잘 헤쳐 나갈 수 있어'라고 속삭여 줄 수 있다. 물론 이성적으로는 알아도 감정이 해결되지 않으면 큰 도움이 안 되는 경우도 있다. 그럼에도 마음속 상처 입은 어린아이가 미성숙한 방어 기제들을 써서 고통을 반복하는 것은 막을 수 있다. 발목을 붙잡고 있던 과거에서 풀려나 현재의 자신을 바라보고, 세상을 느끼며, 현재에 살 수 있게 되는 것이다.

그런 노력들을 멈추지 않으면 언젠가 느끼게 될 것이다. 고통이 멈추고, 상처 입은 아이가 울음을 멈추고 성장을 시작했음을…….

서른 살,
방어 기제부터
점검해 보라

"저는 화를 내는 인간의 얼굴에서 사자보다도, 악어보다도, 용보다도 더 끔찍한 동물의 본성을 보게 되었습니다. …… 이 본성 또한 인간이 되는 데 필요한 자격 중 하나일지도 모른다고 생각하면 저 자신에 대한 절망감에 휩싸이곤 했습니다. 늘 인간에 대한 공포에 떨고 전율하고 또 인간으로서의 제 언동에 전혀 자신을 갖지 못하고, 고뇌는 가슴속 깊은 곳에 있는 작은 상자에 담아 두고, 그 우울함과 긴장감을 숨기고 또 숨긴 채 그저 천진난만한 낙천가인 척 가장하면서, 저는 익살스럽고 별난 아이로 점차 완성되어 갔습니다."

다자이 오사무의 소설 『인간 실격』에서 주인공 요조는 거짓 가면을 쓴 채 서로 속고 속이며 사는 모순투성이의 인간들을 이해하지 못하는 순수한 영혼의 소유자이다.

말싸움이나 자기 변명을 할 줄 모르는 요조는 사람들이 화를 내면 어쩔 줄을 몰라 하며 공포로 얼어붙어 버린다. 그런 자신을 감추기 위해 요조는 익살꾼이 되어 필사적으로 남들의 비위를 맞추고, 남들을 웃게 만들려고 노력한다.

"뭐든 상관없으니까 웃게만 만들면 된다. …… 어쨌든 인간들의 눈에 거슬려서는 안 돼. 나는 무(無)야. 바람이야. 텅 비었어."

그런 노력에도 불구하고 세상에 적응하지 못한 채 사람들에게 이용만 당하는 요조. 결국 그는 술과 담배, 창녀에 빠져 살다가 정신 병원에 입원하게 된다. 꿈과 건강과 모든 의욕을 잃어버린 요조는 스물일곱 살이지만 중늙은이가 되어 버린다. 인간 실격자가 되고 만 것이다.

요조가 인간 실격자가 되기까지

마음속에 있는 위험한 욕망들이 밖으로 튀어나오려고 할 때 우리는 불안을 느끼게 된다. 나의 위험한 욕망이 표출될 경우 남들에게 창피를 당하거나, 남들이 나를 피하거나, 사랑하는 사람을 파괴하는 끔찍한 일이 일어날 수도 있기 때문이다. 이 불안을 우리는 '예기 불안'이라고 부른다.

예기 불안은 일종의 경고음이다. '야, 너 그러다간 큰일 나' 하는 마음속의 소리인 것이다. 그런데 다행히 우리의 마음 안에는 검열 기관이 있어 위험한 욕망이 그냥 밖으로 튀어 나가려고 할 때 두 번에 걸쳐 검열 과정을 거치게 된다. 그 결과 일차적 욕망은 다른 형태로 변형되고 검열 기관을 통과한 것들만 밖으로 나간다. 이때 사용하는 것이 바로 방어 기제이다. 위험한 내적 충동들을 억압하거나 변형시켜 더 이상 위험하지 않도록 만드는 과정에서 방어 기제를 사용하는 것이다.

『인간 실격』에서 요조도 자신과 타인의 내부에 있는 공격성과 탐욕을 두려워하며 이를 방어하기 위해 여러 가지 방어 기제를 사용한다. 애석하게도 그가 사용하는 방어 기제는 대부분 미성숙한 것으로 자기 파괴적인 결과만 가져오지만 말이다.

요조가 사용하는 주된 방어 기제는 '투사(projection)' 이다. 그는 자신이 다른 사람들과 마찬가지로 파괴적인 공격성을 가지고 있음을 받아들이지 못한다. 그래서 위험한 욕망들을 상대방에게 밀어내어, 그것을 상대방의 탓으로 돌려 버린다. 그럼으로써 그 자신은 위험한 요소가 전혀 없는 순수한 존재가 되는 것이다. 그러나 요조는 투사조차도 완전하게 성공하지 못한다. 그의 내부에 있는 파괴적인 충동들이 끊임없이 그를 두려움에 떨게 하고 괴롭히기 때문이다.

그래서 요조가 다음 단계로 사용하는 방어 기제가 다름 아닌 '투사적 동일시(projective identification)' 이다. 투사적 동일시는 자신의 위험한 속성을 다른 사람에게 완전히 밀어내지 못하고 다른 사람에게서 그러한 속성을 끌어낸 다음, 그를 조정함으로써 자신의 충동을 조절하려는 시도다.

예컨대 요조는 여자를 자극해 자신에게 빨려들게 해 놓고 막상 성 관계에 들어가서는 자신을 여자에게 겁탈당하는 존재로 만들어 버린다. 여자가 나쁜 역할을 하게끔 무의식적으로 유도해 자신은 선량한 희생자가 되게 만드는 것이다.

그러나 아무리 애를 써도 위험한 충동들을 완전히 지우는 것은 불가능하다. 요조는 아직도 남아 있는 충동들을 방어하기 위해 '희화화(caricaturing 戱畫化)'라는 다음 단계의 방어 기제를 사용하게 된다.

희화화란 두려운 대상을 만화처럼 우스운 캐릭터로 만들어 버림으로써 두려움을 피하고자 하는 것이다. 여기서 요조가 희화화시키는 것은 바로 자기 자신이다. 그는 자신을 익살꾼으로 만들어 다른 사람들에게 웃음을 유발시킴으로써 자신은 공격적이거나 위험하지 않은 존재가 되고자 한다.

그러나 이 모든 방어 기제는 요조를 사회에 적응하지 못하고 인간 구실을 못하는 열등한 사람으로 만들어 놓는다. 요조는 성인이 된 후 이 험난하고 위험한 세상에서 자신이 할 수 있는 것이 별로 없음을 발견한다. 그러자 요조는 '회피(avoidance)'와 '퇴행(regression)'이라는 방어 기제를 사용한다.

회피는 위험한 상황이나 대상으로부터 안전한 거리를 유지하려는 것이다. 요조는 사회의 한 구성원으로서의 역할을 회피한다. 그는 사회로 뛰어들기보다는 방 안에 틀어박혀 사회를 비웃고 경멸하는 쪽을 택한다. 즉 그는 사회를 회피하는 것이다. 그러나 무기력한 패배자로서의 자신에 대한 열등감이 남는다.

이 열등감을 방어하기 위해 그는 어린 시절로 퇴행한다. 퇴행이란 심한 좌절을 겪을 때 현재보다 유치한 과거 수준으로 후퇴하는 것을 일컫는다. 요조는 구강기적 시기로 퇴행하여 술과 담배를 입에 달고 산다. 엄마의 젖을 빨듯이 담배를 빨고, 술에 취해 엄마의 품에 안겨 있는 듯한 느낌에 젖어 사는 것이다.

요조는 자신을 이해하고 받아들여 주지 않는 냉혹하고 잔인한 세상과 사람들에게 분노한다. 그러나 분노를 드러내어 다른 사람을 자극했다가 해코지라도 당하면 큰일이다.

그래서 그는 자신의 분노를 자신에게로 돌려 버린다. '공격성의 자기에게로의 전향(turning aggression against the self)'이라는 방어 기제를 사용하는 것이다. 요조는 공격성을 자신에게로 향하게 해서 자신을 파괴해 나간다. 술과 마약으로 자신의 정신과 육체를 파괴하고, 끝내는 자신을 없애려는 자살 시도를 하는 것 등이 그것이다.

요조가 사용하는 방어 기제는 그리 성공적이지 못하다. 그는 투사나 투사적 동일시, 희화화, 회피와 퇴행, 공격성의 자기에게로의 전향 등과 같이 미숙한 방어 기제를 사용한다. 그 결과 그는 인간 실격자가 된다.

이제 그만 유년 시절의 미숙한 방어 기제를 버려라

방어 기제를 사용하지 않는다면 그것은 방어할 것이 없거나 방어할 힘이 없음을 의미한다. 그러나 죽지 않는 한 욕망과 충동에서 자유로울 수 있는 사람은 아무도 없다. 그러므로 살아 있는 사람은 누구나 방어 기제를 사용한다.

그런데 우리가 사용하는 방어 기제는 미숙하고 파괴적인 것에서부터 성숙하고 건설적인 것까지 다양한 종류가 있다. 어릴 적에는 아직 성격 구조나 자아가 완성되지 않았기 때문에 미숙한 방어 기제를 사용한다. 그러다 점차 성격 구조가 확고히 형성되고 자아가 강해짐에 따라 좀 더 성숙한 방어 기제를 동원할 수 있게 된다.

방어 기제의 가장 대표적인 것은 '억압(repression)'이다. 억압은 불안을 방어하기 위해 동원되는 1차적인 방어 기제로, 기억하고 싶지 않은 고통스러운 기억이나 밖으로 튀어나오면 위험한 욕망들을 마음속 깊이 밀어 넣는 것이다. 그럼으로써 사람들은 사회적으로 용납되지 않는 위험한 충동으로부터 안전을 지키려 한다. 그러나 억압된 욕망들은 강력한 에너지가 부하된 것들이어서 우리의 내부를 들끓게 하고 끊임없이 밖으로 튀어나오려고 한다. 그래서 이를 방어하기 위해 다른 방어 기제들이 동원되게 된다.

앞에서 언급한 방어 기제 외에 다른 미성숙한 방어 기제로는 부정(denial), 격리(isolation), 취소(undoing), 반동형성(reaction formation) 등이 있다. 부정은 '나에게 그런 나쁜 욕망이 있을 리 없어'라고 외치는 것과 같다. 의식화되면 도저히 감당할 수 없는 어떤 생각이나 욕구, 충동 등을 무의식적으로 부정하는 것이다. 격리는 생각으로부터 감정을 떼어 내어 감정을 억압함으로써 의식 속에는 생각만 남게 되는 것을 말한다. 취소는 자신의 적대적 욕구나 공격성으로 인해 다른 사람이 피해를 입었다고 느낄 때, 그 상황을 취소하고 원상 복귀하려는 행동을 뜻한다. 예를 들어 금지된 대상에게 성적 충동을 느꼈을 때 이를 씻기 위해 반복적으로 손을 씻는 등의 강박 행동을 하는 것이 이에 해당한다. 반동형성이란 속마음과는 전혀 다른 행동을 하는 것을 의미한다. 권위적 인물에게 강한 적대감을 가지고 있는 경우 오히려 예의 바르고 매우 공손한 태도를 취하는 것이 여기에 속한다.

이외에도 많은 방어 기제가 있다. 그리고 이 많은 방어 기제 중 어떤 것은 성공하고 어떤 것은 실패한다. 특히 미숙한 방어 기제는 실패할 확률이 높다. 성인이 된 후에도 어릴 적 사용하던 미숙한 방어 기제를 그대로 사용하는 것은 현실에 맞지 않을 뿐 아니라, 어린 시절과는 달라진 성인의 욕망을 방어하기에는 미숙한 방어 기제의 힘이 약하기 때문이다. 그러므로 이제는 유년 시절의 미숙한 방어 기제를 버리고 성숙한 방어 기제를 사용할 수 있어야 한다.

당신은 어떤 방어 기제를 사용하고 있는가

그렇다면 성숙한 방어 기제로는 어떤 것들이 있을까. 만일 『인간 실격」에서 요조가 존경할 수 있는 형을 닮으려고 노력했다면 그는 형으로부터 좀 더 좋은 행동 모델을 배울 수 있었을 것이다. 이 방법을 우리는 '동일시(identification)'라고 한다. 만일 요조가 파괴적인 욕망들을 그림이나 글로 표현함으로써 방출시킬 수 있었다면, 즉 '상징화(symbolization)'하고 '승화(sublimation)'할 수 있었다면 그는 자신을 괴롭히는 두려움으로부터 어느 정도는 해방될 수 있었을 것이다. 이외에 성숙한 방어 기제로는 합리화(rationalization), 대체 형성(substitution), 이타주의(altruism) 등이 있다.

만일 당신이 두려움과 불안을 방어하느라 많은 에너지를 소모하는데도 당신이 바라는 평안이 오지 않는다면 한번 살펴볼 일이다. 혹시 아직도 미숙한 방어 기제를 사용하고 있는 것은 아닌지, 성인임에도 어릴 적에 느꼈던 두려움을 지니고 있어서 불안에 떨고 있는 것은 아닌지……. 당신이 마음속에 일어나는 충동들을 두려워하지 않고, 지금 사용하고 있는 방어 기제가 무엇인지를 알고, 그 방법을 조금만 바꿀 수 있어도 당신 앞에 놓인 세상과 거울에 비친 당신 모습은 한결 정다워질 것이다.

지금 극복하지 않으면
평생 끌려 다닐 문제

'또 지겨운 하루가 시작되는구나.'

서른네 살의 진용 씨는 학원에서 영어 강사로 일한다. 하루 종일 빈둥거리다 다른 직장인들이 다 퇴근할 무렵에야 그의 일과는 시작된다. 가르치는 일 자체도 재미가 없는데, 시건방지고 다루기 힘든 아이들이 지겨움을 더해 준다. 그래도 먹고살기 위해서는 이 일을 할 수밖에 없다.

가끔 미래를 생각하면 그저 암담할 뿐이다. 이제 몇 년만 있으면 마흔인데, 그 나이에도 이 짓을 하며 살아야 하나? 더 나이 들면 체력도 떨어지고, 젊은 사람들에게 밀려 점점 설 자리도 좁아질 텐데 말이다.

진용 씨는 어릴 때부터 딱히 하고 싶은 일이 없었다. 세상에 대한 호기심과 흥미도 많지 않았다. 그는 그저 부모님이 시키는 대로 따르는 착실한 학생이었다. 성적도 웬만큼 나왔고, 운도 따라줘 턱걸이지만 명문 대학에 들어갈 수 있었다. 졸업을 한 후에도 딱히 하고 싶은 일이 없었던 그는 대기업에 몇 번 원서를 넣었다가 떨어진 다음 그냥 집에서 놀았다. 그러다가 부모님의 등쌀에 못 이겨 영어연수 삼아 외국에 1년 나갔다 와서 간신히 구한 것이 지금의 학원 강사 자리였다.

맥없는 아들을 보다 못한 아버지가 "남자 놈이 패기가 없다"고 야단이라도 치면 진용 씨는 "내가 이렇게 된 게 다 누구 때문인데"라고 혼자 중얼거리며 방으로 들어가곤 했다.

진용 씨는 어릴 때만 해도 천재 소리를 들을 정도로 똑똑했다. 아들의 총명함에 한껏 고무된 그의 부모님은 그를 끌고 다니면서 좋다는 것은 죄다 가르쳤다. 덕분에 그는 한꺼번에 학원을 열한 곳까지 다닌 적도 있었다. 그러다 한번은 학원 가기 싫다고 떼를 쓰다가 아버지로부터 호되게 매를 맞고 한겨울에 속옷만 입은 채 집 밖으로 쫓겨났다. 1시간을 추위와 창피함 속에 떨었던 그는 이후 반항이라는 것을 하지 않았다. 그저 묵묵히 부모님이 시키는 대로만 했다. 그렇게 자율성을 잃어버린 그의 내부는 텅 비었다. 그리고 내적으로 공허해진 그의 자아는 외부세계에 대한 모든 흥미를 잃어버리고 말았다.

어른이 되기 위해 이별해야만 하는 것들

아이들은 빨리 어른이 되고 싶어 한다. 그러나 어른이 되기까지 많은 시간을 기다려야만 한다. 이때 아이들은 그 시간이 상실의 시간임을 알지 못한다. 많은 것이 손가락 사이로 빠져나가고 그 빈자리에 현실감이란 차가운 인식이 스며들어 오는 시간임을 미처 알지 못하는 것이다.

어른이 된다는 것에는 과거와의 이별이란 슬픔이 내포되어 있다. 새로운 출발은 항상 과거에 친숙했던 것들과의 이별 위에서 시작되기 때문이다. 그렇다면 우리는 어른이 되면서 무엇을 잃어버리는 것일까?

첫째, 어른이 되기 위해서는 먼저 나를 보호해 주고 사랑해 주던 따뜻한 부모님의 품과 이별해야만 한다. 언제까지나 나와 함께하면서 나의 든든한 보호막이 되어 줄 것만 같았던 부모님과 헤어진다는 것은 슬프고도 불안한 일이다.

지금까지는 어려운 일이 있으면 곧장 부모님에게 달려가 의논하고 그분들의 도움을 받았다. 따라서 큰 잘못이나 실수를 해도 부모님이 대신 책임져 주겠지 하는 생각에 마음이 든든했다. 그러나 어른이 되면 어떤 일을 하든 그에 대한 책임은 내 몫이 된다. 부모님과 의논할 수는 있어도 예전처럼 부모님에게 전적으로 의지할 수는 없다. 부모님은 나의 보호자에서 보증인이 되고, 이제부터는 내가 부모님에게 받은 것들을 나의 아이들에게 돌려주어야 하는, 즉 내가 부모가 되는 시기로 진입하게 된다. 따뜻하고 안전한 부모님 품을 뒤로하고 나는 떠나야 한다. 따라서 어른이 되는 것은 슬픔과 불안을 동반할 수밖에 없다.

둘째, 어른이 되고 난 뒤 어느 순간 거울에 비친 내 모습을 보고 놀라는 때가 있다. 어릴 적 꿈꿔 온 내 모습과 너무 다르기 때문에 당황하는 것이다. 그런데 그때가 바로 또 하나의 이별을 준비해야 하는 시기이다. 무엇이든지 가능할 것만 같았던 어린 시절의 거대한 꿈과의 이별.

청소년 시절에는 되고 싶은 것이 참 많다. 사회적으로 큰 성공을 거두어서 뭇사람들에게 추앙받는 화려한 모습을 상상하기도 하고, 때론 모든 것을 희생하며 헌신하는 성자 같은 모습을 꿈꾸기도 한다. 무한한 가능성이 내 앞에 펼쳐져 있으므로 내가 바라고 원하기만 하면 무엇이든 다 이룰 수 있을 거라고 생각하는 것이다.

그러나 어른이 되면 거울에 비친 내 모습이 그동안 꿈꿔 온 나와 많이 다름을 알게 된다. 또한 거울을 깨 버린다고 내 모습이 변하는 것이 아님을 알게 되면서, 체념의 고통을 감내해야만 한다. 그것은 어떤 잘못을 해도 용서받을 수 있으며, 어떤 나쁜 일이 일어나면 누군가 틀림없이 나타나 상황을 바꿔 줄 것이라는 어릴 적의 기대를 포기하는 것이다. 그리고 이제부터는 모든 것을 내가 결정하고 책임져야 하는, 권리보다 의무가 큰 시절이 왔음을 인정하는 것이다. 또한 나의 힘은 그다지 크지 않고, 누릴 수 있는 자유 또한 제한적이며, 사랑하는 사람들과의 관계조차 불완전한 현실을 받아들이는 것이다.

한계를 깨닫는 것, 이젠 더 이상 선택할 수 없게 된 것들을 인식하는 것, 이루지 못한 꿈과 현실의 간극을 깨닫는 것 등은 인간 존재의 한 모습이다. 그러므로 어른이 된다는 것은 '내가 세상이고, 내 소망은 명령이다' 라는 전지전능했던 유아기의 나르시시즘을 포기하고 그와 이별하는 과정이라고 할 수 있다.

진용 씨에게 세상이 온통 지루하고 우울하게만 비친 까닭

삶에서 권태로운 시간은 있을 수밖에 없다. 그러나 바쁘게 일하다가 잠시 빈둥거리며 지루해하는 것과, 모든 것에서 의미를 찾지 못하고 세상으로부터 한 걸음 뒤로 물러나 빈둥거리는 것에는 큰 차이가 있다. 러셀의 말을 빌리자면 전자는 건설적 권태이고, 후자는 파괴적 권태이다. 정신분석에서는 파괴적 권태를 '이상적인 것의 질병'이라 부른다.

아무런 꿈도 없이 모든 것에 흥미를 잃고 지루함 속에서 살고 있는 진용 씨는 실은 부모님의 기대처럼 멋지게 성공해서 사람들의 박수갈채 속에서 살고 싶다는 높은 자아이상을 갖고 있다. 그러나 어른이 되면 내 마음대로 되지 않는 현실이라는 땅에서 한계를 인정하고 꿈을 현실에 맞춰 수정해 나갈 수 있어야 한다. 즉 높은 자아이상을 떠나보내고 이를 애도하는 과정이 필요한 것이다.

하지만 부모님의 인정과 사랑을 절실히 바라는 진용 씨는 높은

'자아이상(ego-ideal)'을 포기하지 못했다. 자아이상이란 '나는 이렇게 되어야 한다'라는 자신에 대한 요구를 의미한다. 자아이상은 성장 과정에서 부모로부터 받은 칭찬이나 부모가 추구하는 가치를 내재화시키는 가운데 형성되는 것으로, 양심과 함께 초자아를 구성한다. 그런데 자아이상이 너무 높으면 이상적인 자신의 모습과는 거리가 먼 초라한 자신과 현실에 실망하고 우울해지기 쉽다. 따라서 진용 씨는 점차 나이 들어 갈수록 꿈과 거기에 미치지 못하는 자기 자신 사이의 괴리감이 더 커지면서 좌절할 수밖에 없었다. 자아이상에 도달하지 못하기 때문에 사랑받고 싶은 부모로부터 거절당할 수밖에 없다는 무력감이 그를 지배했다.

그의 인생은 이제 의미가 없어져 버렸다. 이러한 좌절감은 그의 분노를 자극했고, 자신이 한없이 초라하다고 느낀 그는 무력감에 빠져 항상 피곤하다고 말할 수밖에 없었다. 그런 의미에서 진용 씨의 권태는 '고통스러운 고독'이자 '자신에 대한 환멸'이라고도 볼 수 있다.

그가 주로 사용하는 방어 기제는 퇴행과 투사, 그리고 회피이다. 그는 자아이상에 도달하지 못하는 자신에게 좌절과 분노를 느꼈고, 이 두려운 감정을 방어하기 위해 부모님이 모든 것을 해 주고 자신은 가만히 있으면 되었던 어린 시절로 퇴행해 버린다. 또한 외부 현실에서 아무런 자극을 받을 수 없는 것은 자신의 내부가 공허하기 때문이 아니라 외부의 자극이 형편없기 때문이고, 부모가 자신을 잘못 키운 때문이라며 그 탓을 외부로 투사한다. 그리고 자신에게 좌절만을 안겨 주는 현실을 애써 모른 척 회피하려고만 한다. 그런데 진용 씨는 미숙한 방어 기제들을 쓰느라 에너지를 낭비하면서도 결국 망가지고 있는 것은 자신임을 모르고 있었다.

더 이상 애도를 미루지 마라

진용 씨처럼 과거와 이별하지 못하는 사람들이 있다. 따스했던 엄마의 품과 행복했던 어린 시절을 떠나보내기 싫어서 과거 속으로 숨은 사람들, 언제까지 자라지 않는 어린아이로 남고 싶어 하는 사람들……. 우리는 그들을 피터 팬이라고 부른다.

그러나 어른이 되기 위해서는 과거와 이별할 수 있어야 한다. 그 이별이 아무리 슬프고 싫어도 말이다. 이 떠나보냄의 작업이 바로 '애도'이다.

모든 상실에는 애도 과정이 필요하다. 이때 애도의 과정은 한순간에 일어나지 않고 일련의 과정을 밟는다. 상실을 맞이하면 처음에는 그 상실을 부정하게 된다. "아냐, 그럴 리가 없어"라며 고개를 젓고 그것이 내 곁에서 멀어졌음을 부인하는 것이다. 시간이 흐르면 차츰 그것이 없는 현실이 반복적으로 펼쳐지면서 분노가 치밀어 오른다. 말하자면 "왜 나에게 이런 일이 일어났느냐 말야!"라고 외치는 것과 같다. 상실에 분노한다는 것은 그것이 없다는 것을 인정하기 시작했음을 의미한다. 그러면서 점차 그것을 영원히 잃어버렸음을 인정하고 슬픔에 잠기게 된다. 이 슬픔의 기간에 우리는 인생에 대한 깊은 통찰과 이해를 얻게 된다. 마르셀 프루스트는 이 과정을 다음과 같이 정리했다.

'슬픔을 이겨 낸 후에는 관념이 찾아온다. 슬픔이 관념으로 바뀔 때 우리의 심장을 후벼 파는 슬픔은 그 힘의 일부를 상실한다. 그리고 이러한 변화 자체는 비록 순간적이라 해도 약간의 즐거움을 내뿜게 된다.'

이 과정이 끝나면 우리는 비로소 잃어버린 것에 대한 추억을 내면에 깊이 간직한 채 새로운 만남을 향해 출발할 수 있게 된다. 그러므로 애도란 충분히 슬퍼함이고 받아들임이다. 그리고 떠나보냄이고, 새로운 출발이다. 또한 잃어버림이고, 그 잃은 것을 내 안에 영원히 간직하는 작업이기도 하다.

애도를 못하면 과거를 떠나보내지 못하고 그 안에 사로잡혀 과거 속을 헤매는 망령처럼 살게 된다. 진용 씨처럼 현재에 있으나 현재를 살지 못하게 되는 것이다. 그러나 다시는 그 시절이 돌아올 수 없음을 인정한다고 해서 과거의 추억이 다 사라져 버리는 것은 아니다. 그 추억은 내 마음 안으로 들어와 나의 정신 구조의 일부를 형성한다. 영원히 내 마음 안에 살아 있게 되는 것이다.

그리고 변화와 성장은 우리가 상실을 삶의 불가피한 요소로 받아들이고, 잃어버린 것을 슬퍼하며 애도하는 과정을 거쳐야만 비로소 이루어질 수 있다. 그래서 우리는 어른이 될 때까지 크고 작은 애도의 과정을 거치며, 죽을 때까지도 계속 떠나보냄과 맞아들임을 반복하게 된다.

성장한다는 것은 사실 슬픈 일이다. 그러나 이 모든 것을 인정한다면 나의 필요에 따라서 선택할 수 있는 자유를 얻게 된다. 그러므로 이제까지 부모님의 말을 잘 듣고 시키는 대로만 열심히 해 왔다면, 지금부터 해야 할 일은 부모님과 이별하고 어린 시절과 이별하는 것이다. '과도한 이상'이라는 쇠사슬에 꽁꽁 묶여 고통당하지 말고, 이제 그만 그것들을 훌훌 떠나보내고 새로운 인생을 두 팔 벌려 맞이하라.

가까워지는 것이
두려운 사람들

"난 네가 싫어."

누구든 이런 말을 들으면 일순간 몸이 굳어 버린다. 만약 상대방에게 사랑받고 싶은 마음이 있었다면 '나를 싫어한다'라는 생각은 '나는 존재할 가치가 없다'라는 생각으로까지 발전한다. 영화 '굿 윌 헌팅'에서 천재 청년인 윌이 그런 경우다.

윌은 어렸을 때 친부모에게 버림받고 입양되었다 파양되기를 수차례 반복했다. 어느 양부모에게서는 참을 수 없는 욕설과 매질을 당하기도 했다. 그러한 기억 탓에 그는 마음속에 세상에 대한 깊은 불신과 증오를 품게 되었다. 그는 보스턴 빈민가에 살면서 MIT 공대에서 청소 일을 한다. 대학 교육은 받지 못했지만 어떤 분야든 혼자서 책을 통해 깨치는 비상한 머리를 가진 그는 친구들과 함께 하버드 대학생들과 논쟁을 벌여 그들을 한 방에 날려 버리고는 승리의 기쁨에 취하곤 한다.

어린 시절 버림받고 학대당한 기억이 있는 사람은 자신이 나쁘기 때문에 버림받고 학대당했다고 느낀다. 그런 무력감과 열등감으로 가득 찬 자신을 방어하기 위해 윌은 '지식화(intellectualization)'라는 방어 기제를 사용한다. 뛰어난 지적 능력을 이용해서 만나는 사람을 모두 조롱거리로 만들고 무력화시켜 버리는 것이다. 그럼으로써 그는 더 이상 아무도 자신을 무시하거나 괴롭히지 못하게 만든다.

그러나 그는 이기는 순간조차도 외롭다고 느낀다. 또다시 버림을 받을까 봐 어느 누구에게도 진심으로 마음을 열어 본 적이 없기 때문이다. 그리던 어느 날 윌은 하버드 의대생인 스카일라를 만나 사귀게 된다. 하지만 그는 그녀에게도 마음을 열지 못해 결국 그녀를 떠나보낸다. 스카일라는 떠나며 윌에게 이런 말을 남긴다.

"넌 너의 약한 모습을 드러내면 나한테 버림받을까 봐 두려워하는 거야."

내가 어떤 어려운 상황에 처해 있어도, 설령 죄를 지어 교도소에 간다고 해도 나를 버리지 않고 따뜻하게 감싸 줄 수 있는 사람이 있다면 참으로 행복할 것이다. 브루노 베테르하임은 나치의 강제 수용소 안에서 자신을 지탱시킨 힘은 '누군가가 마음속 깊이 자신의 운명에 대해 염려하고 있다는 것에 대한 확신'이라고 했다. 그 연장선상에서 보자면 사람들이 결혼을 하는 이유도 내 운명에 대해 진정으로 염려해 주는 한 사람을 만들기 위함인지도 모른다. 그리고 듀크 대학교 메디컬 센터의 연구에 따르면 위험한 수술을 받아야 하는 상황에서도 배우자 혹은 친한 친구가 많은 사람이 그렇지 않은 사람에 비해 살아날 확률이 매우 높다고 한다. 그만큼 친밀한 관계는 사람을 살게 만드는 큰 힘이다.

이처럼 다른 사람들과 친밀한 관계를 만들 수 있는 능력은 초기 성인기에 완수해야 할 발달 과제라고 할 수 있다.

그런데 세상에는 내가 원하고 좋아하는 관계만 있는 것은 아니다. 내 가치관이나 생활 방식과 맞지 않아 싫은 사람들과도 원만한 관계를 맺어야 할 때가 종종 있다. 직장 동료나 사업상 만나야 하는 사람들, 새로운 이웃들, 배우자의 가족 등이 그에 속한다.

이때 관계 맺기에 별 이상이 없는 사람들은 서른 살이 넘으면 싫은 상황과 싫은 사람을 견뎌 내고 존중할 수 있는 힘과 여유를 갖게 된다. 현실의 한계를 인정하고, 타인의 장단점을 보는 시야가 넓어지기 때문에 마음에 안 들어도 관계를 유지할 수 있는 것이다.

하지만 나이가 든다고 해서 대인 관계의 폭이 다 넓어지는 것은 아니다. 나이 들수록 자신이 좋아하고 인정하는 사람들과만 관계를 맺으려 하는 사람들도 있다. 편협한 관계에 매몰되어 있는 사람들은 대부분 자신감이 부족하다. 이들은 도저히 인정할 수 없는 사람과 원만한 관계를 맺는 것을 '굴복'의 개념으로 받아들인다. 그렇기 때문에 고집스럽게 자신의 방식을 강요하고 그것을 받아들이지 않는 사람들을 인정하지 않으려 한다. 이처럼 사람들에게 마음을 여는 것을 지나치게 두려워할 경우 스스로를 고립시켜 폐쇄적인 생활을 하게 된다. 아니면 아예 친밀한 관계를 부정하고 사람들과 겉도는 관계만을 맺게 된다.

물론 사람은 모두 타인으로부터 자신을 보호할 수 있는 '심리적 거리'를 필요로 한다. 심리적 거리란 타인의 침입과 간섭으로부터 자신의 세계를 보호함으로써 자신의 정체성을 지키고, 자신의 내부에 있는 공격성과 파괴적인 성적 욕구가 밖으로 튀어나가 상대방을 해치는 것을 막기 위해 필요한 거리이다. 그러므로 자기 정체성을 제대로 확립하지 못한 사람들은 타인과 가까워지는 것이 두려울 수밖에 없다. 친밀감이란 자신의 정체성을 잃지 않고도 상대와 지속직으로 교김을 나누는 것을 말하는데, 그럴 자신이 없기 때문이다.

"누군가와 가까워지려는 소망은 자신의 가장 깊은 자아를 다른 사람과 나누려는 소망이다."

맥 아담스 박사의 말이다. 부모에게서 버림받을 만큼 못나고 열등한 자신을 보여 줄 수 없었던 월은 사랑하는 사람을 떠나보내고 만다.

월처럼 가까워지는 것을 두려워하는 사람들을 보면 모두 자신의 못난 모습만 도드라지게 생각한다. 그래서 상대방 또한 그만큼의 혹은 더한 고통이나 슬픔을 가지고 있을 수도 있음을 인식하지 못한다.

그런 사람을 볼 때마다 떠오르는 사람이 있다. 미국의 심리학자인 대니얼 고틀립. 그는 학습 장애로 인해 낙제를 거듭해 대학을 두 번이나 옮겨야 했지만 용기를 잃지 않은 덕분에 장애를 극복하고 심리학 박사 학위를 땄다. 그러나 시련은 거기에서 그치지 않았다. 아내에게 줄 선물을 가지러 가던 길에 불의의 교통사고로 척추 손상을 입어 전신 마비가 되고 만 것이다.

그때 나이 서른셋. 그는 차라리 죽는 게 낫다고 생각했다. 하지만 병문안 온 사람들은 모두 그에게 아무것도 할 수 없는 그 상태로도 그저 '살아야 한다' 고만 말했다. 두개골이 나사에 박혀 있어 고개를 돌리지도 못하고, 마취 기운이 떨어지면 머리가 깨질 듯이 아픈 그에게 말이다. 그는 자신의 고통을 진정으로 이해하지 못하는 사람들이 원망스럽기만 했다. 더 이상 아무도 보고 싶지 않았고, 아무 얘기도 듣고 싶지 않았다.

그러던 어느 날 한밤중에 그는 자신의 병상 옆에 한 여자가 앉아 있는 것을 느꼈다. 그녀는 그가 심리 치료사임을 알고 그에게 자신의 고통을 상담하러 온 것이었다. 무슨 일인지 모르겠지만 사지가 멀쩡한 그녀의 얼굴은 사지가 마비되어 누워 있는 자신보다 더 어두워 보였다. 그녀는 병상에 누워 있는 그 앞에서 세상의 고통을 혼자 다 짊어진 양 아픔을 호소하기 시작했다. 그녀는 사랑하는 남자가 떠나간 현실이 너무 괴로워 자살하고 싶었다는 이야기를 참으로 길게 했다.

처음에 그는 그녀를 이해할 수 없었다. 그러나 할 수 없이(?) 그녀의 이야기에 집중하다 보니 사고 이후 처음으로 자신의 고통을 잊을 수 있었다. 그리고 그녀의 아픔에 대해 들어준 것만으로도 자신이 그녀에게 도움이 되었다는 사실을 안 순간, 그는 전신 마비로도 충분히 살아갈 가치가 있음을 깨달았다. 그는 그녀를 통해 자신이 아직 쓸모 있는 존재임을 발견했고, 고통을 타인과 나누면서 살아가는 것이 바로 인간임을 깨달았던 것이다.

가까워지는 것이 두려운 사람들이여, 어쩌면 상대방은 당신이 먼저 손을 내밀어 주기만을 기다리고 있는지도 모른다. 그 사람 또한 당신처럼 외롭고 힘들지만 그것을 차마 들키기가 싫어 용기를 내지 못하고 있는 것뿐이다. 만약 용기를 내어 조금씩 관계의 그물을 만든다면 우울과 고통이 그물 사이로 걸러지고 있음을 느끼게 될 것이다. 설령 좌절은 있을지라도 더 이상 삶에 대한 회의는 하지 않게 되고, 때로 슬픔은 느낄지언정 삶의 공허함은 무사히 비켜 갈 수도 있을 것이다. 그러니 당신이 상대방에게 먼저 용기를 내어 손을 내밀기만 하면 된다.

김혜남의
심리치유카페

혹시 나도 사랑 불능자일까?

사랑을 할 수 없는 사람들이 있다. 미국의 정신분석가 컨버그는 자기 문제에 사로잡혀 사랑을 못하는 사람들을 연구했는데, 여기서는 보통 사람들도 조금씩 증상을 보이는 두 유형을 소개한다.

1. 경계성 인격 장애

얼핏 보기에는 감정이 풍부하고 상당히 매력적이나, 알면 알수록 충동적이고 유아적이며 우왕좌왕해서 가까이 있는 사람마저 혼란 속으로 빠트리는 사람들이 이에 속한다. 이들은 어릴 적 엄마와의 관계가 일관되지 못하고 지나친 간섭과 통제를 당하거나 엄마와의 관계 자체가 매우 혼란스러웠던 기억을 가지고 있다. 그래서 자신에 대한 일관된 정체성이 결여되어 있고, 약한 자신을 끊임없이 다른 대상을 통해서 보완하려 한다. 혼자 있는 것을 견디지 못해 쉬지 않고 누군가를 찾아다니는 것이다.

이들이 사랑에 빠졌을 때 보이는 모습은 열정 그 자체이다. 상대방이 떠날까 봐 불안해하면서 그에게 병적으로 집착한다. 애석하게도 이들의 사랑은 오래가지 못한다. 처음에는 상대방을 지나치게 이상화해서 바라봤다가 그에게서 기대하는 것을 받지 못하거나 그의 실망스러운 점을 발견하게 되면 곧 그를 평가 절하해 버리기 때문이다. 이제 그는 제대로 하는 것도 없으면서 사람을 이용하려고만 하는 천하에 나쁜 사람이 되어 버린다.

그러므로 경계성 인격 장애를 가진 사람들의 사랑은 불행할 수밖에 없다. 옆에 아무도 없는 것을 못 견디면서도 정작 가까워지면 그것 또한 못 견디기에, 가까워질 수도 없고 멀어질 수도 없는, 결국은 병적인 집착 끝에 자신을 파괴하는 사랑을 하기 때문이다.

| 자가 진단 테스트 |

(최소 다섯 가지 이상일 때 경계성 인격 장애로 간주한다.)

1 | 현실에서나 상상에서나 버림받기 싫어서 미친 듯이 노력한다.
2 | 불안정하면서도 강렬한 대인 관계가 특징이며, 과도한 이상화와 평가 절하를 반복한다.
3 | 자아상(self-image)이나 자기감(sense of self)이 현저하게, 그리고 지속적으로 불안정하다.
4 | 자신을 해치는 충동적이거나 예측이 불가능한 행위(예를 들어 성, 낭비, 도박, 약물, 과속, 과식 등)를 두 가지 이상 한다.
5 | 자살 기도, 위협, 혹은 자해 행위를 반복한다.
6 | 감정 반응이 즉각적이어서 정서적으로 불안정하므로 가끔 강렬하게 기분 저하에 빠지거나 자극에 예민하고, 불안이 수시간 지속된다.
7 | 만성적인 공허감에 시달린다.
8 | 계속 화가 나 있거나 자주 싸우는 등 부적합하고 강렬한 분노를 보이거나, 혹은 분노를 조절하지 못하는 증세를 보인다.
9 | 스트레스가 있을 때 일시적으로 편집증적 사고를 보이거나 해리 상태를 경험하기도 한다.

2. 자기애적 인격 장애

자기애적 인격 장애를 가진 사람들은 자기에게 도취되어 있고, 상대의 감정을 공감하는 능력이 떨어지기 때문에 사랑에 빠지기 힘들다. 이들에게 사랑은 그 시작도 물론 어렵지만 설령 사랑이 진행된다 해도 좌절을 견디는 힘이 약해서 순탄하지 않은 길을 걷게 된다.

이들의 특징은 겉으로는 매우 차갑고 강하며 냉담해 보이지만, 실은 다른 사람에게 다가가는 방법을 모르고 사소한 일에도 쉽게 상처받는다는 것이다. 이들은 세 살 이전의 양육 과정에서 엄마로부터 냉담하게 거절당하거나 무시당한 경험을 가지고 있어 거절당하는 것에 민감하다. 그래서 연약한 자아를 보호하기 위해 과대 자기를 만들어 놓는다. 그러곤 아무에게도 상처받지 않는 혼자만의 성 안으로 숨어 버린다.

이들은 가까워질 경우 자신의 연약한 자아가 드러나 또다시 버림받을까 봐 다른 사람들과 거리를 유지한다.

| 자가 진단 테스트 |

(최소 다섯 가지 이상일 때 자기애적 인격 장애로 간주한다.)

1 | 별다른 성취 없이 자신의 우월성을 인정받고 싶어 하는 등 자신의 중요성과 특출함에 대해 과대한 느낌을 가진다.
2 | 무제한의 성공, 권력, 훌륭함, 미모, 이상적 사랑 등에 집착한다.
3 | 자신이 '특별하다'고 믿으며, 특별하고 고귀한 사람만이 자신을 이해하고 관계를 가질 수 있다고 믿는다.
4 | 자신에 대한 과도한 경탄을 요구한다.
5 | 자신이 특별한 대우를 받을 권리가 있으며, 자신이 기대하는 것은 다 이루어져야 한다고 생각한다.

6 | 자신의 욕망을 위해 타인을 속이거나 이용하는 등 착취적 대인 관계를 가진다.

7 | 공감이 결여되어 있고, 다른 사람의 기분이나 욕구를 인지하고 동일시하려 하지 않는다.

8 | 다른 사람을 시기하거나, 혹은 다른 사람이 자신을 시기한다고 믿는다.

9 | 거만하고 무례한 행동이나 태도를 보인다.

마마보이, 마마걸이
착각하고 있는 것

수경 씨는 기가 막혔다. 오늘 남자 친구 가족들과 상견례가 있었다. 5개월 전에 중매로 만난 남자 친구는 명문대 출신에다 직장도 맘에 들었고, 집안도 괜찮았다. 키가 약간 작은 게 흠이었지만 뛰어난 매너와 유머 감각이 그 단점을 충분히 커버해 주었다. 이만한 사람이면 괜찮겠다 싶어 만나기 시작했는데 점점 더 그가 좋아졌다.

그래서 기쁘고 설레는 마음으로 상견례 자리에 나갔는데 이게 웬일인가. 남자 친구가 말끝마다 "엄마, 엄마" 하면서 어머니에게 심하게 어리광을 부렸다. 그리고 수경 씨보다 어머니하고 이야기를 더 많이 했다. 더욱 기가 막힌 건 그의 어머니와 누나가 둘의 연애사에 대해 모르는 게 없다는 사실이었다. 언제 손을 잡았는지, 언제 키스를 했는지까지도 모두 알고 있었다. 심지어 어머니는 수경 씨에게 "그날 내가 수경 씨한테 꽃 서른 송이 갖다 주라고 했는데 괜찮았어요?"라고 말했다. 수경 씨는 올해 서른 살이었다. '아니 그럼 이 남자, 그동안 나에게 한 말과 행동이 모두 엄마와 누나한테 코치받아 했던 거야?'라는 생각이 들면서 소름이 끼쳤다.

상견례가 끝난 뒤 남자 친구와 한바탕 싸웠다. "어떻게 그럴 수 있냐"고 따지는 수경 씨에게 남자 친구는 오히려 "그럼 엄마한테 숨겨야 하냐?"며 화를 냈다.

경수 씨는 요즘 회의가 들기 시작했다. '과연 이 여자와 평생을 함께할 수 있을까' 라는 의문이 든 것이다. 그렇다고 덜컥 미애 씨에게 그만 만나자고 하면 가뜩이나 심약한 그녀가 큰 충격을 받을 것 같았다. 미애 씨는 뭇 남성들의 보호 본능을 자극하는 매력을 지니고 있었다. 경수 씨도 처음에는 가녀린 그녀를 지켜 주고 싶다는 생각을 했다.

뭔가 아니라는 생각이 든 것은 미애 씨의 어머니에게 초대를 받아 집에 갔을 때부터였다. 강한 인상을 풍기는 그녀의 어머니는 좀 너무하다 싶을 정도로 그에게 이것저것 꼬치꼬치 캐물었다. 그러고는 '우리 미애는 약하니까 이것도 주의하고, 저것도 주의하고……' 등등 주문을 시작했다. 미애 씨는 어머니의 인형인 것처럼 가만히 듣기만 했다.

이후 만남에도 둘의 대화에는 항상 어머니가 끼어들었다. "오늘 예쁘다"라고 말하면 "아침에 엄마가 골라 준 옷인데"라는 대답이 돌아오는 식이었다. 말끝마다 "우리 엄마가 그러는데"를 연발하는 그녀. 더욱 가관인 것은 둘이 다투기라도 한 다음 날이면 어김없이 그녀의 어머니가 전화를 걸어 "우리 미애가 실은 이러저러해서 그랬다는군" 혹은 "자네 그럴 수 있나"라며 딸의 대변인인 양 나섰다. 지금도 그처럼 사사건건 간섭하고 통제하려 드는데 결혼하면 오죽할까 싶다.

마마보이와 마마걸이 탄생하기까지

수경 씨의 남자 친구와 경수 씨의 여자 친구는 어른이지만 어른이 아니다. 그들은 자기만의 세계를 만들지 못하고, 혼자 무엇인가를 하는 게 두려워 끊임없이 엄마를 불러들인다. 엄마는 자기 없이는 자식이 똑바로 설 수 없다는 생각에 자식의 인생에 자꾸만 관여하려 한다. 그리하여 마마걸과 마마보이가 탄생하는 것이다.

이들은 무엇보다 엄마와의 분리를 두려워한다. 우리는 배 속에서 엄마와 한몸이었다. 그러나 세상으로 나오는 순간 엄마와의 연결 고리인 탯줄이 끊어지면서 신체적인 독립을 하게 된다. 그 후 심리적인 탯줄을 끊어 내게 되는 것은 두세 살 때이다. 세상을 혼자 경험하고 싶은 욕망에 엄마로부터 심리적인 독립을 이루는 것이다. 그러나 진정한 의미의 독립인 경제적인 독립을 이루는 것은 직장을 갖게 되는 20대 중후반이다.

그런데 마마걸과 마마보이들은 독립하기를 두려워한다. 이들의 자아는 혼자 설 수 있을 만큼 강하지 못하다. 그래서 자기를 붙들어 줄 수 있는 일종의 보조 자아(auxiliary ego)를 필요로 한다. 이들의 자아가 약해진 데는 이들의 엄마가 한 몫을 한다.

우리는 모두 엄마와 화해 시기를 거친다. '화해 시기'란 완전한 분리로 가기 위한 과도기로서 아기가 엄마로부터 떨어졌다 붙었다 하는 행동을 반복하는 시기를 말한다. 그런데 마마걸과 마마보이를 만드는 엄마는 자신의 갈등으로 인해 아기를 제대로 돌보지 않는다든지, 아니면 너무 붙어서 아이에게 자율성 자체를 주지 않는다든지, 혹은 순전히 자기 자신의 감정에 따라 아이에게 무관심과 애정을 변덕스럽게 준다. 그러면 그 아기는 엄마와 떨어지면 불안해서 한시도 살 수 없게 된다.

한편, 교육은 받았지만 여성의 사회 진출이 힘들었던 시대에 자라난 여성들은 처음부터 직장에 다니지 않았거나 임신과 동시에 직장을 그만두어야 했다. 가족과 자녀를 위해 자신이 품은 원대한 꿈을 포기해야만 했던 것이다. 중요한 것을 포기한 그들은 그 대가로 무엇인가를 받고 싶어 한다. 자식의 성공이 바로 그것이다.

이제 그들은 아이의 성공을 통해 자신의 인생이 성공했음을 인정받기 위해 여기저기 뛰어다닌다. 아이의 특성과 요구를 고려할 필요는 없다. 무슨 수를 쓰더라도 대학을 잘 보내 성공한 엄마가 되어야 한다.

그들은 아이에게 뛰어난 학업 성적과 성공을 요구한다. 자신이 시키는 대로만 하면 성공할 수 있다고 하면서 말이다. 아이는 엄마가 시키는 대로 해서, 성적을 잘 받아 엄마를 기쁘게 해야만 한다. 그러는 사이 아이는 스스로 생각하고 결정할 힘을 잃어버린다. 결국 엄마 없이는 아무것도 못하는 반쪽짜리 성인이 되고 만다. 그러고는 이렇게 말한다.

"저는 늘 남들이 해내지 못하는 특별한 일을 해야 한다는 강박관념에 시달려요. 하지만 그게 진정 나를 위한 것인지는 잘 모르겠어요."

요즘에는 '헬리콥터맘'까지 등장했다고 한다. 헬리콥터맘이란 자녀를 위해 헬리콥터처럼 학교 주변을 맴돌며 사사건건 학교 일에 간섭하는 엄마들을 가리킨다. 자녀의 숙제와 점심 메뉴까지 신경 쓰는 그들의 눈부신 활약은 거기서 그치지 않고 자녀의 취업과 직장 생활로까지 확대된다.

이를테면 "사회 경험이 없는 딸보다는 내가 낫지 않겠느냐"며 딸 대신 취업 박람회를 쫓아다니고, 취업 담당자에게 전화를 걸어 자신이 아들보다 아들의 장점을 더 잘 아니까 자신이 면접을 보면 안 되겠느냐고 통사정을 한다. 딸의 직장 상사에게 다른 자리로 배치해 달라고 말하는 부모, 아들을 매일 출퇴근시키는 부모도 있다. 그뿐만이 아니다. 자녀가 결혼 후 고생하는 것 같다 싶으면 "뭐 하러 참아? 네가 뭐가 부족하다고. 절대 참지 마!" 하며 이혼을 부추긴다.

그러니 의존적이고, 혼자서는 아무것도 못하며, 조그만 좌절도 견디지 못하고, 인생의 목표를 상실한 캥거루족의 대부분이 마마걸, 마마보이임은 어쩌면 당연한 현상이다.

"내 생각이 맞아?"

마마걸과 마마보이는 자신의 생각이나 느낌에 확신을 갖지 못한다. 마치 어릴 때 꽃을 보며 "엄마 예쁘지?" 하고 엄마의 동의를 얻어야 했던 것처럼, 항상 누군가 옆에서 확인을 해 주어야 비로소 안심한다. 드라마를 보면서 저들이 서로 사랑하는 것 같은데 그게 맞는지 옆 사람에게 물어봐야 할 정도로 자신의 느낌에 확신을 갖지 못하는 것이다.

이들은 자신의 결정에도 확신을 가지지 못한다. 어릴 적 시험 문제지에 답을 적은 다음 맞는지 틀리는지 엄마가 확인해 줄 때까지 조마조마하게 있었던 것처럼, 그리고 틀려서 엄마에게 야단맞으면 어떻게 하나 불안해했던 것처럼 이들은 다 자란 성인이 되어서도 직장에서 스스로 결정을 내리는 데 많은 어려움을 느낀다. '그래, 이게 맞는 거다'란 엄마의 확인 도장이 필요한데, 엄마가 없는 상황에서 사회 초년생인 그들은 스스로 책임져야 하는 일들이 버겁게만 느껴지는 것이다.

그들이 엄마 품 안에서도 행복하지 못한 이유

"엄마를 죽여 버리고 싶다는 생각이 들었어요."

언젠가 스물아홉 살의 여성이 나를 찾아와 한 말이다. 그녀는 이 말을 내뱉을 때 몸을 부르르 떨며 몹시 고통스러워했다. 자신을 너무나 사랑하는 엄마한테 왜 그런 감정을 느꼈는지 모르겠다며 눈물을 흘리기도 했다.

아마도 그녀는 엄마의 안녕과 행복을 위해 자신이 반드시 필요한 존재라고 생각했을 것이다. 그녀의 엄마는 딸이 혼자서 절대로 중요한 결정을 내릴 수 없으며, 늘 자신의 지원과 도움이 필요하다고 믿었을 것이다. 그들은 보나마나 서로에게 제일 친한 친구로서 서로의 일을 낱낱이 꿰고 있으며, 신체적인 비밀이나 감정적인 비밀이 전혀 존재하지 않았을 것이다. 그래서 겉으로는 서로가 서로를 걱정하는 것처럼 보이지만 실은 각자 자신을 걱정하는 것이다. 상대방에게서 벗어나 독립적인 삶을 사는 게 두려운 것이다.

마마걸과 마마보이는 부모에게 의존하면서도 자신의 독립을 방해하는 부모에게 강한 분노를 느낀다. 왜냐하면 '자율성'을 갖고 싶은 것은 인간의 본능이기 때문이다. 우리가 태어나서 맨 처음 하는 말은 '엄마'도 아니고 '맘마'도 아닌 바로 '싫어(No)'이다. 아무리 갓난아기라도 먹기 싫으면 우유를 뱉고 입을 꼭 다물거나 고개를 돌려 버린다. 자기 싫으면 아무리 재우려 해도 절대로 자지 않는다. 이처럼 인간에게 자율성은 기본적인 욕구이자 자기를 주장하고 발전시키며 자신의 영역을 확대해 가는 동력이 된다.

그런데 만약 자율성을 침해받게 되면 아이는 혼자서는 아무것도 못한다는 열등감 속에서 부모에 대한 사랑과 미움이라는 극심한 양가감정에 시달리게 된다. 이 양가감정은 아이의 내부에서 격렬하게 부딪치며 전쟁을 벌이기 때문에 아이는 항상 긴장 상태에 놓인다. 이제 아이는 자신을 꼼짝 못하게 하는 부모에 대한 원망과 의존 사이에서 갈등하며 괴로워한다. 그 분노가 심하면 앞의 환자처럼 부모를 죽이고 싶다는 충동에 시달리기도 한다.

즉 마마보이나 마마걸은 자율성을 잃어버릴 뿐 아니라 부모에 대한 양가감정의 갈등에 너무 많은 에너지를 쏟아 정작 자신의 행복이나 성숙을 위해 쓸 에너지는 별로 남아 있지 않게 된다. 따라서 그들은 엄마와 같이 있어도 행복하지 못하다.

엄마로부터 독립하지 못하고 엄마의 통제 속에서 갈등하는 사람들에게 부모로부터 벗어나지 못하는 이유를 물으면, 그들은 대부분 효도를 그 이유로 든다. 어떻게 부모의 뜻을 거역하느냐는 것이다. 청춘과 꿈을 다 포기한 채 자신만 바라보며 살아온 엄마에게 효도는 못할망정 모른 척할 수 없다는 말도 한다. 그러면 난 이런 말을 해 준다.

"이 세상의 모든 어머니는 자식을 위해 살아요. 세상에 그렇지 않은 어머니가 어디 있겠어요? 그리고 어머니가 일방적으로 당신을 위해 희생만 한 것은 아니에요. 당신이 태어남으로써, 그리고 바르게 자라 줌으로써 당신은 어머니에게 세상에서 가장 귀한 기쁨과 행복을 드린 겁니다. 어머니는 당신이 행복해지길 바라며 당신을 기르셨어요. 그러니까 가장 큰 효도는 당신이 행복하게 사는 모습을 보여 드리는 겁니다. 그리고 당신이 할 수 있는 한도 내에서 어머니를 보살펴 드리고, 어머니에게 감사하는 마음을 잊지 않는 겁니다. 어머니로부터 받은 사랑은 당신의 자식에게 물려주세요. 그게 바로 효도입니다."

마마걸, 마마보이들이여! 우리는 부모의 몸을 빌려 이 세상에 태어났다. 그러나 우리는 부모와는 다른 영혼을 가진 독립된 존재이다. 그러므로 부모와의 인연을 소중하게 여기고 나를 위해 온갖 고생을 마다하지 않은 부모에게 감사하는 마음을 갖는 것, 그리고 독립된 성인으로 우뚝 서서 행복하게 살아가는 모습을 보여 드리는 것이 진정한 효도이다.

유능한 사람들이
특히 많이 빠지는 함정

30대 미혼 직장 여성인 영미 씨는 예쁘고 매우 똑똑했다. 그런데 그녀는 행복하지 않았다. 늘 외로웠고, 어느 날부턴가는 외로움이 강한 불안으로까지 커져 나갔다.

나는 그녀가 나를 처음 찾아왔던 날을 기억한다. 그녀는 자신의 이야기를 풀어 나감에 있어 한 치의 막힘도 없이 시종일관 논리 정연했다. 그녀는 직장에서 꽤 잘나가는 사람이었다. 깐깐하면서도 민첩한 일솜씨로 주위 동료와 상사들로부터 두터운 신뢰를 얻었고, 경쟁사들로부터 수시로 러브콜을 받았다. 그러면서 그녀는 원칙주의자인 자신이 얼마나 철저하게 사생활과 일을 구분하는지,

그 기준에 따라 다른 직원들을 얼마나 엄격하게 관리했는지도 소상히 털어놓았다. 정말 듣고 보니 그녀는 충분히 다른 사람들을 물러서게 할 만도 했다.

부하 직원이 지각이나 실수를 하면 사무실 안에는 얼음이 얼 정도로 냉기가 흘렀다. 심지어 평소 성실하던 직원이 갑작스런 가정 불화로 힘들어 할 때도 그건 그의 사생활이라며 전혀 배려하지 않았다. 그런 영미 씨를 보고 사람들은 '찔러도 피 한 방울 안 나올 사람'이라고 수군거렸다.

그런데 그렇게 완벽했던 영미 씨에게 최근 승진 누락이라는 청천벽력 같은 일이 벌어졌다. 자신보다 성과가 뒤지는 남자 직원들도 다 승진했는데, 왜 자신이 누락되었는지 이해할 수 없었던 영미 씨. 그녀가 더 견딜 수 없었던 것은 주변 사람들의 반응이었다. 애써 아무렇지 않은 척 일하고 있는 그녀에게 다가와 '네 마음 다 알아'라는 식의 눈빛을 보내는데, 친하지도 않은 사람들이 왜 저러나 토할 지경이었다고 했다. 차라리 그들이 "그렇게 잘난 척하더니 쌤통이다"라고 말했다면 자신이 이렇게 비참하지는 않았을 거라고 했다.

그런데 영미 씨는 그처럼 힘든 이야기를 하면서도 전혀 고통스러운 모습을 보이지 않았다. 다른 사람 같으면 중간에 격한 감정을 가라앉히느라 몇 번씩 숨을 고르게 마련인데, 그녀는 아무런 변화가 없었다. 힘들었던 것은 오히려 치료자인 나였다. 좀처럼 자기 감정을 드러내지 않는 그녀와 나 사이에 보이지 않는 유리벽 같은 것이 느껴졌다. 나는 면담에 집중하기가 어려웠고, 심지어 졸리기까지 했다.

왜 그런 것일까? 몇 번의 면담이 더 진행되고 난 후, 나는 비로소 내가 그녀와의 면담에 충분히 '공감' 하지 못하고 있음을 깨달았다. 엄마가 항상 바빠 그녀를 귀찮아 했다는 이야기, 엄하고 무서운 아빠가 어느 날 동생을 돌보지 않고 밖에서 놀다 들어왔다는 이유로 그녀를 컴컴한 골방에 가둔 이야기 등 다른 환자 같으면 얼마나 외롭고 무서웠을까 하면서 가슴 아팠을 이야기들이 이상하게 그냥 드라이아이스처럼 허공으로 증발해 버렸다. 그녀가 이야기하는 방식이 상대의 공감을 철저히 방어하고 있었던 것이다.

환자를 치료하기 위한 면담의 기초는 공감에서 시작한다. 그런데 공감할 수 없으니 면담 자체가 힘들 수밖에. 그녀가 왜 치료자인 나에게까지 공감을 방어하는지, 왜 그녀와 나 사이에 유리벽이 느껴지는지 그 원인을 파악하는 것은 쉽지 않았다.

몇 달이 흘렀을까. 그녀가 한 번도 부모의 공감을 받아 본 적이 없다는 사실을 알게 되었다. 아무도 어린아이인 그녀의 눈을 들여다보고 그녀가 어떤 기분이며, 무슨 생각을 하고 있는지 알려고 노력하지 않았다. 아니 관심 자체가 없었다. 부모는 오로지 그녀가 자신들이 원하는 대로 따라 주기만을 바랐다. 공감을 받아 본 적이 없으니 타인을 공감할 수 있는 능력이 발달하지 않은 것은 어쩌면 당연한 일이었다.

그녀와 면담할 때 내가 느낀 감정들, 이를테면 지루함과 텅 빈 느낌, 유리벽이 가운데 서 있는 느낌 등이 바로 그녀가 세상과 사람들에게 느낀 감정임을 이해하고 나자, 나는 전보다 그녀의 말에 훨씬 쉽게 집중할 수 있었다.

인간에게만 주어진 독특한 능력, 공감

상대방의 마음을 읽고 공감할 수 있는 능력은 인간에게만 주어진 독특한 것이다. 그것은 포유류 중에서 인간의 아기만이 똑바로 누워 자란다는 특성과도 연관되어 있다. 아기는 똑바로 누워 있기에 늘 엄마와 눈을 맞출 수 있고 그 상태로 젖을 먹고 옹알이를 한다. 즉 아기는 생후 초기부터 엄마와 감정 교류를 하게 되는데, 이러한 교감은 아기의 뇌와 정서 발달에 많은 영향을 미친다.

인간의 뇌는 애착과 사랑을 통해 성숙한다고 한다. 토머스 루이스의 『사랑을 위한 과학』에 따르면, 두 사람 사이의 애착과 사랑은 뇌의 변연계에 공명을 일으키고, 이를 통해 이루어지는 신경의 조율은 다시 변연계를 교정함으로써 뇌를 성숙시킨다. 그러므로 엄마와의 정서적 교감 없이는 아이가 인간답게 자랄 수 없는 것이다.

하지만 여기서 '동정(sympathy)'과 '공감(empathy)'을 구별할 필요가 있다. 동정은 상대의 감정을 있는 그대로 나도 똑같이 느끼는 것이다. 이를테면 상대방이 슬퍼할 때 나도 같이 슬퍼하며 눈물 흘리는 것이 동정이다. 그러나 공감은 그것에서 그치지 않는다. 그 사람의 고통을 깊이 이해한 후 다시 나 자신으로 돌아와 어떻게 하면 그를 도울 수 있을지 생각해 보는 것이 공감이다. 이런 면에서 공감은 동정보다 훨씬 더 성숙한 정신 기능이라고 할 수 있다. 타인을 나와 분리된 독립적인 인간으로 볼 수 있으며, 잠시 그의 마음을 내 것처럼 느껴도 자기를 잃지 않을 수 있는 건강한 자아의 힘을 필요로 하기 때문이다.

하지만 자아의 경계가 약한 사람들은 공감해야 할 순간에 상대방과 하나로 합쳐져 버린다. 공감을 못하는 것이다. 공감 능력이 떨어지는 사람들은 타인에게 공감받을 수 있는 기회를 스스로 차단해, 공감을 받지도 못한다.

영미 씨의 경우도 다르지 않았다. 그녀에게 감정이란 유치하고 수준 낮은 영역의 것일 뿐이었다. 그래서 일찍부터 사람들과의 감정적 교류를 무시하고 성취 지향적으로 살아온 결과 학교와 직장에서 성공할 수 있었다. 그러나 그녀는 말할 수 없이 외로웠다. 주변 사람들에게 깍듯이 예의를 지키며 살아왔지만 속을 터놓고 지내는 친구는 없었다. 그녀의 삶은 무의미하고 공허했다. 그녀는 인생의 생생한 감각들을 잃어버리고 살아온 것이나 다름없었다. 나는 그녀에게 말했다.

"당신은 나하고 감정적으로 가까워지면 내가 당신의 속마음을 알고서 당신에게 실망해 떠나거나, 당신을 내 마음대로 조종할까 봐 아예 모든 감정을 차단하고 있는 것 같습니다."

이후 그녀는 그 동안 꽁꽁 묶어 둔 자신의 깊은 속마음을 조금씩 드러내기 시작했다.

행복한 어른으로 살기 위해 갖춰야 할 기본 능력

지극히 개인주의적이며 이기적인 현대 사회. 그 속에서 사는 현대인들은 공감 능력이 떨어질 수밖에 없다. 일방적인 주입식 소통 방식에 익숙해진 탓에 사람들은 모두 상대방에게 자신의 생각을 주입하려 할 뿐 타인의 감정이나 상황을 고려하지 않는다.

그렇지만 타인을 공감할 수 있는 능력은 행복한 성인으로 살기 위해서는 반드시 필요한 것이다. 타인을 공감할 수 있어야 서로 다른 타인끼리 다양성을 인정하며 더불어 사는 법을 배울 수 있다. 그리고 나와 다르면서도 나를 공감하고 이해해 주는 상대에 대한 깊은 신뢰와 감사로 서로를 배려하며 살 수 있다. 하지만 무엇보다 나를 공감해 주는 사람이 내 곁에 있으면 그냥 그 자체로 행복한 것이 아닌가 싶다.

오늘은 문득 헤이즐넛 커피를 한 잔 마시며

닫혀 있던 가슴을 열고 감춰 온 말을 하고 싶은 사람이

꼭 한 사람 있었으면 좋겠다는 생각을 합니다.

외로웠던 기억을 말하면 내가 곁에 있을게 하는 사람

이별을 말하면 이슬 고인 눈으로 보아 주는 사람

희망을 말하면 꿈에 젖어 행복해하는 사람

험한 세상에 굽이마다 지쳐 가는 삶이지만

때로 차 한 잔의 여유 속에 서러움을 나누어 마실 수 있는

마음을 알아주는 단 한 사람

굳이 인연의 줄을 당겨 묶지 않아도

관계의 틀을 짜 넣지 않아도

찻잔이 식어 갈 무렵 따스한 인생을 말해 줄 수 있는 사람

오늘은 문득 헤이즐넛 커피향이 나는

그런 사람이 그리워집니다.

— 배은미, '마음을 알아주는 단 한 사람'

'피해자 증후군'을 경계하라

|
첫 번째 이야기

교사로 있는 친구가 어느 날 나에게 푸념을 늘어놓았다.

"요즘 학교에서 조그만 일이라도 시키려면 아이들이 가장 많이 하는 말이 뭔 줄 아니? '내가 왜요?' 나는 이제 그 말만 들어도 노이로제 걸릴 것 같아."

'내가 왜요?'라는 말은 곧 '내가 왜 그 일을 해야 해요? 내 일도 아니고, 다른 애들은 안 하는데?'라는 말과 같다.

친구 이야기를 듣다 보니 언젠가 신문에서 읽은 기사가 떠올랐다. 파레토의 20 : 80 법칙에 따르면 20퍼센트의 사람이 80퍼센트의 일을 한다. 그런데 직장인들의 약 70퍼센트가 자신이 남들보다 일을 더 많이 한다고 응답했다. 이는 많은 사람이 자신이 손해 보고 산다는 피해 의식에 젖어 있음을 보여 준다. 그들은 외친다(상대방에게 밉보일까 봐 차마 입 밖으로 소리 내어 말하지 못하는 사람이 대다수이긴 하지만). '내가 왜 희생해야 하죠?', '왜 나만 일을 더 해야 하죠?'라고 말이다.

이처럼 그들이 희생을 기피하게 된 원인은 어디에 있을까? 현대 사회는 냉혹한 경쟁 속에서 개인이 혼자만의 능력으로 싸워서 이겨야만 하는 개인 위주의 사회이다. 개인은 쓸모가 없어지는 순간 그 즉시 폐기당할 수 있는 소모품이 되어 버린 것이다. 이런 상황에서는 집단을 위해 나를 희생하기보다는 지금 당장 내가 얻을 수 있는 최대한의 이익을 이끌어 내는 것이 더 중요해진다. 그러니 남을 위해 희생하는 것은 바보들이나 하는 행동인 것이다.

한편, 사람들의 이동이 적고 한곳에 모여 살면서 공동체 의식이 중요했던 시대에는 내가 무언가를 희생하면 지금 당장 손해를 보더라도 어느 시점엔가는 집단이 그것을 칭송해 주고 나는 보답을 받았다. 타인을 위해 궂은일을 마다하지 않는 사람은 결국 그 집단에서 중심적인 역할을 했던 것이다. 그러므로 장기적으로 볼 때 희생은 결코 밑지는 장사가 아니었다.

그러나 사람들의 이동이 잦아 금방 만나고 금방 헤어지는 현대 사회에서 희생과 손해는 보답을 받을 기회가 거의 없다. 그래서 사람들은 행여나 손해를 볼까 봐 촉각을 곤두세우며 살아간다. '내가 왜?'란 질문을 하면서…….

두 번째 이야기

요즘 영화들은 참 친절하다. 영화가 흥행에 성공하면 그 영화 속 주인공이 그럴 수밖에 없었던 이유를 설명해 주는 속편이 꼭 나온다. 절대로 관객들의 상상에 그냥 맡겨 두지를 않는다. '스타워즈' 시리즈를 비롯해 '배트맨 비긴즈' 그리고 얼마 전의 '한니발 라이징'까지 주인공의 미래를 따라가는 것이 아니라, 그가 그렇게 될 수밖에 없었던 이유를 역추적해 들어간다. 그러면 관객은 고개를 끄덕인다.

"아하, 저런 이유가 있었구나."

마치 그럴 만한 이유가 있으면 그의 행동이 용서될 수 있다는 듯이 말이다.

'양들의 침묵'에서 인육을 먹는 정신과 의사로 나왔던 한니발 렉터. 그의 이해할 수 없는 잔인한 행동에 모두들 의아해했을 것이다. 그런데 '한니발 라이징'에서 그가 그렇게 될 수밖에 없었던 이유를 친절하게 설명해 준다.

한니발은 어릴 적 전쟁터에서 가족을 잃고, 하나 남은 여동생마저 굶주린 러시아 군인들에게 잡아먹히는 것을 봐야만 했다. 게다가 그는 여동생을 끓인 국물을 먹어야만 했다. 동생을 잡아먹은 군인들에 대한 증오와 복수심에 불탄 한니발은 군인들을 하나씩 죽여서 먹는다.

그러나 그러한 이유들이 있었다고 해서 그가 인육을 먹는 현재의 행동이 이해받고 용서받을 수 있는 것은 결코 아니다. 왜냐하면 그는 이제 어른이고, 과거의 상처가 현재에 치명적인 악영향을 주지 않도록 스스로를 다스려야 할 책임을 가지고 있기 때문이다.

피해자 증후군을 가진 사람들의 특징

'나는 과거에 상처를 입었기 때문에 지금 이럴 수밖에 없어. 그러니까 너는 나를 이해하고 내가 원하는 걸 들어주어야 해.'

이런 심리를 '피해자 증후군'이라고 한다. 왜 현대의 많은 사람이 피해자 증후군을 가지게 된 것일까? 그것을 단적으로 표현해 주는 말이 하나 있다. 어느 개그 프로그램에서 유행하던 말.

"욕망에 충실해!"

예전에는 욕망이란 단어를 말하는 것만으로도 낯이 붉어지곤 했다. 그러나 현대 사회로 들어서면서 욕망은 더 이상 숨기거나 부끄러워해야 할 것이 아니라, 떳떳하게 드러내고 적극적으로 찾아 나서서 충족시켜야 할 것으로 인식되고 있다. 게다가 욕망을 드러내 놓고 추구하는 사람이 오히려 솔직하고 능력 있는 사람으로 묘사된다.

이러한 변화는 점점 더 심해지는 심리학 이론의 무분별한 적용과 확산에서 그 이유를 찾을 수 있다. 특히 요즘 들어 소설과 에세이들이 심리학 이론을 피상적으로 차용, 자신의 내면을 고백하면서 심리 치료에 대한 오해가 많이 생겨났다.

그 가운데 하나가 바로 '감정의 자유로운 표현이 정신 건강에 필수적이다' 라는 믿음이다. '화가 날 때는 화를 내라', '절대로 자신의 감정을 숨기지 마라' 등의 지침들이 이런저런 심리서에 등장하고, 자신의 감정을 솔직하게 표현하는 것이 지극히 건강한 것처럼 설파되고 있다.

그러나 정신분석에서 말하는 '이드(id)가 있던 곳에 자아(ego)를' 이란 말은 본능적 욕구나 감정을 자신에게 숨기지 말라는 뜻이지 그것을 모두 밖으로 표현하라는 의미는 아니다. 만일 우리가 내부의 욕망이나 감정을 거르지 않고 그대로 다 표현하면 모두 끔찍한 괴물이 되고 말 것이다. 그러므로 "난 이럴 수밖에 없어"라고 말하며 "너는 내가 원하는 걸 모두 들어주어야 해"라고 하는 것은 폭력이나 다름없다.

그럼에도 피해자 증후군을 가진 사람들은 여전히 자신을 피해자라고 인식한다. 그들이 그럴 수 있는 것은 과거에 자신의 자아가 상처를 입거나 억압을 받아 손상되었다고 확신하기 때문이다. 그들은 '나는 과거에 고통스러운 나날을 보냈어. 난 피해자야. 그러니까 지금 내가 이러는 건 당연해. 너희는 나를 이해하고 감싸 주어야 해. 그리고 과거에 못 받은 사랑을 너희가 나에게 주어야 해'라고 생각하는 것이다.

2007년에 많은 인기를 끌었던 드라마 '내 남자의 여자'에서 화영이 그랬다. 성형 외과 의사인 화영은 가장 친한 친구인 지수의 남편과 불같은 사랑에 빠진다. 자신의 욕망에 충실한 화영은 결국 지수의 남편을 빼앗아 자기 것으로 만든다. "너희가 어떻게 나에게 이럴 수 있니? 짐승 같은 것들"이란 지수의 울부짖음에 화영은 "그래, 우리는 짐승이야. 행복한 짐승"이라고 태연히 맞받아친다.

예전 같으면 감히 상상도 못할 행동과 말을 서슴없이 내뱉는 화영. 그녀가 그럴 수 있었던 것은 쓰라린 과거 때문이었다. 그녀는 과거에 혼자서 시집 식구와 친정 식구를 다 먹여 살렸음에도 불구하고 남편이 자살하자 '바람피워서 남편을 죽인 년'이라고 손가락질을 받았다.

게다가 그녀의 어머니는 돈밖에 모르고, 딸이 곤경에 처해 있을 때도 딸에게 화냥년이라는 말을 서슴지 않는 사람이다. 그래서 피해자인 그녀는 가장 친한 친구에게 "그래, 우리는 짐승이야. 행복한 짐승"이라고 당당하게 말할 수 있었던 것이다.

피해자 증후군을 가진 사람들은 화영처럼 모두 당당하다. 그 당당함 속에는 심지어 특권 의식까지 자리 잡고 있다. 누구나 피해자라는 생각에 빠지면 자신을 매우 특별한 존재라고 인식하게 된다. 말하자면 '너희 따위가 이런 고통을 알아?'라고 생각하는 것이다. 그렇기 때문에 자신도 모르는 사이에 고통스러운 상황을 연출하고, 그것을 견디는 것을 오히려 낙으로 삼는 경우까지 생긴다.

피해자 증후군에 빠지지 않으려면

피해자 증후군은 부지불식간에 우리를 찾아올 수 있다. 그 함정에 빠지지 않으려면 다음의 세 가지를 염두에 둘 필요가 있다.

첫째, 과거에 아무리 고통스러운 상처가 있었다 해도, 현재 내가 하는 행동에 대한 책임은 나 자신에게 있다. 과거에 나를 괴롭힌 사람에게 그 책임을 전가할 수 없다는 뜻이다. 공지영의 소설 『우리들의 행복한 시간』에서 윤수는 말한다. 책임을 진다는 것은 "이유야 어찌 되었든 그 일은 바로 내가 한 행동임을 인정하는 것"이라고 말이다. 그리고 과거의 상처에 묶여 있어서 고통스러운 것은 나 자신일 뿐이다. 심지어 나에게 고통을 준 사람들은 그런 사실을 다 잊어버리고 행복하게 살고 있을 수 있다. 충분히!

둘째, 내가 아무리 선량한 피해자라고 할지라도 다른 사람에게 해를 끼치는 행동이 용납될 수 있는 것은 아니다. 그것은 그저 해서는 안 될 악한 행동일 뿐이다. 그러므로 피해자라는 생각에서 벗어나 나 자신에게 솔직해질 필요가 있다. 내 안에 악마가 있다는 사실을 인정하면 남들의 욕망도 이해하고 포용할 수 있게 된다. 내 욕망과 타인의 욕망이 서로 손잡고 큰 갈등 없이도 최대한의 만족을 이끌어 내면서 같이 살아가는 법을 배울 수 있는 것이다.

셋째, 자신의 행복을 외면한 채 희생만을 하려 하는 것은 자학적 경향으로 병적인 행동이다. 그러나 절대 손해 보지 않고 희생을 하지 않으려 하면 인생의 중요한 즐거움을 잃어버린다.

생각해 보면 다른 사람을 위해서 기꺼이 시간과 노력을 들이는 희생은 아무나 할 수 있는 것이 아니다. 자부심이 있는 사람만이 기꺼이 손해를 감내할 수 있기 때문이다. 그리고 다른 사람을 도와 그에게 필요한 사람이 되는 것은 세상을 살아가면서 얻을 수 있는 가장 값진 기쁨 가운데 하나이다. 그러므로 희생의 가치를 자꾸만 깎아내리거나 폄하하는 것은 자기 자신이 그만큼 못났음을 드러내는 증거일 수도 있다.

진정 내가 원하는 것은 무엇일까?
— 일과 인간관계

서른 살이 직장에서 괴로운 까닭

오늘도 어김없이 자명종이 울린다. 안 일어나면 무슨 큰일이라도 날 것처럼 시끄럽고 호들갑스럽게. 그는 더듬더듬 시계를 찾아 신경질적으로 꺼 버린다. 곧이어 휴대폰이 흔들리고, 오디오가 노래한다.

경준 씨는 그제야 간신히 눈을 뜬다. 마음은 '일어나야지' 하는데 몸은 천근같이 무겁고 중노동을 한 듯 피곤하기만 하다. 딱 30분만, 아니 10분만 더 잘 수 있다면……. 회사 갈 생각을 하니 너무 끔찍해서 이불을 머리끝까지 뒤집어쓰는데, 문득 자신을 늘 한심해하는, 꼴도 보기 싫은 부장의 얼굴이 떠오른다.

"휴~."

경준 씨는 가까스로 만원 지하철에 몸을 싣는 데 성공한다. 시계를 보니 이대로라면 8시 58분쯤 회사에 도착할 듯싶다. 지각은 면했는데 왠지 모르게 자꾸만 화가 나고 미칠 것만 같다. 어떻게 들어간 직장인데, 취직이 안 돼서 죽고 싶을 만큼 초조했던 시절을 생각하면 이러면 안 되는데……. 그는 이러지도 저러지도 못하는 자신의 모습이 마치 거미줄에 걸린 벌레 같다는 생각을 한다. 끈적거리는 거미줄에 걸려들어 오도 가도 못한 채 언제 거미의 먹이가 될지 모르는 신세.

사무실 문을 열고 황급히 자기 자리를 찾아 들어가는 경준 씨에게 누군가가 "좋은 아침!"이라고 외친다.

그는 사람들이 너무 가식적이라고 생각했다. 얼굴 한가득 가식적인 미소를 지으며 인사를 하는 동료들에게, 그는 속으로 '진짜로 그렇게 좋으냐' 라고 묻고 싶었다.

오늘까지 제출해야 하는 보고서가 있는데 아직 마무리를 못했다. 모니터를 뚫어지게 응시하며 속도를 내 보지만 아까부터 계속 같은 줄이다. 이번 프로젝트 건으로 부장한테 매일 깨지고 있는데 오늘은 또 어떤 욕을 먹을지 한숨만 나온다.

회사만 가면 우울해지는 사람들

혹시 당신도 경준 씨처럼 회사에만 가면 우울해지는 서른 살인가?

물론 세상에 직장 생활이 정말 재미있고 좋기만 한 사람은 아무도 없다. 또한 거의 모든 조직에 번지고 있는 치열한 경쟁 시스템 도입과 조기 퇴직의 불안감으로 인해 직장인들의 우울은 이미 심각한 사회 현상이 되었다. 그런데 서른 살의 우울은 그 속에서 대접을 받지 못하고 있다. '한창 열심히 일할 나이에 배부른 소리 한다'는 식으로 그들의 우울은 무시되기 일쑤이다. 정말 그렇게 무시해도 좋은 것일까?

청년 실업 100만 명 시대. 직장에서 괴로워하는 우리 곁에는 슬픈 '이태백'이 있다. 그리고 『88만원 세대』라는 책에 따르면 취업에 성공했더라도 대부분이 비정규직인 우리나라 20대의 월평균 급여는 88만 원이라고 한다. 이러한 현실만 보더라도 이 시대 서른 살의 취업을 위한 지난한 과정을 짐작할 수 있다.

생각해 보면 참으로 아이러니하다. IMF 사태 이전의 사회 초년생들은 지금보다 물질적으로는 덜 풍요롭게 자란 세대지만, 적어도 지금과 같은 취업난을 경험하지는 않았다. 그러나 지금의 서른 살은 어린 시절 경제 호황기의 수혜자로 풍족한 환경에서 자랐지만 대학 입학 전후로 IMF를 겪고 그 여파로 인해 심각한 취업난과 고용 불안에 시달려야만 했다. 그 어느 세대보다 경제적으로나 정신적으로 안정되지 못한 20대를 보내고 서른 살을 맞이한 것이다.

이들은 우여곡절 끝에 직장을 얻었다 해도 안심할 수가 없다. 그래서 뚜렷한 목표가 없는데도 불안감이라도 해소하고자 학원으로 몰려간다. 일명 '샐러던트(샐러리맨과 스튜던트의 합성어)'의 등장이다. 새벽이나 점심시간을 이용해 영어 회화를 배우고, 퇴근 후에도 자기 계발을 위해 뭔가를 배우러 다니는 사람들. 그들은 끊임없이 자격증을 따기 위해 애쓰거나 아예 전업을 목적으로 시험이나 진학을 준비하기도 한다. 물론 이런 모습이 자기 발전을 위한 긍정적인 노력으로 평가받을 수도 있겠지만, 문제는 대부분의 서른 살이 어쩔 수 없이 이를 선택한다는 데 있다.

이렇듯 뭔지 모를 강박증에 사로잡혀 성공하려는 의지보다는 도태되는 것에 대한 불안이 앞서게 되면, 일과 삶에서 즐거움과 의미를 찾기가 어렵게 된다.

그 후유증으로 나타난 사람들이 바로 '갤러리맨'들이다. 골프 관람객인 갤러리를 비유한 말로, 직장의 모든 일을 마치 골프 경기 구경하듯이 관망하는 직장인을 그렇게 부른다고 한다.

아무리 일을 잘해도 줄을 잘못 서면 바로 밀려나는 상사들을 보며, 어느 날 갑자기 옆 책상이 사라지는 것을 보며 가늘고 길게 사는 것이 최대의 목적이 된 그들에게 주인 의식이 있을 리 없다. 일을 더 잘하기 위해 결코 애쓰지 않으며, 그저 주어진 일에만 충실하고 세태의 흐름을 눈치껏 읽어 적당히 따라갈 뿐이다.

요즘 유행하고 있는 '암반수족'도 이와 비슷한 맥락인데, 직장에서 아무에게도 눈에 띄지 않고 조용히 숨죽이고 있는 사람들을 일컫는 말이다.

어쩌면 이런 움직임은 냉혹하고 불확실한 현실 속에서 그들의 말처럼 '가늘고 길게' 직장 생활을 하기 위한 나름대로의 고육지책

일 것이다. 하지만 그런 생활이 계속될 경우, 일에서 얻는 성취감은 고사하고 하루하루 버티는 것조차 힘들어지면서 만성적 우울을 면하기 어렵다.

그러다 보니 많은 직장인이 '스마일 마스크 증후군'에 시달리고 있다. 원만한 대인 관계를 위해서 항상 웃어야 한다는 생각에 짓눌린 결과 겉으로는 웃지만 속으로는 더더욱 우울해지는 것이다. 그들은 공통적으로 남에게 싫은 소리를 잘 하지 못한다. 그래서 어쩌다 싫은 소리를 해야 할 상황이 되면 그 악역을 누군가가 대신 맡아 주기를 바란다. 그래도 할 수 없이 꼭 나서야 할 경우에는 말을 꺼내기 전에 상대방의 반응부터 살핀다. 그리고 전혀 싫은 소리 같지 않은 말투로 이야기를 한 뒤 웃음으로 마무리한다. 속으로는 그런 위선적인 모습이 너무 싫으면서도 말이다.

이 증세가 있는 사람들이 위험한 이유는 자신이 우울에 빠져 있다는 사실을 깨닫지 못한다는 데 있다. 대부분이 이유 없이 불면증과 피곤함을 호소하고, 그저 매사에 짜증이 더 많아진 자신을 탓할 뿐이다.

그래서 어떤 의미로 보면 '부족한 것 없이 자란 너희들이 인생을 알아?'라고 무시해 버리기엔 서른 살이 그리 녹록지 않다. 앞만 보고 달리면 어느 정도 부와 성공이 따라오던 예전과 달리, 이제 서른 살은 부와 성공이 어디에 있는지부터 찾아야 한다. 그들은 자조하며 묻는다.

'우리가 정말 풍요로운 세대 맞아?'

서른 살이 겪는 또 다른 어려움

그럼에도 서른 살 안팎 세대는 그 전 세대 사람들과 명확하게 구분되는 특징을 가지고 있다. 그것은 바로 그들이 혼자 놀고 혼자 일하는 데 익숙한 세대라는 점이다. 병원에서 일하다 보니 눈코 뜰 새 없이 바쁜 순간이 많았는데, 그럴 때에도 나는 의국에서 동료들과 이야기를 나누고, 기타를 치며 함께 노래하거나 게임 등을 하며 스트레스를 풀곤 했다. 그러나 요즘 그런 풍경은 찾아보기 힘들다. 의국에 들어가면 모두들 컴퓨터를 하거나 휴대폰을 들여다보는 등 각자 다른 일에 열중하고 있다.

그러나 직장은 조직 사회이다. 그것도 다양한 세대가 어울려 각자의 이익을 추구하는 이익 집단이다. 따라서 서로 다른 세대의 가치관과 삶의 방식이 충돌할 수밖에 없다. 그러다 보니 기성세대의 눈에는 신세대가 어이없을 정도로 개인적이고 이기적으로 보일 수 있으며, 신세대의 눈에는 기성세대가 자신의 사생활까지 침범하려 든다고 느낄 수 있다.

더구나 직장은 일정한 규칙에 의해 돌아가는 집단으로, 개인의 시간과 능력에 대해 돈을 지불하는 만큼 그것을 통제하려 든다. 그러나 어려서부터 엄마 손에 이끌려 이 학원 저 학원을 전전하며 숨막히는 통제 속에 살아온 그들은 자기 영역을 침범당하는 것에 대해 상당한 경계심을 보인다. 그 결과 직장의 명령 체계를 통제와 복종 관계로 받아들여 이를 못 견뎌 하고 적응하지 못하는 사례도

늘고 있다.

하지만 서른 살 안팎 세대의 가장 큰 문제는 그들이 야단맞는 것을 잘 견디지 못한다는 데 있다. 부모의 보호 아래 공부만 잘하면 웬만한 잘못쯤은 그냥 용서받을 수 있었던 그들은 비난에 민감하게 반응한다. 잘못에 대한 책임을 물었을 뿐인데도, 그것을 비난으로 받아들여 심하게 좌절하고 상처를 입는 것이다. 그런 증상이 좀 더 심해지면 좋든 싫든 직장에서 버틸 수밖에 없다는 자괴감과 무력감에 시달리며 우울의 함정에 빠져 들게 된다.

'낀 세대'가 받는 스트레스

어디 그뿐이랴. 서른 살은 직장에서 '어정쩡함'이나 '이도 저도 아님'으로 위치 지어진다. 보통 대리니 과장 초년으로서 서른 살을 맞이하는 그들은 신선한 감각의 20대에 비해서는 좀 늙수그레한 느낌이고, 결정권을 가진 30대 후반 이상의 상사들에 비해서는 그 힘이 한참 미약하다. 그래서 밑으로는 아직 경험과 노하우가 부족한 신입 사원들을 이끌어야 하고, 위로는 경영을 좌우지하는 관리자들을 보필해야 하는 중간 위치로서 겪는 스트레스가 심하다.

이처럼 '낀 세대'의 말 못할 스트레스를 보여 주는 연구 결과가 있다. 영국에서 실시한 직급과 스트레스의 상관관계에 대한 연구에 따르면, 스트레스가 가장 심한 자리는 최종 결정권과 책임을 동시에 쥐고 있는 최고 경영진이 아니라 실무는 제일 많이 하면서도 최종 결정권은 없는 중간 직급이었다. 이 자리의 시작이 바로 서른 살 아닌가. 일은 많이 하지만 결정권은 없는, 위에서 하라면 하고 그만 하라면 그만 해야 하는…….

이래저래 힘들 수밖에 없는 서른 살. 그래서일까. 서른 살을 앞두고 사람들은 조바심을 낸다. 계속 이 회사를 다녀야 하나? 이참에 옮겨야 하나? 회사를 옮긴 후 후회하면 어떡하나? 왠지 서른 살을 이대로 보내면 안 될 것 같은 불안감에 그들의 오늘은 무겁기만 하다.

나는 왜 만족을 모르는가?

현대 경영학의 대부이자 사회학의 거두로 일컬어지는 피터 드러커. 그는 아흔다섯 살이라는 고령이 되도록 저술 활동을 멈추지 않은 것으로도 유명한데, 그 계기가 된 것은 베르디의 오페라였다. 그는 열여덟 살 때 베르디의 오페라를 보고 나서 큰 충격을 받았다. 베르디가 그 오페라를 여든 살에 작곡했으며, 그 후에도 더욱 완벽한 작품을 만들기 위해 노력했다는 사실을 알게 되었기 때문이다. 이후 피터 드러커는 당시의 충격을 되새기며 늘 완벽을 추구했다. 물론 그는 살아가는 동안 완벽이 항상 자신을 피해 갈 것임을 알았지만, 그럼에도 완벽을 향한 열정은 그가 이룩한 위대한 업적의 원동력이 되었다.

피터 드러커뿐만 아니라 성공한 수많은 사람이 완벽을 추구한 결과 후세에 길이 빛날 업적들을 남겼다. 그러므로 완벽을 향한 열정이 사람을 앞으로 나아가게 만드는 원동력임에는 틀림없다.

하지만 '완벽을 추구하는 것'과 '그 결과에 대해 만족하는가' 하는 문제는 다르다. 미국의 코넬 대학 연구팀은 올림픽 경기에서 메달을 받는 선수들의 얼굴 표정을 주목했는데, 재미있는 것은 은메달을 받는 선수보다 동메달을 받는 선수의 표정이 더 만족스러워 보였다는 점이다. 동메달 선수는 까딱했다간 수상대에 오르지도 못하고 돌아갈 뻔했으니 안도와 함께 만족감이 컸겠지만, 은메달 선수는 실력으로는 1등을 못할 것도 아니었는데 억울하게 승리의 여신의 옷자락을 놓쳐 2등을 했다고 생각했을 것이다. 그러니 은메달 선수는 동메달 선수에 비해 만족도가 떨어질 수밖에 없었다. 사실 이러한 현상은 유독 한국 선수들에게 더 확연히 드러난다. 은메달을 받는 한국 선수들 중 열에 여덟은 얼굴이 굳어 있으니까.

동메달을 받은 선수가 은메달을 받은 선수보다 만족도가 높은 것과는 약간 다른 경우지만 서른 명 중에 10등만 해도 만족하는 사람들이 있다. 하지만 1등을 해도 만족하지 못하는 사람들이 있다. 그들은 완벽에 대한 추구가 너무 지나쳐 항상 자신에게 만족하지 못할뿐더러 기쁨도 느끼지 못한다.

영재 씨가 그랬다. 영재 씨는 서른두 해를 살아오면서 지금껏 이름값 못한다는 이야기를 들어 본 적이 없다. 사실 그는 어느 누구에게도 뒤지지 않는 재원이다. 일류대를 졸업하고 미국에서 석사를 딴 후 현재는 국내 외국계 금융 회사에서 그 능력을 인정받고 있다. 그의 외모 또한 탄탄대로 이력만큼이나 깔끔하다. 한 가지 아쉬움이 있다면, 지나칠 정도로 웃음이 없는 사람이라는 점. 그는 항상 진지한 표정으로 일에만 매달렸다. 주변 동료들은 그의 추진력과 꼼꼼함에 다들 기가 질린 상태였다. 심지어 어떤 사람들은 그가 '지나치게 완벽'하다는 것에 이유 없는 반감을 가지기도 했다. 그렇지만 정작 영재 씨 자신은 스스로에 대해 만족해 본 적이 없다. 항상 뭔가가 부족하게 느껴졌다. 그래서 약간의 실수만 해도 '내가 이것밖에 안 되는 사람인가' 라는 자괴감으로 괴로워했다.

얼마 전 영재 씨는 오랫동안 공들인 프로젝트에서 큰 성공을 거두었다. 특별 휴가와 포상금이 나왔고, 동료들도 모두 축하해 주었다. 그러나 기쁨도 잠시, 다음 날 모처럼 빈은 휴가 덕분에 늦잠을 자고 일어난 그는 마음이 무거워졌다. 어제의 성공이 별것 아닌 것처럼 여겨지고, 그깟 것 조금 잘했다고 늦잠을 잔 자신이 한심하게 느껴졌다. 이처럼 자신에게 너무 완벽함을 요구하면 기쁨을 느끼고 즐길 수 있는 능력을 잃어버린다. 기쁨을 좀 더 만끽해도 좋을 시간에 자신을 계속 채찍질하게 되는 것이다.

자아이상이 너무 높은 것은 아닌지 살펴보라

아무리 성공해도 만족하지 못하는 사람들은 유달리 자아이상이 높다. 그래서 이상적인 자신의 모습과는 거리가 먼 초라한 자신에 대해 항상 열등감과 수치심을 가질 수밖에 없게 된다.

영재 씨도 그랬다. 아버지의 욕심은 아무리 노력해도 만족시킬 수 없는 것이었고, 그 아버지의 눈에 영재 씨는 항상 부족하고 못난 아들이었다. 유난히 성취욕이 강했던 아버지는 똑똑한 아들을 통해 자신이 가난 때문에 이루지 못한 꿈을 대신 이루고자 했다. 그래서 아버지는 어렸을 때부터 영재 씨를 아주 호되게 공부시켰다. 덕분에 영재 씨는 전교 1등이 찍힌 성적표를 내밀면서도 아버지의 눈치를 살펴야 했다.

"이깟 동네 학교에서 1등 해 봤자 그게 무슨 소용이야. 전국 등수를 봐야지. 도대체 넌 만날 공부한다고 앉아서 뭐 하는 거냐?"

그래서 영재 씨는 상을 받고 1등을 해도 별로 기쁜 줄을 몰랐다. 그리고 언젠가부터 아버지가 바라는 아들이 되지 못하는 데 대한 자괴감으로 괴로워하기 시작했다. 하지만 친구들은 그의 심한 자기 비하를 도저히 이해할 수 없었다. 직장에서도 마찬가지였다. 다른 사람 같으면 껑충껑충 뛰면서 기뻐할 일도 항상 별것 아닌 듯 심드렁해하는 그는 주변 사람들에게 '밥맛 없는 사람'일 수밖에 없었다.

'성공 강박증'이 이유일 수도 있다

레지던트 교육 기관에서 근무했을 때의 경험이다. 어떤 해에 교육

병동장을 맡은 적이 있었다. 내 아래 레지던트가 예닐곱 명 있고, 간호사와 간호조무사가 열다섯 명 가까이 있었다. 아침에 병동 회의에 들어가면 그들은 모두 일어서서 나를 맞이했고, 내가 앉은 후에야 자리에 앉았다. 그리고 내 지시는 곧 그 병동의 법이었다.

'이런 작은 조직에서도 보스를 하는 게 이렇게 좋은데, 대통령이 되면 절대로 그 권력을 놓고 싶지 않겠다.'

그때 나는 '권력에의 의지(will to power)'가 인간의 본성이란 아들러의 말에 절실히 공감했다.

그런데 현대 사회에서는 승리한 자만이 권력을 차지하고, 성공했다는 말을 듣는다. 19세기까지만 해도 성공은 이전 세대를 능가하고 다음 세대를 위하여 준비하려는 노력의 일환으로서의 의미가 컸다. 또한 성공은 다른 사람들의 평안과 안녕에 기여한다는 도덕적 의미를 지녔다. 하지만 현내 사회에서 성공은 경쟁자들과의 싸움에서 승리함으로써 자신의 능력을 과시하는 극히 개인적인 목적을 띤다. 그러다 보니 성공하지 못하는 것은 능력이 없고 노력이 부족한 인생의 패배자요 실패자가 됨을 뜻한다. 사실 요즘 젊은이들이 성공을 향해 물불 안 가리고 질주하는 것도 어쩌면 실패자가 되는 것에 대한 두려움이 크기 때문인지도 모른다.

실패에 대한 두려움은 성공에 대한 강박을 낳는데, 그것이 지나치면 어디서건 경쟁을 통해 일인자가 되어야 하고 다른 사람을 짓밟고 승리해야만 인생에서 제대로 성공했다고 느낀다. 메디컬 드라마 '하얀 거탑'에서 장준혁의 장인은 이러한 현실을 다음과 같이 표현한다.

"누가 술잔에 독을 넣을지 알게 뭐야. 센 놈이 살아남는 게 아니라 살아남는 놈이 센 놈이야. 들여다보면 너나 나나 안 떨어지려고 죽을힘 다해 애쓰는 건 똑같아."

살아남기 위해 반드시 성공하겠다고 마음먹은 사람들은 만족을 모른다. 최고의 자리에 올라가기 전까지 만족은 있을 수 없기 때문이다. 그래서 조그만 성공으로 기뻐하는 것을 스스로 허락하지 못한다.

만족을 모르는 사람에게 필요한 것

인간은 완벽하지 못하다. 그리고 완벽하지 못한 존재로서의 인간은 인간다움을 유지한다. 작은 일에 기뻐할 줄 알고, 타인을 따뜻하게 맞이하고, 서로의 부족한 면을 함께 나누고 채워 주며, 서로의 잘못을 용서하고 웃어넘길 줄 아는 것이다. 하지만 자아이상이 너무 높거나 성공 강박증에 걸려 있어 만족을 모르는 사람들은 '인간다움'이 부족하다.

영화 '사랑의 레시피'에서 주인공으로 나오는 케이트. 유명한 레스토랑의 주방장인 그녀는 하루 종일 많은 요리사를 지휘하며 최상의 요리를 만들기 위해 노력한다. 동료들과 점심을 먹으면서도 열심히 레시피를 보며 요리를 연구할 정도다. 그녀는 자신에게 문제가 있다고 생각해 본 적이 없다.

그런데 새로 들어온 부주방장 닉이 감히 그녀의 삶을 뒤흔들기 시작한다. 일할 때도 오페라를 즐겨 듣는 닉은 함께 일하는 사람들을 늘 웃게 만든다. 삶과 요리에서 자연스러움을 추구하며 일을 즐길 줄 아는 닉은 금세 주방의 스타로 떠오른다. 케이트는 어느 순간 자신이 주방에 들어가면 모든 이가 웃음을 멈추고 긴장한다는 사실을 깨닫는다. 그 후 케이트는 닉을 통해 주위 사람들과 같이 호흡하며 일하는 즐거움을 찾게 된다.

당신이 만일 케이트처럼 자신에게 완벽함만 요구하고 있다면 한 번 생각해 볼 일이다. 당신이 추구하는 완벽이 과연 무엇인지, 그 완벽이 혹시 당신을 늘 부족하다고 지적하는 당신의 부모가 바라던 것은 아닌지…….

완벽이란 어떤 인간에게든 애당초 불가능한 것임을 명심하라. 인간이 가장 아름다울 때는 그가 시극히 '인산석'이라고 여겨지는 순간이다. 그러니 무언가 작은 것이라도 성취하면 그 기쁨을 충분히 누려라. 그렇게 조금씩 당신 안으로 들어온 기쁨들은 당신을 긍정적으로 변화시키고, 당신의 잠재력을 꺼내 줄 것이다.

완벽에 대한 강박을 버리고 만족의 기쁨을 누릴 줄 알게 되면, 당신은 분명 그 전보다 훨씬 행복해질 것이다. 그러면 성공도 따라올 수밖에 없다. 성공한 사람이 행복한 게 아니라 행복한 사람이 성공하는 법이니까.

인생을 숙제처럼 사는 사람들

정아 씨는 오늘도 피곤에 지쳐 집에 들어오자마자 자리에 누웠다. 옷을 바꿔다 달라는 남자 친구의 부탁을 들어주고 오는 길이었다. 남자 친구는 바쁘다며 고맙다는 인사 한마디 던지고는 곧바로 사무실로 들어가 버렸다. 바쁘기로 치면 자신도 만만치 않지만, 이해해 주기로 했다. 직장을 옮긴 지 얼마 안 돼 다른 사람들 눈치를 봐야 했을 거라고 여기면서.

정아 씨는 일명 천사로 통했다. 직장에서도 누가 어려운 일을 겪으면 발 벗고 나서고, 남의 부탁을 거절하는 법이 없었다.

나는 정아 씨와 똑같은 인물을 '가족의 탄생'이라는 영화에서도 발견했다. 바로 채현이라는 인물이었는데, 어쩌면 그리도 정아 씨와 똑같은지……. 그녀는 누가 돈이 필요하다고 하면 선뜻 자기 돈을 쥐어 주고, 누가 외롭다고 부르면 언제든 달려가 술친구가 되어 준다. 그런데 이런 여자를 애인으로 둔 남자는 어떨까? 그는 자신이 그녀에게 과연 중요한 사람이기는 한 건지 의심하게 된다. 그러던 어느 날 그는 또 다시 다른 사람을 챙기느라 자신과의 약속을 저버린 그녀에게 화가 나서 말한다.

"우리, 그만두자."

세상을 숙제처럼 사는 사람들이 있다. 자신이 아니면 안 되는 것처럼 세상의 모든 짐을 혼자 지고 가는 사람들, 직장에서든 집에서든 어려운 일은 도맡아 하는 사람들, 사랑을 할 때도 애인의 요구를 다 들어주고 애인의 기쁨이 곧 자신의 기쁨이 되는 사람들, 항상 주기만 하고 받지 못하는 사람들. 그들에게는 자신이 어떻게 느끼느냐는 별로 중요하지 않다. 그들을 움직이는 것은 항상 자기 자신의 감정이나 판단이 아닌 타인의 필요와 감정이기 때문이다. 그래서 그들은 오늘도 자기 주장을 하기보다는 언젠가 남들이 자신의 희생을 알아줄 거라 믿으며 힘든 일을 도맡아 하고 있다.

그런데 이상하게도 이런 '천사'들은 그들이 노력한 만큼 인정과 대우를 받지 못한다. 힘든 일은 늘 도맡아 하는데도 말이다. 왜 그럴까? 주변 사람들이 모두 천사를 이용하려 드는 사악한 존재라서? 물론 그런 경우도 있겠지만 대개의 경우 천사들 스스로 무덤을

판다. 그들은 무의식중에 희생을 대가로 애정을 갈구하고, 희생함으로써 상대보다 도덕적으로 우월하다는 것을 증명하고 싶어 하며, 이로써 상대를 꼼짝 못하게 하고 싶어 한다.

그런데 이러한 마음은 상대에게 고스란히 전해지게 마련이다. 따라서 사람들은 천사에게 고마움을 느끼기보다는 왠지 편치 않은 감정을 느끼고 거리를 두게 된다.

게다가 앞의 정아 씨처럼 자기 주장을 전혀 하지 않고 항상 희생만 할 경우, 사람들은 그러한 관계에 익숙해져 으레 그러려니 한다. 천사이니 힘든 일을 하는 것은 당연하고, 하지 않으면 오히려 의아해하며 비난하게 되는 것이다. 그래서 천사가 불평이라도 할라치면 사람들은 아무렇지도 않은 표정으로 "누가 너보고 하랬어? 네가 좋아서 했잖아"라고 말한다.

정신분석적으로 이런 천사파 사람들은 '도덕적 자학증(moral masochism)'으로 분류된다. 이들의 내면에는 '나 아니면 안 돼'라는 과대 자기와 함께, 자신에 대한 강한 죄책감이 있는 경우가 많다. 정아 씨도 그렇다.

정아 씨의 엄마는 매우 차가운 사람이었다. 버릇없어진다고 아이들을 안아 주는 일도 없었고, 아이들이 아프면 짜증부터 냈다. 맏딸인 정아 씨는 두 동생을 돌보면서 엄마의 관심과 사랑을 받기 위해 뭐든 열심히 했다. 그러나 아무리 좋은 성적을 받아 와도, 집안일을 도와도 엄마는 결코 그녀를 칭찬해 주지 않았다. 그녀는 엄마에게 강한 분노를 느꼈다. 그러나 그와 동시에 엄마에게 화를 내는 것에 대한 강한 죄책감을 가졌고, 자신이 엄마에게 화를 내는 나쁜 아이이기 때문에 엄마가 자신을 사랑하지 않는 것이라 생각했다. 그녀는 죄책감을 씻기 위해 굳은일을 도맡아 했으며, 그럼으로써 나쁜 자신을 처벌하고자 했다.

그런데 정아 씨의 자학적 행동 뒤에는 강한 나르시시즘이 도사리고 있다. 그녀의 무의식에는 희생함으로써 엄마보다 도덕적 우위에 서고, 남들이 자신을 필요하게 만들어서 자신이 중요하다는 느낌을 가지려는 동기가 있었던 것이다.

만일 당신이 직장에서 힘든 일을 도맡아 하고 남의 부탁을 거절하지 못하고 있다면 생각해 보라. 혹시 사랑의 거래로 희생을 택한 것은 아닌지……. 사랑과 인정을 받기 위한 희생은 사랑을 대가로 자기를 내주는 모양이 되고 만다. 즉 사기를 상실하게 되는 것이다. 만일 그렇다면 당신은 사랑을 얻기 위해 너무도 많은 것을 잃어버리고 있다. 무엇보다 당신 자신을 잃어버리는 것과, 당신을 있는 그대로 사랑해 줄 타인을 얻을 기회를 잃어버리는 것이 문제다. 그러면 언젠가 당신은 희생에서 기쁨을 느끼기보다는 분노를 느끼게 되고, 그 결과 만성적 공허와 우울에 빠질 수밖에 없다. 그러니 진심으로 기쁨을 느낄 수 있는 희생이 아니라면, 내일부터 그만 해도 좋을 것 같다.

나는 왜
남에게 일을 맡기면
불안해하는가?

작은 무역 업체 과장인 영우 씨는 오늘도 밤늦게까지 야근이다. 덕분에 그의 부하 직원들도 꼼짝없이 야근을 하고 있는데 불만이 가득한 얼굴들이다. 그런데 그건 영우 씨도 마찬가지다. 9시쯤 되었을까. 아직도 잔뜩 쌓여 있는 문서들을 보고 영우 씨가 폭발하고 말았다.

"일 좀 똑바로 할 수 없어?"

참다못한 신 대리가 한마디 한다.

"저희가 못한 건 또 뭡니까?"

"당신들이 똑바로 하면 내가 이렇게 일일이 확인하고 있겠어? 나도 일찍 퇴근하고 싶다고."

사실 이런 분위기는 영우 씨에게 거의 일상이나 다름없다. 그는 도대체 요즘 젊은이들을 이해할 수가 없다. 왜 그리 일을 대충대충 하는지, 그리고 왜 그리 틀린 곳이 많은지. 자신이 일일이 확인하지 않으면 일이 엉망으로 돌아갈 게 뻔하다. 그래서 그는 자기 일 외에도 부하 직원들 일까지 하나하나 체크해야 한다. 그가 부하 직원의 큰 실수를 발견한 적도 분명 있다. 하지만 대부분은 표식에 줄을 넣지 않거나, 오타가 나거나, 표현이 매끄럽지 않은 등 사소한 것들이다. 영우 씨는 일뿐만 아니라 사무실 구석구석 참견하지 않는 데가 없다. 물건이 제자리에 없다거나, 수건이 비뚤어지게 걸려 있다거나, 하물며 다른 사람 책상이 지저분한 것까지 잔소리를 한다.

우리의 일터에는 꼭 영우 씨 같은 사람이 있다. 다른 사람을 믿지 못하고 모든 것을 직접 해야만 그나마 안심하는 사람들. 그들은 늘 마음이 편치 않고, 긴장 상태에 있으며, 항상 분주하다. 이것저것 신경 쓸 게 많기 때문이다. 한편 그들은 어쩔 수 없이 남에게 일을 시키긴 해도 언제나 좌불안석이다. 일이 어떻게 진행되는지, 얼마나 진행되었는지 모든 상황을 다 파악하고 있어야 한다고 생각하기 때문이다.

사람들은 그들을 보고 '남을 절대 믿지 못하고, 자기만 믿는 사람'이라고 하지만 실은 그렇지 않다. 그들은 자기 자신도 믿지 못한다. 그래서 일 진행 속도가 느리다. 꼼꼼한 건 좋은데, 틀린 게 없나 확인하느라 때론 큰 것을 놓치는 경우도 있다. 그러다 보니 남보다 열심히 일하지만 성과가 그리 좋지는 않다.

모든 것을 직접 해야만 안심하는 사람들은 공통적으로 강박적 성향을 보인다. 계속 반복해서 확인해야만 하고, 사소한 것들에 집착하고, 물건이 흐트러져 있는 것을 견디지 못해 항상 정리 정돈해야 하는 이들은 마음 편할 날이 없다.

앞의 영우 씨가 그런 성향을 가지게 된 데는 어머니의 영향이 컸다. 그의 어머니에게는 결벽증이 있었다. 매일 쓸고 닦고 정리 정돈하기를 반복했고, 아이들에게도 그럴 것을 강요했다. 그래서 아이들이 집 안을 조금만 어질러도 혹독하게 혼냈으며, 글씨도 줄을 맞추어 항상 반듯하게 쓰게 했다. 이런 어머니에 대해 영우 씨는 극심한 분노를 느꼈다. 그러나 어려서부터 어머니로부터 혹독한 훈련과 강한 금지를 받아 온 그에게는 엄격하고 융통성 없는 초자아가 형성되었다. 따라서 지나치게 양심적이 되었다. 이런 그에게 부모를 향한 분노는 감히 용납될 수 없는 것이기에 분노를 마음속 깊이 억압할 수밖에 없었다.

하지만 그렇다고 쉽게 가라앉을 분노가 아니었다. 그래서 그는 자꾸만 밖으로 튀어나오려는 분노를 처리하기 위해 '취소'라는 방어 기제를 발달시켰다. 이는 일을 망쳐 버리고 싶은 충동을 최대한 억압하고 그런 충동이 가져올 수 있는 결과를 취소하는 것이다. 따라서 그는 행여 일을 망칠까 봐 확인하고 또 확인한다.

영우 씨는 어머니에 대한 사랑과 미움 사이에서 어쩌지 못하는 상태이기도 하다. 극심한 양가감정 사이에서 항상 이럴까 저럴까를 고민하느라 선뜻 결정을 내리지 못하고 우유부단하다. 그래서 일 처리 속도가 느릴 수밖에 없다.

다른 사람을 믿지 못하고 모든 것을 직접 해야만 하는 사람들. 그들은 매우 외롭다. 아무도 믿지 못하고 사사건건 간섭하는 사람을 누가 좋아하겠는가. 그런데 타인을 믿지 못한다는 것은 언제든지 푹 빠질 수 있는 그물 위를 걷는 것과 같다. 언제 빠질지 몰라 항상 긴장하고 불안한 상태로 사는 것이다. 그들은 세상을 있는 그대로 느끼고 즐길 수 있는 자유 또한 잃어버린다. 세상은 항상 대비하고 준비해야 할 위험천만한 그 어떤 것이고, 다른 모든 사람은 믿지 못할 엉망진창인 사람들이기 때문이다.

만일 당신 또한 다른 사람들을 믿지 못하고 모든 것을 직접 해야 마음이 놓이는 사람이라면, 그래서 항상 피곤하고 화가 나 있는 상태라면 한번 생각해 보라. 당신은 스스로를 믿고 있는지, 다른 사람들은 과연 당신을 믿고 있는지 말이다. 분명한 것은 당신이 다른 사람을 믿지 못하는 한 다른 사람들도 당신을 믿지 못한다는 것이다. 신뢰란 서로 주고받는 것이므로.

만일 당신이 스스로 선한 사람임을 믿는다면, 당신이 틀릴 수 있는 존재라고 생각한다면, 그러나 그 틀림을 수정할 능력도 있으며 틀릴 때보다 맞을 때가 훨씬 더 많음을 확신할 수 있다면, 다른 사람도 당신과 비슷하다는 것을 알게 될 것이다. 그러면 당신 마음을 꽉 채우고 있는 불안과 긴장을 조금이나마 덜어 내고 그 자리에 자유로움과 넉넉함을 들여놓을 수 있을 것이다. 또한 세상이 조금만 발을 헛디뎌도 낭떠러지로 떨어지는 위험한 곳이 아니라 사람들끼리 서로 믿고 도우며 살아갈 수 있는, 그래도 살 만한 곳임을 알게 될 것이다. 그리고 세상은 정말 그렇다.

나는 지금 쓸데없이 시간만 허비하고 있는 것은 아닐까?

대학교 3학년 때부터 사법고시를 준비해 온 K군. 그는 졸업 후에도 수년을 고시원에서 수험서를 파며 보냈으나 매번 낙방의 고배를 마셨다. 이번이 정말 마지막이다 생각하고 올인 했던 시험조차 실패로 끝난 어느 겨울, 그는 아무도 모르게 한 중견 기업에 입사했다. 좌절의 끝에서 시작한 사회생활이었지만, 그는 맡은 업무에서 의외의 재미를 찾았고 하는 일마다 성과도 높았다. 그래서 그와 함께 일하는 상사들 모두 그에게 만족감을 드러냈다.

"자네 같은 사람이 진작 우리 회사에 들어왔어야지. 그동안 뭐 하고 이제 왔어?"

그러나 이런 칭찬을 들을 때마다 K는 마음이 편치 않았다. 신입 사원으로는 결코 적지 않은 나이가 목에 걸렸고, 그럴 때마다 고시원에서 썩힌 수년의 시간이 너무 아깝게 느껴졌다.

'도대체 난 그 황금 같은 20대를 뭐 하고 보낸 거지? 차라리 졸업하고 바로 취업할걸. 그랬으면 지금쯤 벌써 몇 년차야?'

더 이상 생각하기 싫은 듯 눈을 질끈 감아 버리는 K. 그러고 보면 여자 친구와 헤어진 것도 그 빌어먹을 고시 때문이었다. 여자 친구는 취업을 하라고 권했지만 그는 죽어도 고시를 포기할 수 없었다. 그것은 곧 헤어짐의 이유가 되고 말았다. 만약 그때 취업을 했다면 여자 친구와 결혼에 골인했을지도 모를 일이다.

모든 것은 다 때가 있다

K에게 고시를 준비했던 6년의 세월은 인생에서 지워 버려야 할 공백에 다름 아니었다. 그러나 나는 그렇게 생각하지 않는다. 기나긴 수험 생활을 통해 그는 집중력과 끈기와 근성을 배웠을 것이다. 그리고 떨어져도 다시 도전했던 몇 번의 경험을 통해 그는 뭐든 두려워하기보다 일단 부딪쳐 보자는 용기를 얻었을 것이다. 실패해도 다시 일어날 수 있다는 확신도 가지게 되었을 것이다. 무엇보다 자명한 사실은 그가 공부하며 섭렵한 무수한 지식이 그의 정신을 살찌웠다는 것이다.

K는 강남에 큰 병원을 개업해 승승장구하고 있는 내 대학 동기

를 떠올리게 했다. 그 친구는 어려운 환경에서 각종 아르바이트로 학비를 벌어 가며 의과 대학을 어렵게 졸업했지만, 지금은 자기 분야에서 인정받는 병원 원장이 되었다. 그런데 그 친구는 병원이 잘 되냐는 질문을 받을 때마다 하는 소리가 똑같다. 진작 개업하지 않고 먼젓번 병원에서 월급 받으며 허비한 시간이 너무 아깝다는 것이다. 나는 그에게 이렇게 말했다.

"여보슈, 당신이 이제야 개업을 한 건 그 전까지 당신이 준비가 안 되었기 때문이지. 그 전에 개업했다면 이렇게 성공하긴 힘들지 않았을까? 먼젓번 병원에 있으면서 당신은 계속해서 실력과 경험을 쌓았고, 그러면서 사람들에게 이름을 알려 온 게지. 또 알게 모르게 병원 경영에 대해서도 정보를 수집했을 테고, 마음의 준비도 했을 거잖아. 만일 5년 전에 당신이 개업한다고 했다면 은행에서 선뜻 그 큰돈을 빌려 줬겠수? 뭘 믿고? 그러니 시간을 허비했다는 쓸데없는 생각은 그만 하시구려."

나 역시 직장에서 독립해 병원을 개업한 경험이 있다. 8년 전까지만 해도 나는 국립정신병원에서 근무하고 있었으니까. 나는 그곳에서 12년 동안 일했다. 10년 넘게 한직장을 다니며 그만두겠다는 소리를 한 번도 안 해 봤다면 거짓말일 것이다. 나 또한 사람인지라 억울하거나 그냥 답답하다고 느껴질 때마다 입버릇처럼 중얼거리곤 했다.

"에이, 그냥 그만둬 버릴까 보다."

그러나 그 말은 직장에 실망하고, 사람들에게 실망하고, 나에게 실망하는 가운데 속이 상해 한숨처럼 내뱉는 말이었을 뿐 진짜 그만두겠다는 말은 아니었다.

그런데 어느 시점부턴가 나의 내면을 두드리는 소리는 그만둘 시기가 무르익었다는 듯 절실했다. 나는 항상 똑같은 생활에 지쳐 있었고, 의사지만 공무원이기도 한 신분 때문에 처리해야 하는 행정적인 업무들에 넌더리가 났다. 한편으론 환자를 보는 것에 어느 정도 자신감이 생겼고, 그즈음엔 다른 사람들에게도 인정을 받아 많은 환자를 의뢰받고 있었다. 나는 결국 그곳을 떠나기로 결심했다. 일단 그만두기로 결정하고 나니 나의 청춘이 고스란히 묻어 있는 그곳이 애틋하게 느껴졌다. 그리고 툴툴대며 다녔던 그곳에서 내가 얼마나 많은 것을 배우고 성장했는지도 깨닫게 되었다. 사실은 그런 면에서 나는 그곳에 빚을 진 사람이다. 그곳의 12년이 나를 여기까지 오게 해 줬으니 말이다.

그렇게 고마움을 안고 나는 정든 직장을 떠났다. 쉽지 않은 결정이었지만 돌이켜 봐도 그때만큼 적기는 없었던 것 같다. 그 일로부터 나는 다시 한 번 깨달았다. 모든 것은 다 때가 있음을, 준비가 되어야만 비로소 내 마음이 움직이기 시작한다는 것을…….

권태로운 시간을 두려워하지 마라

사람들은 때때로 지금 다니고 있는 직장에서 아까운 시간을 그냥 흘려보내는 건 아닌지 초조해한다. '내가 할 일은 이게 아닌데, 더 나은 곳이 분명 있을 텐데……' 하면서 이러지도 저러지도 못하는 우유부단한 자신을 탓하고 불안해하는 것이다.

그러나 쓸모없는 시간은 없다. 당신의 이성은 떠나라고 하지만 마음속 어딘가에서 주저하는 소리가 계속 들린다면 아직 주변 여건이 무르익지 않은 건 아닌지, 마음의 준비가 덜 된 건 아닌지 살펴봐야 한다. 다시 한 번 내면의 목소리에 귀를 기울여야 하는 것이다. 지금 당신이 해야 할 일이 무엇인지 그 답은 당신 안에 있을 테니까.

현대인들은 권태를 견디지 못한다. 그래서 직장이나 결혼 생활이 권태롭게 느껴지면 뭔가가 잘못된 거라고 더럭 겁을 낸다. 하지만 권태로움은 우리 인생의 한 조건으로, 계속 반복되는 일에 권태를 느끼는 것은 당연한 일이다. 그러나 권태의 시기는 아무것도 하지 않는 시간이 아니다. 당신이 권태로워하고 있는 동안 마음속에서는 오히려 많은 작업이 활발하게 이루어진다. 이제까지 쌓아 온 경험을 무의식적으로 분석하고 통합하며 소화해 내는 작업이 이루어지고 있는 것이다. 그러니 아까운 시간을 허비하고 있다는 생각으로 불안해하지 말고, 권태로운 시간을 두려워하지 말고, 그 시간을 즐겨라. 너무 오래가지만 않는다면 나중에 깨닫게 될 것이다. 그 시간이 있었기에 지금의 당신이 있음을 말이다.

나는 왜 끊임없이
남과 비교하는가?

누구나 제일 듣기 싫어하는 말이 남들과 비교하는 말일 게다. 만약 엄마가 "성적이 왜 이 모양이니? 공부를 하긴 한 거니?"라고 야단치면 속은 상하지만 미안한 마음도 조금 든다. 그러나 "네 동생은 공부 잘하는데 넌 어째 동생만도 못하냐?"라고 말하면 미안한 마음이 눈곱만큼도 들지 않는다. 그저 자존심이 상하고, 화가 머리끝까지 치밀어 오르고, 반항하고 싶은 마음만 생겨날 뿐이다. 해마다 어린이날 행사로 어린이들이 어른들에게 바라는 점을 물어보면, 어김없이 1위로 나오는 것이 있다.

"제발 비교하지 마세요!"

이렇게 비교당하는 것이 죽기보다 싫으면서도 우리는 스스로를 끊임없이 남과 비교하는 버릇이 있다. 옷차림을 비교하고, 차종을 비교하고, 학력을 비교하며, 집의 크기를 비교하고, 남자 친구나 여자 친구의 외모와 수입을 비교한다. 하다못해 손에 든 '떡'의 크기마저 비교하기도 한다. 이렇게 끝없이 남들과 비교하는 심리는 조금이라도 다른 사람보다 더 우위에 서고 싶은 마음에 근거한다. 그럼으로써 남들보다 더 사랑받고 인정받을 수 있으며, 더 많은 파워를 가지고 있음을 확인하고 싶은 것이다.

사실 이런 비교 심리는 거의 본능적이라고 할 수 있다. 우리는 태어나서 한참을 혼자서는 아무것도 못하는 무력한 갓난아기로 있어야 한다. 이에 비해 언니 오빠는 나보다 크고 자기 마음대로 할 수 있다. 자존심이 상하는 일이다. 그래서 우리는 그들을 시기하고 질투한다.

사실 따지고 보면 형제자매는 우리가 태어나 최초로 맞는 일생일대의 적이다. 만약 내가 첫째로 태어났다고 해도 비교 대상이 없는 것은 결코 아니다. 어느 날 갑자기 동생이 나타나더니 엄마의 품과 젖을 빼앗고 온 가족의 사랑과 관심을 앗아 간다. 그러면 동생이 얄미울 수밖에 없다. 오죽하면 카인이 동생인 아벨을 시기 질투하여 살인을 저질렀겠는가. 이렇게 시작된 비교는 일생을 통해 지속된다.

비교 심리가 본능적이라는 견해는 심리 실험에 의해서도 밝혀진 바 있다. 네덜란드의 심리학자 디데릭 스테이플은 대학생들을 모아 놓고 두 그룹으로 나누어 서로 다른 인물 사진을 보여 주었다. 0.11초라는 짧은 시간 동안 사람들은 시킨 것도 아닌데 사진 속의 인물과 자신을 비교했고, 그 결과는 흥미로웠다. 아인슈타인의 사진을 무의식중에 본 학생들은 광대의 사진을 본 학생들보다 자신을 덜 똑똑하다고 느꼈고, 매력적인 외모의 스타를 본 학생들은 일반인을 본 학생들보다 자신을 덜 매력적인 것으로 평가했다. 이 실험은 우리의 뇌가 무의식중에도 끊임없이 비교 활동을 하고 있음을 여실히 보여 준다.

본능적인 비교는 서른 살이 되어도 계속된다. 서른 살은 그동안의 준비와 노력의 결과가 가시화되어 나타나는 시기이자, 또 다른 미래를 향해 출발하는 시기이다. 그렇기 때문에 경쟁이 무척이나 치열하다. 누가 더 능력 있으며, 누가 더 먼저 위로 올라가는지, 누가 더 결혼을 잘하며, 누가 더 다른 사람들로부터 인정받는지 등등……. 그렇기 때문에 그 어느 때보다도 비교하고 비교당하는 일이 많아진다.

그런데 비교가 지나쳐 아주 사소한 것까지도 타인과 비교하고, 아무것도 아닌 것에 일희일비하는 사람들이 있다. 이들은 내적으로 자존감이 낮고 열등감이 많다. 그래서 과연 자신이 괜찮은 사람인지를 끊임없이 남과 비교함으로써 확인하려 한다. 또한 이들은 해결되지 않은 형제간 갈등으로 매사에 다른 사람을 경쟁자로 보고 이기고 싶어 하는 경향을 보인다.

그럴 때는 비교하는 버릇이 얼마나 부질없는가를 상기해 볼 필요가 있다. 물론 단기적으로 볼 때는 비교가 경쟁심을 촉발시켜 스스로 더욱 분발하게 되므로 긍정적인 측면이 분명 있다. 하지만 장기적으로 본다면 비교는 도전 정신과 새로운 세계를 경험하고 배울 수 있는 기쁨을 앗아 가 버린다. 왜냐하면 비교의 늪에 빠지다 보면 어떻게든 남들 눈에 잘 보이는 게 급선무가 되어 내가 자신 있는 것, 내가 잘하는 것에만 매달리게 되기 때문이다. 금방 결과가 나오지 않는 것, 새로운 것, 더 노력해야 하는 것 등은 시도조차 하지 않게 되는 것이다. 그래서 지나친 비교는 무척이나 고단하고 비생산적인 인생을 초래한다.

　모든 사람은 각자 나름대로 자기만의 특성과 아름다움을 지니고 있다. 그것은 고유한 것으로 비교될 수 있는 성질의 것이 아니다. 그리고 인생의 목적은 남들보다 더 우위에 서기 위함이 아니다. 그저 인생을 더 느끼고, 더 즐기고, 행복해지면 된다. 그러니 안 그래도 남과 비교할 수밖에 없는 인간으로 태어난 마당에 비교의 버릇을 또 한 번 덧대려 하지 마라.

일과 삶의 균형을 찾는
방법 네 가지

"나는 내 일을 사랑한다. 계약서에 존재하는 허점을 찾아내는 데에서 오는 짜릿한 만족감을 사랑한다. 협상을 끝맺었을 때 쫙 밀려들어 오는 아드레날린의 흥분감을 사랑한다. 협상, 논쟁, 그리고 회의실에서 가장 중요한 핵심을 찔렀을 때의 그 스릴을 사랑한다."

소피 킨셀라가 쓴 『워커홀릭』에서 사만타의 이야기다. 스물아홉 살의 그녀는 런던의 최고 로펌에서 일하는 일류 변호사이다. 그녀는 모든 스케줄을 분 단위로 기록하고, 6분 만에 섹스를 끝내고는 곧바로 이메일을 체크한다. 그 정도로 바쁜 그녀에게 6분 동안 아무것도 안 하고 있는 것은 있을 수 없는 일이다. 보통 사람 같으면 그렇게까지 바쁘게 살 이유가 있나 회의를 느낄 법도 한데 그녀는 그렇지 않았다. 그녀는 누구보다도 자신의 일을 사랑했고, 자신의 삶에 만족했다.

사만타는 전형적인 일중독 환자라고 할 수 있다. 매일 밤늦게까지 사무실에서 야근을 하고, 그것도 모자라 일거리를 집으로 가져와 밤샘을 밥 먹듯이 하는 그녀는 일 이외의 다른 즐거움은 생각해 볼 수도 없다. 그녀는 오직 성공하고 인정받기 위해 자신의 모든 것을 일에 걸 뿐이다.

그런데 사만타는 어느 날 돌이킬 수 없는 실수를 저지르고 만다. 사소한 업무 처리를 깜빡하는 바람에 로펌의 대고객으로 있는 회사에 자그마치 5000만 파운드의 손해를 입힌 것이다. 자신이 저지른 어처구니없고 엄청난 실수에 혼이 나간 사만타. 그녀는 이 위기를 어떻게 헤쳐 나갈까?

30대는 바쁠 수밖에 없는 시기이다. 일단 결혼과 출산이라는 인생의 두 가지 큰 화두가 쌍두마차처럼 지나간다. 직업적으로도 어떤 분야에 종사하든 하는 일이 점점 많아지면서 계속해서 자신을 업그레이드하지 않으면 안 된다. 내 인생에서도 제일 바빴던 시기가 바로 30대가 아니었나 싶다. 전문의가 되면 공부에서 해방되나 싶었는데 본격적인 공부는 전문의를 딴 이후에 시작되었다. 환자를 보고, 레지던트들을 교육시키고, 학회 활동을 하면서 틈틈이 논

문도 써야 했던 그때 나는 정말 눈코 뜰 새 없이 바빴다. 아이들을 재우고 11시가 넘어서 책상에 앉아 공부를 한 뒤 2~3시에 잠을 자는 빡빡한 날들의 연속이었다. 하지만 그래도 나는 그때 일하고 공부하는 게 즐거웠다. 아무도 그렇게 살라고 강요한 사람은 없었지만 나는 그 시간들을 통해 의사로, 한 인간으로 성장하고 있음을 뿌듯해했다. 그러고 보면 나의 30대는 정신분석 전문의가 되기 위한 일종의 경력 강화의 시기였다. 아마도 30대를 그렇게 보내지 않았다면 오늘의 내가 없을는지도 모른다.

그러나 그렇다고 내가 일중독자는 아니었다. 일중독자는 일을 통한 자기 성취감에 빠져 건강을 돌보지 않고 휴가도 미룬 채 일에만 몰두하는 사람들을 가리키는 말이다. 어떤 경우에는 결혼이나 연애도 일에 방해가 된다 싶으면 뒤로 미룬다. 이들은 일을 하고 있는 동안에만 살아 있다는 느낌을 받고, 일을 통한 성취만이 자신을 증명하는 길이라 여기기 때문에 일이 없으면 굉장히 불안해한다. 그래서 심지어 머리를 잠시 식힌다고 휴가를 가서도 온통 일 생각뿐이다.

일중독자들은 보통 자신이 일에 중독되었다고 생각하지 않는다. 그들이 스스로 문제가 있음을 발견하는 것은 갑자기 몸에 원인 모를 이상 증상이 발생하거나, 사랑하는 사람과의 관계가 극으로 치달았을 때 등이다. 일로 인해 삶이 피폐해진 후에야 자신에게 문제가 있음을 알게 되는 것이다. 그렇다면 현실적으로 일중독에 빠져 삶을 망치기 전에 자신을 추스르려면 어떻게 해야 할까?

첫째, 제일 먼저 휴가 계획부터 세워라

휴식이란 살아 있는 모든 생명체에게 반드시 필요한 것이다. 쉬지 않고 일하면 몸뿐만 아니라 정신까지도 누적되는 피로에 마모되어 버린다. 그럴 경우 다른 때 같으면 어떻게든 수습했을 실수도 감당하지 못하게 된다. 『워커홀릭』에서 사만타가 도망갈 수밖에 없었던 이유도 실은 판단력이 마비되어 버리고 겁에 질린 상태에서 취할 수 있는 방법이 그것밖에 없었기 때문이다.

물론 소설에서 그녀의 도망은 오히려 전화위복의 기회가 된다. 그녀는 얼떨결에 시골 마을에 있는 집에 가정부로 취직하고, 평소 자신이 경멸해 마지않던 집안일과 씨름하면서 지금까지와는 전혀 다른 인생을 살게 된다. 그리고 소박한 농촌 남자와 사랑에 빠져 진정한 삶의 행복을 찾는다.

하지만 현실적으로 사만타의 길을 좇아가기엔 무리가 있다. 모든 열정을 쏟아 붓던 일을 하루아침에 내팽개칠 수 있는 사람이 얼마나 있겠는가. 또 돈을 벌어야 하는 상황에서 술 중독 치료를 위해 술을 끊듯 일을 끊을 수는 없는 노릇 아닌가. 그래서 나는 일중독자들에게 최선책으로 이렇게 말한다.

"지친 머리로는 일할 수 없다. 지쳤을 때는 재충전하라."

그런데 일중독자들은 그런 충고를 들으면 '누가 그런 거 몰라서 안 쉬나. 정말 쉴 수 없는 형편이니까 그러지'라는 속엣말을 얼굴에 그대로 드러낸다. '지금 나 혼자 쉴 수 있는 분위기가 아니다',

'이번 일만 끝내면 정말 쉴 거다' 등등의 변명을 구구절절 늘어놓기도 한다. 그런데 웬걸, 매번 그 일이 끝나면 바로 다른 일이 그를 기다리고 있다. 유독 그들, 일중독자들에게만.

가끔은 빈둥거릴 수 있는 자유를 자신에게 허락하라. 만일 빈둥거리다 영원히 뒤처질 것이 두렵거든 자신을 믿어라. 일중독자인 당신은 어느 정도의 휴식을 취한 후에는 다시 일에 열중할 수 있는 사람이다. 왜냐하면 당신은 그런 사람이고 또 그렇게 살아왔으니까. 그리고 휴식은 일과 마찬가지로 억지로라도 그 기회를 만들어야지 저절로 오기를 기다려서는 안 된다. 그러므로 일을 핑계 대지 말고 휴가 계획부터 세워라. 휴가에 맞춰 일정을 조정해야만 당신은 비로소 제대로 휴식을 취할 수 있을 것이다.

둘째, 일이 없으면 왜 불안한가를 생각해 보라

일중독자들은 일이 없으면 뭔가 빠진 것같이 허전하고 불안해한다. 이들은 일에 몰두하고 있을 때만 자신의 존재와 가치를 느낀다. 일을 통한 성취만이 다른 사람들로부터 인정받고 사랑받을 수 있는 길이라고 믿는 것이다.

사만타가 일중독에 빠진 것도 알고 보면 어머니의 사랑을 받기 위해서였다. 딸보다 더한 일중독자인 그녀의 어머니 역시 잘나가는 변호사이다. 어머니는 고작 5분 거리에 있으면서도 딸의 생일날 저녁 식사에 오지 못할 정도로 바쁘다. 그리고 딸이 한 달에 200시간이나 일을 했다고 자랑하면 어머니는 그 정도 해서 어디 다른 사람을 이길 수 있겠느냐고 호통을 친다. 그러니 사만타가 어머니로부터 사랑과 인정을 받는 방법은 오직 다른 사람들을 이기고 성공하는 것뿐이었다. 사실 그녀가 가정부가 된 것도 가정부를 뽑는 면접에서 떨어질 수 없다는 오기 때문이었다.

일중독자들이 원하는, 어머니로부터 사랑받고 싶어 하는 느낌은 다른 모든 종류의 중독자들이 고백하는 내용과 일치한다. 일중독자들이 일에 취했을 때의 느낌은 알코올이나 약물 중독 환자들이 술과 약에 취했을 때의 느낌과 똑같다. 이것은 마치 어머니의 품에 안겨 있는 듯한 대양감과 같은 것인데, 이들이 그런 느낌에 집착하는 이면에는 무시당하고 버림받는 것에 대한 불안과 공포가 자리 잡고 있다.

그린 사만타가 돌이킬 수 없는 실수를 했다는 것은 그녀가 어머니의 사랑을 잃어버리고 어머니로부터 냉대를 당함을 뜻한다. 이런 엄청난 현실 앞에서 그녀는 마치 큰 잘못을 저지르고는 무섭고 냉혹한 어머니 앞에서 벌벌 떨고 있는 가엾은 어린 소녀와 같은 모습이다.

혹시 당신도 일에서의 성취만이 다른 사람의 인정과 사랑을 받을 수 있는 유일한 길이라고 생각하는가? 그렇다면 당신은 일을 하는 와중에도 불안을 느낄 수밖에 없다. 왜냐하면 스스로 작은 실수 하나도 용납할 수 없기에 항상 긴장 상태에 놓인 채로 일에 쫓기기 때문이다. 이쯤 되면 당신은 그저 일의 '노예'일 뿐이다.

만일 성취만이 부모님의 사랑과 인정을 받는 길이라고 생각한다면, 그래서 성취를 하지 못하면 버려질지도 모른다는 불안에 떨고 있다면 생각해 보라. 당신은 더 이상 부모님 없이는 살 수 없는 어린아이가 아니다. 단지 당신의 마음 안에 있는 상처받은 아이가 또 그런 상황이 올까 봐 두려워하고 있는 것이다.

당신은 이제 어른이고 당신 인생의 주인이다. 그리고 당신이 지금 그 자리에 있는 것은 당신에게 그런 능력이 있어서이다. 당신의 힘과 능력을 느끼고 즐겨라. 그러면 당신은 언제 일하고 언제 쉬어야 할지 설계하면서 인생을 즐길 수 있게 될 것이다.

셋째, 당신이 다 해야 한다는 생각을 버려라

살다 보면 해야 할 일이 산더미처럼 쌓일 때가 있다. 일이 많이 주어진다는 것은 그만큼 능력이 있다는 뜻이다. 그러니 직장에서 당신에게 일이 몰린다면 그만큼 당신이 중요한 사람이란 걸 입증하는 셈이 된다. 그러나 모든 일을 혼자 해내려고 하면 당신은 외톨이가 될 가능성이 높다. 다른 사람들은 당신을 곱지 않은 눈으로 보게 될 것이고, 쉬지 않고 일에 치여 사는 당신 역시 지치고 짜증이 나면서 피해 의식에 사로잡히게 될 것이다.

만일 힘에 부칠 정도로 일이 쌓여 있다면 그 가운데 먼저 해야 할 일을 정하라. 당신에게 무리가 되는 일은 남에게 도움을 구하거나 그의 몫으로 남겨 두어라. 다른 사람의 부탁을 거절할 수 있는 능력 역시 매우 중요하다. 왜냐하면 무리한 요청을 받아들였다가 다른 일들을 하느라 제대로 못해 주면 요청을 거절하는 것보다 못하기 때문이다.

　일에 파묻혀 살면 바깥세상을 볼 수 없게 된다. 그러면 삶의 방향감각마저 잃어버리고 판단력도 흐릿해진다. 그러니 지금 당신이 일이 잔뜩 쌓인 방 한가운데에 앉아 있는 형상이라면 우선 그 방부터 정리하라. 이때 일에 우선순위를 정해 가장 중요한 일부터 하고 포기해도 될 일은 깨끗이 포기하는 게 좋다.

　아직도 포기하는 법을 모르고 있다면, 당신은 대부분의 일중독자들처럼 슈퍼맨 콤플렉스에 빠져 있는 것이다. 당신은 슈퍼맨이나 슈퍼우먼이 아니다. 그러므로 당신은 모든 것을 다 할 수 없다. 스스로의 한계를 인정하고 나면 해야 할 일을 적어도 30퍼센트 정도는 줄일 수 있을 것이다.

넷째, 우리는 행복하게 살기 위해 일을 한다

하루 종일 격무에 시달리다 늦은 밤 귀가했을 때 문득 내가 왜 이 일을 하고 있을까 하는 본질적인 물음이 떠오를 때가 있다. 당신에게도 묻는다. 당신은 무엇을 위해 그렇게 열심히 일을 하는가?
　프로이트는 인간의 정신 건강을 나타내는 지표로 '일할 수 있는 능력'과 '사랑할 수 있는 능력'을 꼽았다. 그의 말처럼 우리는 인생에서 일과 사랑이 적절히 균형을 이루고 있을 때 안정감과 행복감을 갖는다. 생각해 보라. 나에게 할 일이 있고 사랑하는 사람이 곁에 있는 것만큼 축복받은 일이 또 어디 있겠는가.

일은 우리에게 생존을 보장해 줌으로써 우리가 다른 활동을 할 수 있는 토대를 만들어 준다. 하지만 이러한 일의 본래 목적을 망각하고 일에만 빠져 살다 보면 다른 즐거움들을 놓치게 된다. 물론 그렇다고 일에서 얻는 성취의 기쁨이나 자기 실현의 뿌듯함을 부정하는 것은 아니다. 그러나 일중독에 빠지면 즐거움도 소멸되어 버린다. 항상 처리하지 못한 일에 쫓겨 초조함과 불안함에 시달리기 때문이다.

일중독자들은 거의 대부분 가족과의 관계에서 어려움을 겪는다. 그들은 가족을 위해 일하는데 왜 그걸 몰라주느냐고 항변하고, 가족은 그들에게 '필요한 건 돈이 아니라 당신이야'라고 말한다. 그러다 보면 서로의 골이 깊어져 어느 순간 일중독자들은 가족에게조차 외면당하게 된다. 그나마 지친 마음을 달래고 쉴 수 있던 마지막 공간마저 없어져 버리는 것이다.

그러므로 당신이 일에 치여 다른 여러 가지 행복을 놓치고 있다면 기억하라. 당신은 행복해지기 위해서 일을 하고 있다는 것을.

그만두기 전에
생각해 봐야 할 것들

신입 사원으로 출근한 지 얼마 안 된 동생이 형에게 묻는다.

"형 대단해. 어떻게 직장을 10년이나 다녔어?"

"왜? 벌써 힘드냐?"

"응. 아침마다 출근하는 게 죽을 맛이야. 앞으로 언제까지 이렇게 살아야 하지?"

"네가 아직 진짜 쓴 맛을 못 봤구나. 2년만 더 다녀 봐라."

직장을 그만두고 싶다는 생각은 보통 2년 정도 다녔을 때 처음으로 찾아온다. 그 다음부터는 수시로 찾아오며 나중에는 하루에도 몇 번씩 그만두고 싶다는 충동에 휩싸인다. 아마 그럴 때마다 사표를 썼다면 우리는 직장을 골백번도 더 옮겼을 게다. 물론 매번 취직이 다시 된다는 가정 아래 말이다. 그러나 대부분의 사람들은 쉽게 사표를 쓰지 않는다. 직장을 그만둘 경우 당장 먹고살 일이 막막하고 미래가 불안해 사표 쓰는 것을 망설이게 되는 것이다.

그렇다고 적성에 맞지 않은 일을 억지로 하거나 사람들과의 관계가 너무 힘든데도 안 그런 척 사는 것은 그 누구에게도 도움이 안 된다. 막상 회사를 옮기면 후회할지도 모른다는 생각 때문에 발전 가능성을 포기해서도 안 될 노릇이다. 더구나 평생직장이 사라진 현대 사회에서 이직은 경력을 쌓는 데 중요한 수단이다.

이런저런 이유로 우리는 살아가면서 적어도 두세 번은 직장을 바꾸거나 일을 바꿔야 할 시점을 맞이하게 된다. 문제는 그 시점을 어떻게 알 수 있으며, 그것이 최선의 선택임을 어떻게 알 수 있느냐 하는 것이다.

한 달만 기다렸다가 사표를 써라

평소 욱하는 성질 때문에 주변 사람들과 자주 부딪친다면 화가 났을 때 속으로 '하나, 둘, 셋'을 센 다음에 말을 하는 게 좋다. 그러면 감정이 조금은 가라앉게 되고, 상대에게 치명적인 말이나 행동을 할 위험성도 줄일 수 있다. 법원이 협의 이혼을 신청했을 때 3주간의 이혼 숙려 기간을 두는 것도 홧김에 이혼하는 것을 줄이기 위함이다. 그리고 실제로 이는 효과가 있는 것으로 입증되었다.

그러므로 만일 직장에서 부당한 대우를 받았거나 직장에 실망해서 사표를 쓰고 싶은 충동이 생겼다면 한 달만 기다렸다가 사표를 써라. 한 달이면 최소한 감정적이고 충동적인 결정은 막을 수 있기 때문이다. 그리고 사람들이 그만두고 싶다고 털어놓을 때마다 내가 해 주는 말이 있다.

"사표는 마음만 먹으면 언제든지 쓸 수 있습니다. 오늘이든, 내일이든, 한 달 후든……. 사실 인터넷에서 양식을 파일로 내려받아 몇 글자만 타이핑하면 끝이니까요. 그러나 한번 내놓은 사표는 되돌리기 어렵습니다. 사표를 내밀면 상사는 재빠르게 당신이 없더라도 일에 차질이 안 생길 방법을 먼저 떠올리겠죠. 그러니 조금만 더 생각해 보십시오. 당신이 왜 그만두려 하는지, 그만둘 경우 대안은 있는지, 나중에 후회하는 건 아닌지……."

그러면 반 이상이 사표를 접는다. 어떤 결정이든 감정적으로 하면 안 된다. 특히 중요한 결정일수록 충분히 생각해 보고 냉정한 판단을 내리는 게 필요하다.

인간관계가 힘들다? 더 늦기 전에 공부를 해야겠다?

사람들이 직장을 그만두는 이유 중 1위는 힘든 인간관계라고 한다. 만약 당신도 그 문제로 고민하고 있다면 문제의 본질을 들여다볼 필요가 있다.

예를 들어 모난 성격의 상사 때문에 힘들다면 다른 동료나 선임자들에게 자문을 구해 대처법을 배우거나, 정 인정할 수 없는 성격의 사람이라면 그런 사람을 간부로 뽑은 직장의 성향에 대해 생각해 보고 결정하는 것이 좋다.

그러나 특정 사람을 떠나 모든 관계가 불편하다면 문제는 당신에게 있다. 자신을 무조건 감싸 안아 주길 바라는 의존적인 사람은 직장의 냉정한 계약 관계를 견디지 못한다. 직장을 돈만 알고 직원들을 착취하는 무서운 곳으로 여기는 것이다. 자아 이상이 높은 사람은 열악한 직장을 견디지 못한다. 이 경우 직장은 형편없고 거기서 만들어 낸 상품은 가치 없는 것으로 느껴진다. 열등감이 많은 사람은 자신의 부족한 부분을 직장 분위기나 상사 탓으로 돌리는 경우가 많다. 상사라는 작자들은 자신의 무능을 부하 직원에게 덮어씌우는 사람들이며, 직장은 직원들을 감시하는 삭막한 곳이라고 불평하는 것이다.

이처럼 당신 자신에게 문제가 있을 때는 직장을 옮겨도 아무 소용이 없다. 똑같은 문제가 반복되는 가운데 상처만 깊어질 뿐이다. 심지어 직장을 너무 많이 옮겨 다니면 어느 순간 사회성이 떨어지는 골칫덩이로 낙인찍히게 된다. 그러므로 그만두고 다른 직장을 알아볼 게 아니라 지금 다니는 곳에서 그 문제를 해결하는 것이 급선무다.

인간관계 문제 말고도 요즘에는 외국으로 유학을 갔다 올 목적으로, 혹은 좀 더 안정적이거나 고수익을 보장하는 교사나 공무원, 전문직 등에 지원하기 위해 직장을 그만두고 공부를 다시 시작하는 사람들이 늘고 있다. 만약 당신도 그런 이유로 고민하고 있다면 곰곰이 따져 봐야 할 것들이 있다. 당신은 과연 언제부터 그 공부를 하고 싶어 했는가? 지금 하고 있는 일에 대한 불만 때문에 급조한 꿈은 아닌가? 혹시 부모님이 뒷바라지를 해 주는 가운데 공부만 하면 되는 학생 신분이 그리운 것은 아닌가? 시험에 붙을 확률은 몇 퍼센트 정도 되는가? 시험에서 떨어지면 다른 대안은 있는가?

그리고 마지막으로 이런 질문을 스스로에게 던져 보라. 붙으리라는 보장도 없는 그 어려운 시험을 위해 직장을 그만두는 것이 당신에게 과연 좋은 일이고 당신이 진정 원하는 것인가를, 혹시 당신이 힘들고 초라한 현실로부터 무작정 도피하고 싶은 것은 아닌가를……

그런 이야기를 하면서 내가 덧붙이는 말이 있다.

"아마도 당신이 공부하려는 그 노력의 반만이라도 지금 직장에 기울인다면 당신의 직장 생활은 분명 성공적일 것이고, 당신의 경력은 훨씬 빠르게 발전할 것입니다."

그러나 그럼에도 그만두고 싶다는 생각이 확고하다면 나는 더 이상 당신을 말리고 싶지 않다. 당신이 충분히 심사숙고한 후에 내린 결정이라면, 이제부터 필요한 것은 절대 뒤를 돌아보지 않는 것이다. 후회는 사람을 머뭇거리게 만들고 자신 없게 만들 뿐이다. 그러므로 일단 결정했으면 원하는 것을 향해 빠르게 움직이는 게 좋다.

나중에 후회하면 어떡하지?

세상에 옳은 선택은 없다. 그렇다고 틀린 선택도 없다. 다만 지금 당신이 어떤 결정을 내렸다면 지금 당신의 상황에서는 그것이 최선의 선택이다. 그러니 '나중에 후회하면 어떡하지' 하며 고민할 필요가 없다. 설령 나중에 방향을 조정하는 한이 있더라도 지금은 나아가야 할 때인 것이다.

그리고 어떤 선택을 했든 그 결정에 대한 책임은 당신에게 있다. 만약 당신이 그 결정을 하는 데 있어 수동적으로 어쩔 수 없이 쫓아갈 수밖에 없었다 하더라도 말이다.

드라마 '달자의 봄'에서 홈쇼핑 MD인 달자는 같은 직장에서 일하는 유부남 엄기중과 사귀었다는 죄목으로 회사에서 쫓겨날 위기에 처한다. 사람들은 징계위원회의 결정과 상관없이 달자가 창피해서라도 그만둘 것이라고 생각한다. 엄기중의 아내였던 여자가 옥상에서 자살 소동을 벌인 터라 달자와 엄기중의 관계를 모르는 사람이 없었기 때문이다.

그러나 달자 편에서 보면 억울할 법도 하다. 달자는 엄기중이 유부남인 줄 몰랐다. 그리고 한두 번 만났을 뿐 불륜 근처에는 가 보지도 못했다. 그러나 달자는 변명하지 않는다. 애초에 서른세 살이라는 나이에 쫓기고 홈쇼핑 회사 대표라는 조건에 이끌려 엄기중을 만나지 않았더라면, 일이 그렇게 커지지 않았을 테니까 말이다. 그래서 달자는 일이 그 지경에 이른 데 대해 자신의 책임도 분명 있다고 받아들인다.

하지만 달자는 회사를 그만둘 수가 없었다. 지난 8년간 직장에 쏟아 부은 노력과 열정을 하루아침에 포기할 수 없었던 것이다. 달자는 그러한 마음의 소리에 따라 창피하지만 회사에 남고 싶다는 생각을 하게 된다. 그래서 징계위원회에 모든 책임을 질 테니 제발 회사에서 쫓아내지만 말아 달라고 간청한다.

달자는 자신의 결정에 따른 모든 책임을 진다. 사람들의 비웃음도 꿋꿋하게 견뎌 내고, 잘나가는 MD에서 고객상담실로 좌천되지만 씩씩하게 그 현실을 받아들이면서 또 다른 인생을 용감하게 개척해 나간다. 결국 달자는 나중에 MD로 복귀해 멋진 인생을 살아간다.

달자는 후회하지 않기 위해 마음의 소리에 귀 기울이고, 그 소리에 따라 최선의 선택을 한 다음, 그 선택을 믿고 꿋꿋하게 앞으로 나아갔다. 당신도 그러면 된다. 꼭 달자처럼만.

직장에서
가족 관계를 바라지 마라

또 빨간 불이다. 벌써 몇 번째인가. 막히리라 어느 정도 예상은 했지만 차가 신호등이 있는 곳마다 계속 멈춰 서자 짜증이 나기 시작한다. 최 대리는 담배를 물며 생각에 잠긴다. 직장에 정나미가 떨어진 지는 이미 오래이다. 일도 싫고 사람들도 싫다. 부푼 기대를 안고 입사한 지 5년째. 가족적인 분위기에 이끌려 택한 직장이었다. 입사 초기에는 막내 사원으로서 윗사람들의 기대를 한 몸에 받았다. 신이 나서 열심히 일한 덕분에 승진도 입사 동기들에 비해 훨씬 빨랐다.

그런데 직위가 올라가고 후배 직원들이 들어오면서 그는 당황하기 시작했다. 잘 모르는데도 설명도 없이 그에게 떨어지는 일이 부지기수였고, 예전 같으면 눈감아 주었을 사소한 실수도 용납되지 않았다. 한마디로 봐주는 게 없었다. 부하 직원들도 예전의 자신과는 달랐다. 당돌하고 절대 손해를 안 보려 하는 게 영 정이 가지 않았다. 그러나 최 대리를 가장 실망시킨 것은 몇 달 전에 행해진 구조 조정이었다. 한솥밥을 먹던 선배들이 가차 없이 잘려 나가는 것을 보며 회사에 정나미가 떨어졌다.

'언제는 '우리는 한가족'이라고 그렇게 외쳐 대더니 회사가 조금 어렵다고 사람들을 쳐 내?'

회식 자리에서 '형님'과 '아우'가 탄생하는 까닭

가족은 혈연 관계로 맺어져 있으며, 서로가 무조건적인 지지자가 되는 관계이다. 아무리 콩가루 같은 집안도 어려운 일이 생기면 하나 둘 모여들어 서로를 위해 주고 말없이 감싸 준다. 그러나 직장에서 만나는 사람들은 가족이 아니다. 일로 뭉쳐진 하나의 공동체에서 만난 사람들일 뿐이다. 그럼에도 가정과 직장을 혼동하는 이가 많다. 계약 관계로 맺어진 직장에서 가족 같은 인간적 관계를 기대하는 것이다.

상사를 자기 아버지나 형님처럼 생각하고 그가 무슨 일이 있어도 자신을 지켜 줄 것이라고 믿는 경우, 같은 팀의 선후배가 자신을 형제자매처럼 챙겨 줘야 한다고 믿는 경우, 서로의 개인사도 공유해야 한다고 믿는 경우, 자신의 개인적인 사정을 모든 사람이 이해해 주기를 바라는 경우 등이 이에 속한다.

사람들은 왜 그런 착각을 하는 것일까? 그것은 직장의 생리가 가족의 생리와 비슷한 점이 많기 때문이다. 가정이 삶의 근본적인 거주지라면, 직장은 사회적인 거주지이다. 거기엔 직장을 책임지고 이끌어 가는 아버지뻘의 사장이 있고, 중간에서 완충 작용을 하는 어머니뻘의 상사가 있으며, 서로 경쟁을 하면서도 같은 고민을 공유하는 형제뻘의 선후배와 동료들이 있다. 게다가 사람들은 인생의 3분의 1 이상을 직장에서 보낸다. 때로는 집보다 직장에서 더 많은 시간을 보내기도 한다. 또한 가정이 그 사람의 배경이 되듯 직장도 그 사람의 정체성을 나타내 주는 배경이 된다. 그렇기 때문에 직장은 가족 같은 심리적인 상징성을 띤다.

한편 우리나라는 가족을 국가나 개인보다도 우선시 하는 유교적 풍토 위에서 살아왔다. 가족은 혈연으로 똘똘 뭉쳐 외부인들에게는 배타적이다. 그 대신 가족을 위해서라면 모든 것이 허용된다. 이처럼 폐쇄적인 가족 구조 안에 있어야만 안전함을 느껴서인지 우리는 모든 관계를 가족화시키려는 경향이 있다. '우리가 남이가'로 시작되는 술자리의 문화는 곧이어 형님과 아우 사이로 발전하고, 음식점에 가면 종업원은 웬만하면 '언니'로, 연세가 있는 주인장은 보통 '이모'라고 부르며 친인척 관계 맺기에 정신이 없다.

직장 또한 예외는 아닌데, 그것은 회식 문화에서 단적으로 드러난다. 사람들은 회사에서 하루 종일 얼굴 보는 것도 모자라 저녁이면 일주일에 두세 번씩 회식을 한다. 회식 문화는 낮에 서로 경쟁하고 손익을 따졌던 계약 관계를 취소하고 분위기를 가족 관계로 돌리는 역할을 한다. 그래서 사람들은 회식 자리에서 몸을 부대끼고 사적인 이야기를 나누며 형님과 아우, 언니와 동생 사이가 된다.

그러나 그렇다고 직장에서 가족 관계를 바라서는 안 된다. 직장에서 맺는 모든 관계는 일을 매개로 만난 계약 관계이다. 동료나 선후배와 사이가 아무리 좋다 해도 결국은 서로 비교하고 비교당하며, 또 평가하고 평가당하는 사이일 뿐이다. 가족보다 더 친한 사람들이 생길 수도 있지만, 그것은 개인이 만들어 내는 관계의 덤이지 직장 내 인간관계의 본질은 아니다. 그러한 사실을 인정하지 못하면 앞의 최 대리처럼 직장이 또 다른 좌절의 공간이 되고 만다.

어릴 적 최 대리는 부모님의 사랑과 인정을 원했지만 부모님은 여동생만 예뻐했다. 버림받았다고 생각한 최 대리는 어린 시절이 그저 끔찍할 뿐이었다. 그런데 회사에서 그의 밑으로 신입 사원이 들어오자 어릴 적 상처가 되살아나기 시작했다. 사람들은 그보다 신입 사원에게 더 많은 관심을 보였고, 그는 다시 한 번 버림받는 듯한 느낌에 분노했다. 그는 상사들에게 배신감을 갖게 되고, 신입 사원에게는 지나치게 깐깐하게 굴어 괜한 마찰을 일으키곤 했다.

의존성이 충족되지 않으면 그로 인해 분노가 쌓이면서 외부로 투사하게 된다. 그러면 최 대리처럼 다른 사람들이 자신을 미워하고 착취한다는 피해 의식에 사로잡혀 심각한 문제가 생길 수 있다. 그리고 직장에 적응을 못하는 사람들의 상당수가 사실은 이런 문제로 고민하고 있다.

돌아서면 남이 되는 관계이므로 노력할 필요가 없다?

만일 당신이 이런 문제를 안고 있다면 인정해야 한다. 직장에서 가족 같은 관계를 바라면 안 된다는 것을, 직장은 책임을 질 줄 아는 성인들이 일을 매개로 만나 어떤 일을 같이 해 나가는 공적인 공간임을, 그 공간에서 각자 자신의 역할을 하면서 월급을 받고, 마음에 맞는 사람을 사귀고, 일을 통해 자신을 실현시켜 나간다는 것을……. 또한 회사도 나를 이용하지만 나 역시 나의 생존과 발전을 위해 그 공간을 이용하고 있음을 인정해야 한다. 이처럼 직장 내 인간관계가 갖는 한계점을 분명히 인식한 뒤 최대의 행복을 이끌어 내는 것이 중요하다.

그런데 간혹 어리석은 사람들이 있다. 그들은 자신이 얻을 수 있는 이익을 최대한으로 뽑아낸 뒤, 가차 없이 관계를 끝내 버린다. 그들이 언뜻 영악하고 똑똑해 보일 수도 있지만 사실은 그렇지가 않다. 우리 사회는 놀랍도록 좁다. 나는 모르는 사람이지만 그가 어떤 사람인지 궁금하면 두 다리 혹은 세 다리만 건너도 충분히 알 수 있다. 그러므로 내가 등에 칼을 꽂은 어떤 사람이 다음 직장에서 만날 직속 상사의 친구일 수도 있고, 내가 결혼할 여자의 사촌 오빠일 수도 있다. 그러니 정도를 넘어서는 이기적인 짓을 한 사람들은 결국 후회할 날이 오게 마련이다.

한편 직장은 내 인생에서 활동적인 시기를 보내는 곳이니만큼 나에게 많은 의미를 가진다. 직장은 내 경력의 일부로 영원히 남을 뿐 아니라, 내 인생의 소중한 시간을 담아 내는 그릇이기도 하다. 그런 직장에서 좋은 관계를 만드는 데 특별한 방법은 없다. 내가 존중받고 싶은 만큼 상대를 존중하고, 내가 맡은 일에 대한 책임은 내가 지며, 나의 말과 행동이 다른 사람에게 상처를 주지 않도록 배려하고, 서로의 사적 영역을 존중하면 된다.

내게도
다시 사랑이 올까?
— 사랑과 결혼

4

거절당하는 것이
두려운 사람들

"어떤 사람에게 끌리다가도 막상 그 사람이 저를 좋아하기 시작하면, 갑자기 그 사람이 확 싫어져요. 이것도 병인가요, 선생님? 심지어 그 사람이 접근해 오면 징그럽다는 생각까지 든다니까요. 그래서 함부로 대하다가 결국 차 버리고 말아요. 정말 제가 왜 그런지 모르겠어요."

내 직업이 이렇다 보니 오가는 사람들로부터 이런 이야기를 많이 듣게 된다. 분명 나도 그 사람을 좋아했는데 막상 그 사람이 나를 좋아한다고 하면 이상하게 싫어지는 이유는 무엇일까? 내가 정말 그를 좋아한 것이 아니었을까? 사람 마음이란 게 왜 이리 간사

한 것일까?

정말 알다가도 모를 게 사람 마음이다. 그러나 이런 마음의 변화에는 여러 가지 심리 현상이 들어 있다. 그 가운데 가장 중요한 것이 바로 거절당하는 것에의 두려움이다.

'혹시라도 내가 싫어져서 나중에 그가 나를 버리면 어떡하지?'

버림받는 비참하고 두려운 상황을 손쉽게 예방하는 방법은 그가 나를 차 버리기 전에 내가 먼저 그를 차는 것이다.

버림받을지 모른다는 두려움 뒤에는 자신이 상대방에게 사랑받을 만한 가치가 없다는 자기 비하와 열등감, 죄책감 등이 숨어 있다. 그것은 자신이 버림받아 마땅한 사람이라는 당위성으로 이어지고, 결국에는 모든 사람이 자신을 사랑하지 않고 버리게 될 것이라는 자학적인 확신으로까지 이어진다.

이 같은 두려움은 사람들과 지속적이고 깊은 애정 관계를 유지하는 데 커다란 장애가 된다. 그래서 거절당하는 것이 두려운 사람들은 좋아하는 사람에게 다가가지 못하고 짝사랑만 줄곧 한다거나, 아니면 상대를 끊임없이 테스트한다. 우선 그들은 "날 위해 이 정도는 해 줄 수 있지?" 하면서 상대를 고문하기 시작한다. 요구는 점점 상대가 감당하기 힘들어 하는 정도로까지 발전하는데, 문제는 이를 상대가 다 받아 준다 해도 테스트가 끝나지 않는다는 데 있다. 그들은 상대에게 부당한 대우를 하면서 과연 그가 자신을 버릴지 안 버릴지를 끊임없이 저울질한다. 마치 "정말 이래도 날 사랑할래?"라고 묻는 듯한 얼굴로. 이쯤 되면 누구라도 지쳐서 떠날 수밖에 없는데도 그들은 잘못된 확신을 재차 확인한다.

'거봐. 내 그럴 줄 알았어. 결국엔 모두 나를 버리지.'

거절당하는 것에 대한 두려움을 가진 또 다른 유형으로는 상대를 계속 바꿔 가며 피상적인 관계만을 맺는 사람들이 있다. 그 대표적인 인물로 카사노바를 들 수 있는데, 그는 특별한 재력도, 명예도, 권력도 없는 이름 없는 귀족에 불과했지만 숱한 여자와의 사랑으로 세상을 떠들썩하게 만든 세기의 바람둥이이다. 그러나 그의 화려한 애정 행각 뒤에는 알고 보면 버림받는 것에 대한 두려움이 숨어 있다.

카사노바의 어머니는 젊은 남자와 바람이 나서 아들을 버리고 집을 나갔다. 그는 할아버지와 단둘이 살다 나중에는 이곳저곳을 떠돌아다니며 친지들에게 의지하면서 고독하게 자랐다. 카사노바는 자신의 불우한 환경에 대해서는 불만이었지만 여자들에게는 항상 따뜻하게 대했다. 일찍이 그를 버린 어머니에 대한 그리움이 여성을 향한 열정적인 사랑으로 나타난 것이다. 그러나 어머니로부터 버림받았듯이 그녀들로부터 다시금 버림받을지도 모른다는 두려움은 그로 하여금 한 여자와 지속적인 관계를 맺지 못하게 만들었다. 그래서 그는 버림받기 전에 한 여자를 떠나 다른 여자에게로 가기를 반복했다. 그렇게 해서 백 명이 넘는 여자와 사랑을 나눈 카사노바. 그는 과연 행복했을까? 그의 화려한 명성 뒤로 안개처럼 짙은 외로움이 느껴지는 건 나만의 착각일까?

여기서 한 가지 묻고 싶은 것이 있다. 당신도 반드시 거절당할 것이라고 생각하는가? 만약 그렇다면 그것은 잘못된 생각이다. 예쁘고 돈 많은 여자도, 능력이 뛰어나고 돈이 많은 남자도, 누군가에게는 거절당할 수 있다. 그런데 그들이 당신과 다른 점은 그들은 거절당했다고 해서 자신이 사랑받을 만한 가치가 없다고 생각하지 않는다는 것이다. 다만 인연이 아니거나 타이밍이 좋지 않았을 뿐이라고 생각하며 다음 기회를 기다린다. 언젠가 사랑은 또다시 올 테니까. 그러다 사랑하는 사람을 만나면 그들은 다시 열심히 사랑한다. 사람 마음이 변할 수도 있음을 알지만 그것이 두려워 움츠러들지는 않는다.

초기 성인기의 주요 과제 중 하나는 결혼과 부모 되기이다. 그처럼 한 사람을 만나 사랑하고 결혼해서 가정을 이루기 위해서는 반드시 거절당하는 것에의 두려움을 극복해야 한다. 모든 것에는 위험이 뒤따른다. 위험이 없는 것이 어디 있으랴. 그러나 위험을 기꺼이 감수하고 최소화해 나가는 것, 그것이 사랑에 임하는 우리의 자세이며 우리의 몫이다.

상대방의 과거를 알고
괴로워하는 사람들

사랑을 나누는 방식에는 우리의 성생활 역사가 고스란히 담겨 있다. 키스는 과거에 했던 키스들의 종합형이고, 침실에서 하는 행위에는 과거 거쳤던 침실의 흔적이 넘쳐 난다. 앨리스와 에릭이 사랑을 나누는 사이, 두 사람의 성생활 역사가 만났다. 에릭은 크리스티나가 했던 방식으로 지금 앨리스의 귀를 핥고 있었고, 앨리스는 입술 주위에서 혀를 섬세하게 놀리는 방법을 로버트에게 배웠으며, 레베카는 에릭에게 혀로 상대의 이를 애무하다 입 속 깊이 들어가 드러나지 않는 곳을 핥는 법을 가르쳐 주었다. 한스는 코에 키스하는 데 귀재였지만, 앨리스가 시험 삼아 해 보았더니 에릭의 취향에는 맞지 않는 듯했다.……그들의 몸짓에는 지나와야 했던 과거의 증거가 담겨 있었다.

— 알랭 드 보통, 『우리는 사랑일까』 중에서

사랑을 해 본 사람들은 안다. 위와 같이 굳이 침실이 아니더라도 과거의 사랑이 현재의 사랑에 많은 영향을 끼친다는 사실을. 그래서일까. 과거의 사랑은 그때 끝났지만 다음과 같은 방식으로 종종 현재에 등장한다.

"너는 첫사랑이 언제였니?"
"첫사랑? 지금 하고 있잖아."
"내가 이해 못해 줄 거 같으니까 거짓말하는 거지? 내가 그렇게 속 좁은 사람으로 보여? 이거 너무 섭섭한걸……."
"……실은 대학교 1학년 때……."
"오래 만났어?"
"뭐, 그렇지. 졸업식 사진에도 있으니까."

여기서 아주 잠시, 정적이 흘렀을 것이다. 상대는 아무렇지도 않은 듯 계속 앞만 보고 걸었지만 당신이 조금이라도 눈치가 빠른 편이라면 상대의 미묘한 표정 변화를 읽었으리라. 긴가민가하겠지만, 당신의 생각은 맞다. 상대는 분명 얼굴을 살짝 일그러뜨렸다.

연인들은 상대의 과거를 알고 싶어 한다. 마치 어린아이가 어머니 옆에 앉아서 가족의 기나긴 여정을 들으며 결국 자신에 이르렀다는 이야기 속에서 자신에 대한 확신을 가지듯, 연인들은 상대의 지나온 과거사를 들으며 자신이 그 여행의 목적지였음을 확인하고 싶어 하는 것이다. '나에게 오기까지 그런 역사가 있었구나. 태어나 줘서 고맙고, 힘들었을 텐데도 이렇게 건강하고 예쁜 모습으로 나에게 와 준 거 너무 고마워'라고 말이다.

한편 사랑하게 되면, 상대방이 과거에 어떤 잘못을 했든 아무런 비판 없이 이해해 주고 싶어진다. 그래서 사랑하는 사람들은 서로를 치유해 주게 된다. 과거에 거절당해 상처받고 분노했던 내면의 어린아이가 다시 성장을 하게 되는 것이다. 그러므로 연인들이 서로에게 자신이 현재에 이르게 된 역사를 말하는 것은 매우 중요한 의미를 지닌다.

하지만 여기서 한 가지 걸리는 문제가 있다. 상대방이 과거에 사랑했던 연인에 대해 말하는 것. 다른 건 다 받아들이고 이해할 수 있는데 그것만큼은 왠지 참을 수 없다. 과거에 상대방이 사랑한 사람과 그 시간을 질투하고, 끊임없이 그때의 사랑과 현재의 사랑을 비교하게 된다.

'옛날 애인과는 왜 헤어진 거지?', '혹시 지금도 그 사람을 못 잊고 있는 건 아닐까?', '그 사람에게 얼마나 잘해 줬을까? 나한테 하는 것보다 더 잘했을까?', '둘이 어디까지 갔을까?' 등등 한번 떠오른 상념은 꼬리에 꼬리를 물고 이어진다. 나중에는 괜한 상상력까지 동원해서 혼자서 스토리를 만들었다 지웠다를 반복한다. 상대방의 과거까지도 소유하고 싶고, 그의 인생에서 유일한 사람이 되고 싶은 마음이 사람을 그렇게 만드는 것이다. 그러다 보니 신혼 첫날밤 사랑하는 사이에 비밀이 있어서는 안 된다며 과거에 대해 다 털어놓자고 해 놓고는 막상 그 이야기 때문에 싸우고 헤어지는 웃지 못할 일들도 벌어진다.

사실, 나이 서른이 되었으면 이전에 연애를 한 경험이 한두 번 이상은 다 있을 게다. 그 나이까지 사랑을 못해 봤다면 순수한 게 아니라 사랑하는 능력에 문제가 있는 거니까. 그러므로 서른 살이 되도록 사랑의 과거가 없는 사람은 거의 없을 것이다.

그렇다면 흔히들 사랑하는 사람끼리는 숨기는 게 없어야 한다는데, 그럼 사랑의 과거도 말해야 할까? 과거를 말하지 않는다면 그것은 상대에 대한 신의를 저버리는 행동일까? 말해야 한다면 어디까지 말해야 할까? 그러나 단호히 말하건대, 세상에는 모르는 게 더 좋은 일도 있는 법이다. 모르는 게 더 좋은 일, 즉 과거의 연애담은 굳이 말할 필요도 없고 알려고 하지도 마라. 왜냐하면 그 사람이 사랑하는 나는 과거의 내가 아니라 현재의 나이며, 내가 사랑하는 그 사람 역시 과거의 그가 아니라 현재의 그이기 때문이다.

수년 전 상담원들을 모아 놓고 사랑에 관한 강의를 할 때였다. 당시 '애정의 조건'이란 드라마가 최고의 시청률을 기록하고 있던 터라 그에 대한 이야기가 나오지 않을 수 없었다. 주인공 중 한 명인 은파는 대학 시절 동거했던 남자와 헤어진 후 지금의 남편과 결혼했다. 그런데 남편이 어느 날 그 사실을 알게 되고 배신감으로 치를 떨게 된다. 그에 대해 상담원들의 의견이 분분했는데, 가장 많은 사람이 수긍한 의견은 이랬다. 은파는 과거 동거 사실에 대해 남편에게 용서를 구해야 하며 남편은 그녀를 용서해 주어야 한다는 것.

하지만 내 생각은 달랐다. 남편이 왜 은파의 과거 동거 사실을 용서해야 하는가? 그건 용서의 대상이 되지 못한다. 왜냐하면 그 일은 남편을 만나기 한참 전에 있었던 일이고, 남편과는 아무런 상관도 없기 때문에 애당초 용서하고 말 것도 없다. 단, 남편의 결혼 조건이 순결이었는데도 은파가 그 사실을 숨겼다면 그것은 잘못이다. 하지만 은파가 과거에 한 경험들은 오늘날의 은파를 만든 토대가 아닌가. 그녀는 숱한 시행착오와 경험을 통해서 남편이 현재 사랑하는 은파가 된 것이다. 만일 당신이 이미 연인의 과거를 알았다면, 그리고 그로 인해 괴로워하고 있다면 이 말을 되새겨 보기를 바란다.

사랑도 배워 가는 것이다. 경험을 통해 우리는 사랑하는 법을 배우고, 자신의 무차별적인 욕망으로부터 상대를 보호하며 사랑을 지키는 법을 배운다. 그렇다고 사랑을 많이 할수록 좋다는 말은 아니다. 너무 많은 사랑의 경험은 오히려 그 사람이 과거로부터 배우지 못하고 비슷한 일들을 되풀이하고 있음을 암시하기 때문에 주의해서 봐야 한다. 과거의 경험은 오늘날의 나를 있게 한 밑그림이 된다. 똑같은 경험을 반복하지만 않는다면 말이다.

그러므로 당신이 과거의 기억들로부터 자유로워졌다면 이제 그 기억들이 당신의 현재 인생에 악영향을 미치지 못하게끔 과거로부터 현재를 보호할 수 있어야 한다. 굳이 과거의 연애사를 시시콜콜하게 연인에게 말할 필요가 없는 것이다.

'때로는 모르는 게 더 좋은 것이다.'

이것은 정신분석을 할 때도 적용되는 원리이다. 사석에서 사람들을 만나면 나보고 남편이나 아이들의 마음을 다 알아서 좋겠다고 말한다. 그리고 지금 자신들도 분석하고 있느냐고 묻는다. 그럼 나는 농담으로 말한다.

"돈도 안 주는데 왜 분석을 하니?"

사실 정신분석의 원칙 중 '가족이나 친구는 절대 분석하지 말라'는 말이 있다. 만일 내가 집에 들어가서 남편의 말이나 행동을 보며 '저 뒤에 어떤 의도가 있을 거야' 라고 분석하기 시작한다면 서로 피곤해서 살 수 없을 것이다. 친구들과의 만남도 마찬가지다. 그래서 나는 퇴근할 때마다 '정신과 의사' 라는 가운을 병원에 걸어 놓고 나온다. 그러고는 남들과 똑같이 사소한 것에 목숨 걸고 싸우기도 하고, 때로는 유치한 행동을 하기도 한다.

상대를 다 안다는 건 결코 행복한 게 아니다. 그리고 그럴 수도 없다. 어느 유행가 가사에도 있지 않은가. '네가 나를 모르는데, 난들 너를 알겠느냐' 라고. 어차피 산다는 것은 아주 조금씩 나를 알아 가고 상대를 알아 가는 과정이다. 하지만 평생을 같이 산다 해도 상대의 전부를 알 수는 없다. 우리가 할 수 있는 것은 다만 서로가 알게 된 서로의 상처를 보듬어 주고 같이 치유해 나가는 것이다.

만일 당신이 상대에 대해 다 알고 싶다고 말하면서 과거를 캐내려 한다면, 그것은 당신이 상대의 과거까지 소유하고 싶어 하며 질투하고 있다는 증거이다. 또한 그 사람의 지나간 과거를 질투할 정도로 스스로에 대해 자신감이 없다는 증거이기도 하다. 지나간 일은 지나간 일로 놔두어라. 현재를 사랑하기에도 우리 삶은 짧다. 그리고 지나간 과거를 붙잡고 늘어지거나 과거를 현재로 끌어오면 현재마저 악몽으로 변할 뿐이다. 무덤까지 혼자 가지고 가야 할 비밀은 분명 있다.

왜 자꾸만 사랑을
확인하게 되는 걸까?

그날 밤 나는 그녀에게 푹 빠졌다. 그때까지 나의 마음속에 아무런 이름도 갖고 있지 않았던 그 여자가 그날 오후에 내게 분에 넘치는 사랑을 주었기 때문에……왠지 힘이 솟는 것 같았고 우월감이 들었으며 학교 친구들과 선생님을 이런 힘과 우월감으로 대하고 싶었다. 나는 가끔 불평만 늘어놓는 형과 뻔뻔스럽기 짝이 없는 여동생까지 그날 저녁엔 그들 모두가 갑자기 사랑스러워 보였다.

—베른하르트 슐링크, 『책 읽어 주는 남자』 중에서

서로의 사랑을 처음으로 확인한 순간을 기억하는가? 위의 '그'

처럼 갑자기 나를 둘러싼 세상이 아름다워 보이고, 세상의 모든 것을 얻은 것처럼 기쁘고, 행복이 넘쳐흘러 미워하는 사람마저 용서할 수 있을 것 같았던 그 순간.

"그날 할아버지 빈소에서, 나 나쁜 놈이었어요. 내내 당신만 생각났어. 할아버지 앞에서 당신 보고 싶단 생각만 했어요. 뛰쳐나와서 당신 보러 가고 싶었는데, 정신 차려라, 꾹 참고 있었는데…… 갑자기 당신이 문 앞에 서 있었어요. 그럴 땐, 미치겠어. 꼭 사랑이 전부 같잖아."

— 이도우, 『사서함 110호의 우편물』 중에서

위의 내용 또한 당신이 한 번이라도 사랑에 빠진 경험이 있다면 왠지 알 것 같은 느낌일 것이다. 그때 아마도 당신은 다른 일은 하나도 눈에 안 들어오고 오직 그만 생각했을 것이다. 그러다 당장 그를 보지 않으면 안 될 것처럼 가슴이 뛰었을 것이다. 열에 들떠 무작정 그에게 달려갔을 테고, 그를 보고는 아무 말도 하지 못했을 것이다. 그냥 보고 있는 것만으로도 너무 좋아서…….

처음 사랑에 빠졌을 때의 시간들은 평생을 두고 잊혀지지 않는다. 가슴을 꽉 채우던 충만감, 잠시라도 떨어져 있으면 보고 싶어 안달이 났던 그 안타까움, 그가 없이는 도저히 살아갈 수 없을 것 같은 절박함, 생각만 해도 가슴 떨리던 그 설렘, 이제야 비로소 꿈에 그리던 내 반쪽을 만난 듯한 안도감, 그 사람과 함께하는 시간 속에서 느끼던 합일감, 그러고도 이루 다 말로 표현할 수 없던 기쁨과 환희의 그 시간들······.

하지만 시간이 흐르면서 그처럼 열정적이고 꿈같던 사랑의 느낌은 점점 무뎌져 간다. 열정 대신 익숙함과 편안함이 느껴질 무렵, 뭔가 불안해지기 시작한다. 예전에 그의 관심사는 오로지 나뿐이었는데, 이제 그는 나 말고도 일과 친구 등 다른 문제에도 신경을 쓴다. 때론 혼자 있고 싶어 하는 그를 보면서 가슴이 철렁 내려앉는다. 그래서 묻게 된다.

"나 진짜 사랑해?"

사랑한다고 말해 주면 좋을 텐데 그는 오히려 핀잔만 준다. 그런데 뇌 과학자들은 사랑도 화학 작용의 하나일 뿐이라고 말하며 사랑에 대한 환상을 무참히 박살 낸다. 그들에 따르면 사랑의 감정을 조절하는 기관은 뇌의 변연계인데, 여기서 사랑의 각 단계마다 도파민과 페닐에틸아민, 옥시토신, 엔도르핀 등의 신경 전달 물질이 분비된다. 그런데 사귄 기간이 18~30개월쯤 되면 항체가 생겨 사랑과 관련된 화학 물질이 더 이상 생성되지 않기 때문에 감정이 시들해지는 것은 지극히 당연한 현상이라는 것이다.

그렇다면 가슴 뛰는 사랑의 감정을 지속시킬 수는 없는 것일까? '사랑한다면 이들처럼'이란 영화는 두 사람의 뜨거운 사랑을 영원히 붙잡는 방법을 제시한다. 영화 속에서 사랑에 빠진 여자는 사랑을 나누는 절정의 최고조 순간에 뛰어나가 강물에 몸을 던진다. 그녀는 시드는 열정을 막을 방법이 없음을 알고 있었기에 죽음을 선택할 수밖에 없었던 것이다.

그러나 사랑이 단지 뇌의 화학 작용일 뿐이라 할지라도, 그것 때문에 사랑을 폄하해서는 안 된다. 뇌에서 나오는 화학 물질도 아무나 보고 나오는 게 아니니까. 그것은 내가 사랑하는 꼭 한 사람, 그 상대를 봐야만 나온다. 즉 내가 그 사람을 사랑하기 때문에 신경 전달 물질이 분비되는 것이지, 신경 전달 물질이 분비되기 때문에 내가 그 사람을 사랑하는 게 아니다.

그리고 사랑이 조금이라도 식는 것을 못 견디는, 성급한 이 시대 사람들이 잘 모르는 사랑의 특성이 있다. 애석하게도 사랑은 변한다. 왜냐하면 사랑은 과정이기 때문이다. 사랑은 열정적으로 사랑에 '빠지는' 단계에서 출발해 사랑을 '하는' 단계를 지나 사랑에 '머무르는' 단계에 도달하는 하나의 여행과도 같다. 그러므로 열정이 식었다고 해서 사랑이 끝난 것은 아니다. 그러니 그럴 때 '넌 변했어. 이제 니는 나를 사랑하지 않는 거야.'라고 섣불리 규정짓는 것은 어리석은 행동이다.

지천명의 나이가 되고 보니 조금은 알게 되는 것들이 있다. 그 가운데 하나가 사랑에 빠지기는 쉬워도 사랑에 머무르기는 정말 쉽지 않다는 사실이다. '사랑에 머무는 단계'는 현실 속에서 서로의 삶을 나누며 따뜻함과 부드러움 속에 사는 것이다. 또한 행복하고 편안한 가운데 서로의 존재를 감사하게 생각하는 것이다. 그래서 사랑에 머문다는 것은 남자와 여자가 도달할 수 있는 가장 의미 있는 사랑의 형태로, 라쉬 교수는 이를 '차가운 세상에 있는 천국'이라고 표현하기도 했다. 그런데 사랑에 머물기 위해서는 상대를 이해하고, 있는 그대로를 인정하며, 그 어느 때보다 깊은 애정을 가지고 관계를 지속시킬 수 있어야 한다. 이것이 가능하려면 다른 사람들 앞에서 기꺼이 나를 열어 보일 수 있어야 하고, 혼자 있는 것에 대한 외로움을 견딜 수 있어야만 한다.

그런데 세상은 안 그래도 힘든 사랑을 지켜 주기는커녕 '이래도 너희들이 사랑할 수 있을까?' 라며 계속 사랑을 시험한다. 사랑을 뒤흔드는 수많은 유혹이 곳곳에 도사리고 있는 것이다. 게다가 모든 동물은(인간을 포함하여) 여러 상대와 사랑을 나누게 디자인되어 있다. 종족 번식을 위한 진화론적 관점에서 보면 더욱 그렇다. 그렇기 때문에 사랑의 역사는 불륜의 역사이기도 하다. 암수 간 금실이 좋은 거위나 백조도 실은 바람둥이이고, 박새 새끼들의 경우 약 40퍼센트가 불륜에 의해 태어난 것이라고 하니, 그의 사랑이, 나의 사랑이 변치 않으리라 누가 장담할 수 있겠는가. 더구나 요즘은 결혼한 세 쌍 중 한 쌍이 이혼한다고 하지 않는가. 그러니 평생한 사람만 사랑하는 것은 결코 쉬운 일이 아니다.

이런 현실 속에 옅어져 가는 사랑의 끈을 붙들고 있는 사람들은 서로의 사랑을 끊임없이 확인하고 또 확인하고 싶어 한다. 그러나 모차르트의 오페라 '코지 판 투테'는 함부로 사랑을 확인하려 들지 말라고 경고한다.

젊은 사관인 굴리엘모와 페를란도는 사랑은 변하는 게 아니라고 생각한다. 그러다 하루는 내기를 하게 된다. 애인들이 달콤한 사랑의 유혹에도 흔들리지 않고 정조를 지킬 수 있을지를 시험해 보자고 한 것이다. 그들은 둘 다 다른 사람의 모습으로 변장한 채 서로의 애인에게 접근해 그 마음을 얻는 데 성공한다. 원래는 자신들도, 애인들도 유혹에 흔들리지 않아야 하는 것이었다. 그러나 결과적으로는 서로 짝이 바뀌는 황당한 상황이 연출되고 만다.

굴리엘모와 페를란도는 중요한 한 가지를 모르고 있다. 사랑은 확인하는 게 아니라 확신하는 것이다. 자꾸만 확인하려 들면 쓸데없이 의심만 늘게 되고, 굴리엘모와 페를란도처럼 결코 해서는 안 될 장난을 하기에 이른다. 그러니 사랑 갖고 장난치지 말기를! 상대의 마음을 믿으면서도 왠지 확인해 보고 싶은 마음, 그럼으로써 불안함을 없애고 싶은 심정을 모르는 것은 아니지만 그럴수록 조심해야 한다.

상대의 태도가 조금만 기대에 못 미쳐도 '애정이 식었다'며 토라지는 건 애교이 처도, 피곤에 찌든 상대에게 '사랑한다면서 그것도 못해 줘?'라고 닦달하거나, 도끼눈을 뜨면서 '날 진짜 사랑해? 그럼 사랑한다고 말해!'라고 윽박지르는 행동은 잘못된 것이다. 그런 행동에는 결정적으로 사랑을 능동적으로 이어 가려는 의지가 빠져 있다. 사랑을 시작한 이상, 그 사랑을 이어 가는 것은 우리 자신의 몫이다. 아무리 힘들어도 사랑을 믿고, 나와 사랑하는 그 사람을 믿어야 한다. 그래서 사랑의 숱한 시험을 무사히 통과할 수 있어야 한다. 능동적으로 그 사랑을 지켜 내야 하는 것이다. 그러고 나면 라쉬 교수가 말한 '차가운 세상에 있는 천국'을 만들 수 있게 된다. 그것은 앞서 말한 '사랑에 머무는 단계'의 애정과 따뜻함과 편안함

속에 만들어 가는 천국이다.

당신도 차가운 세상에 있는 천국을 만들고 싶다면, 열정이 없어지는 것을 불안해하며 자꾸 사랑을 확인하는 버릇부터 고쳐라. 그리고 그가 당신을 진짜 사랑하는지 확인하기 전에 당신 스스로에게 물어보라. '나는 정말 그를 사랑하는 걸까?' 라고. 혹시나 당신의 흔들리는 마음을 상대에게 투사하여 불안해하는 것은 아닌지 살펴보라는 말이다.

왜 질투를
멈추지 못하는 걸까?

"아얏! 왜 그래?"

"뭘 봐?"

"무슨 소리야? 나 아무것도 안 봤어."

"지금 지나가는 여자 흘끔흘끔 봤잖아! 그래, 보니까 좋아?"

"야, 제발 생사람 잡지 마라. 그럼 아예 눈을 감고 다닐까?"

사랑하면 항상 따라다니는 게 있다. 그건 바로 질투이다. 그래서 아우구스티누스는 '질투를 느끼지 않는다면 사랑하지도 않는 것'이라고 말했다. 질투는 사랑에 불을 지피기도 하지만 때론 셰익스

피어의 『오셀로』에서처럼 사랑하는 사람과 주변을 다 태워 버리는 위험한 열정이 되기도 한다.

베니스 공국의 원로 브라반쇼의 딸 데스데모나는 흑인 장군 오셀로를 사랑한다. 그래서 아버지의 반대를 무릅쓰고 그와 결혼한다. 얼마 후 오셀로는 투르크 함대가 사이프러스 섬으로 쳐들어오고 있다는 보고를 받고 아내와 함께 그곳으로 간다. 오셀로의 기수(旗手)인 이아고는 부관의 자리를 캐시오에게 빼앗기자 앙심을 품고 오셀로에게 복수를 하기로 결심한다.

이아고는 사이프러스 섬에 도착하자마자 캐시오에게 일부러 술을 먹여 소동을 일으키게 만든다. 그로 인해 캐시오는 이아고의 생각대로 파면당하게 된다. 그 뒤 이아고는 데스데모나를 부추겨 캐시오를 복직시키기 위해 노력하게 만든다. 그런 다음 오셀로에게 넌지시 데스데모나와 캐시오의 사이가 심상치 않다고 말한다. 그 증거로 오셀로가 아내에게 준 귀중한 손수건을 훔쳐 캐시오의 방에 떨어뜨려 놓는다. 어리석게도 이아고의 말을 믿은 오셀로는 아내와 캐시오가 정말 정을 통했다고 생각해 아내를 죽이게 된다. 아주 잔인하게.

셰익스피어는 이 작품에서 질투를 '사람의 고기를 먹는 녹색 눈의 괴물'로 묘사하면서 '깊이 사랑하지만 의구심이 사라지지 않고, 의심하면서도 열렬히 사랑한다'라는 명언을 남겼다. 오셀로는 결국 질투에 눈이 멀어 사랑하는 아내, 데스데모나를 죽이고 만다. 그것은 자신의 남성적 열등감을 자극시킨 아내에 대한 분노와 함께 내가 가질 수 없다면 아무에게도 주지 않겠다는 무시무시한 독점욕의 발로이다. 그래서 질투에 눈이 먼 증상을 '오셀로 증후군'이란 명칭으로 부르기도 한다.

진화론자들은 질투를 진화의 산물로 본다. 남자는 마음속에 자기 여자가 다른 남자와 관계를 가져 그 사이에서 태어난 아이를 양육하게 될지도 모른다는 불안을 가지고 있다. 한편 여자는 혹시나 아이를 키우는 데 필요한 재화를 다른 여자에게 빼앗길지도 모른다는 불안을 가지고 있다. 그런데 이것이 바로 질투를 낳는 원동력이 된다는 것이다.

그래서 남자들은 아내가 다른 남자와 오랜 기간 정서적 친밀감을 나눈 것보다 단 한 번이라도 섹스를 했다는 사실에 더 심한 질투를 느낀다. 그만큼 섹스를 통해 아내가 다른 남자의 아이를 가지게 된 것은 아닌지 불안한 것이다. 반면 여자들은 남편의 단순한 일회성 외도는 눈감아 줄 수 있지만 오랫동안 다른 여자와 친밀한 교감을 나누었다는 사실을 알게 되면 질투에 눈이 멀게 된다. 만남이 오랫동안 지속되면 그만큼 재화를 빼앗길 확률이 높기 때문이다.

어쨌든 내가 사랑하는 사람이, 나 아닌 다른 사람을 사랑할지도 모른다는 사실은 큰 두려움이다. 그것이 나의 평화로운 사랑을 깨고, 그동안 꿈꿔 온 인생의 방향을 순식간에 틀어 버릴 수 있는, 그래서 나의 생존 방식을 위협하는 위험한 것이 될 수 있기 때문이다. 그래서 사랑에 빠진 연인들은 끊임없이 상대를 탐색한다. 상대에게서 다른 사랑의 징후가 나타나지는 않는지 늘 촉각을 곤두세우고 있으며, 따라서 상대의 조그만 변화도 귀신같이 알아챈다.

그런데 질투가 너무 심해 상대가 다른 이성과 이야기를 나누거나 눈을 마주치는 것조차 견디지 못하는 사람들이 있다. 이들은 상대의 일거수일투족을 알아야 하고, 상대를 감시하며, 혹시라도 바람피운 징후가 포착되면 폭력적이 되기도 한다.

하지만 병적인 질투는 사실 자신이 외도하고픈 욕망을 상대에게 투사시켜 상대가 바람피우지 않는데도 바람피우고 있다고 믿는 경우가 많다. 이를테면 다른 남자에게 강한 성적 욕망을 느낀 아내가 그 감정을 남편에게 투사시켜 남편이 바람피운다고 믿는 의부증이 이에 속한다.

한편 병적 질투는 열등감이 심한 사람들이 상대가 나보다 더 나은 사람을 찾아갈지도 모른다는 불안을 느끼는 데서 생기기도 한다. 오셀로가 왜 간교한 이아고의 말에 그렇게 쉽게 넘어갔을까? 왜 오셀로는 사랑하는 아내, 데스데모나는 믿지 못하면서 이아고는 믿은 걸까? 오셀로는 자신이 흑인이라는 사실에 대해 열등감을 가지고 있었다. 그래서 아름다운 데스데모나가 흑인인 자신을 정말 사랑하는지 늘 불안했다. 그런 오셀로의 열등감은 이아고의 술책으로 폭발하게 된다. 안 그래도 불안정한 자부심을 짓밟힌 오셀로에게 남은 것은 질투와 복수의 감정뿐이었다.

만일 상대에게 "나만 봐"라고 요구하고 있다면, 언제 그의 마음이 변할지 몰라 전전긍긍하고 있다면, 끓어오르는 질투를 참을 수가 없다면 한번 생각해 볼 일이다. 혹시 자신감이 너무 없는 것은 아닌지, 그래서 항상 상대가 자신에게 실망해서 떠날지도 모른다는 불안감에 시달리는 것은 아닌지……. 나는 당신이 오셀로 증후군에 빠져 괴로워하는 일이 없기를 진심으로 바란다. 사랑하면 질투를 하게 마련인데, 그렇다고 질투 때문에 사랑을 안 할 수는 없는 노릇 아닌가. 그 좋은 사랑을…….

이상형만을 기다리는 사람들이 겪는 오류

"엄마, 나 밥 줘."

오후 늦게 선보러 나간 딸이 저녁도 안 먹고 들어오자 영은 씨 엄마는 기가 막혔다.

"아니, 너 밥도 안 먹고 헤어진 거야?"

"엄마! 나 진짜 이번에 결심한 게 있는데, 다음부터 엄마가 해 주는 거 절대로 안 나갈 거야."

"이번엔 또 왜? 그만한 사람을 어디서 찾는다고?"

"다른 집 엄마들은 자기 딸이 최고인 줄 안다는데, 엄만 도대체 날 뭘로 보는 거야?"

"네 나이가 있잖니."

"그래 나 서른한 살이야. 근데 요즘 세상에 서른하나가 뭐 그리 많은 나이라고 엄마는 자꾸 나이 타령이야?"

영은 씨가 바라는 이상형은 키가 크고 전문직에 유머러스한 남자이다. 그런데 소개팅이나 선을 보러 나가면 그런 남자는 고사하고 영락없이 아저씨 같은 생김새에 제대로 말도 못하는 남자들뿐이었다. 오늘도 마찬가지였다. 그래서 영은 씨는 욕 안 먹을 만큼만 자리를 지키고 있다가 나왔다. 그래도 이 세상 어딘가에는 자신이 바라는 이상형이 분명 있을 거라고 생각하면서…….

영은 씨는 그동안 많은 남자를 만났다. 그러나 이 남자인가 싶어 몇 번 만나면 그의 단점이 눈에 들어왔다. 서른 살이 되면서 영은 씨는 내심 초조해지기 시작했다. 이러다 주변 사람들이 경고한 대로 나이만 먹는 건 아닌지 걱정도 되었다. 그리고 자신이 싫다고 했던 단점투성이의 남자들이 괜찮은 여자와 결혼해서 잘 사는 모습을 보면 은근히 부아가 일었다. 저런 남자가 뭐가 좋다고…….
그러나 이제는 선을 보거나 소개팅을 해도 점점 더 아저씨 같은 남자만 나오는 게 영은 씨의 현실이었다.

이상형 속에 숨어 있는 비밀

우리는 누구나 마음속에 이상형을 품고 있다. 이상형을 만나 그(혹은 그녀)와 열정적인 사랑에 빠져 행복한 결혼에 이르는 꿈. 그것은 생각만 해도 가슴 떨리는 꿈임에 틀림없다.

그런데 정신분석적으로 볼 때 이상형은 내 마음속의 어떤 면을 투사한 존재일 가능성이 높다. 이를테면 '보호해 주고 싶은 여자'를 이상형으로 꼽는 남자는 정작 그 자신이 누군가의 돌봄과 보호를 받고 싶어 하는 것이다. 어떤 사람들은 자신이 가지지 못한, 그래서 무의식적으로 갈망하는 것을 이미 가지고 있는 사람에게 끌린다. 이들은 이상형과의 사랑을 통해 자신의 부족한 부분을 메우려고 하는 자기애적 시도를 반복하게 된다.

윤정 씨는 아버지 없이 자란 30대 여성이다. 어릴 적 아버지의 외도로 부모가 이혼한 후 초등학교 때 몇 번 아버지를 만났을 뿐이다. 그러다 어느 날 아버지가 다른 여자와 결혼해서 자식까지 낳았다는 얘기를 듣고, 인생에서 아버지를 지워 버렸다. 그녀에게 남은 건 생활고에 지쳐 가는 어머니의 신경질이었다. 어머니는 툭하면 윤정 씨를 붙잡고 하소연을 하거나 화풀이를 해 댔다. 그녀는 힘들 때마다 자신을 이 불행한 상황에서 구출해 줄 왕자님이 곧 나타날 것이라는 공상을 하며 버텼다.

윤정 씨의 이상형은 어떤 상황에서도 우직하게 그녀를 보호해 줄 수 있는 남자다. 그런데 이는 그녀 자신도 모르는 사이 무의식에서 키워 온 아버지에 대한 이상화였다. 자신이 원하는 걸 다 들어주는 너그러운 아버지를 바랐던 그녀의 갈망이 이상형에 투사된 것이다. 그러나 그와 동시에 그녀의 마음속에는 아버지에 대한 뿌리 깊은 불신과 원망이 자리 잡고 있었다. 그리고 그것은 그녀가 남자와 끝내 가까워질 수 없는 장벽으로 작용했다. 결국 아버지에 대한 이상화와 미움이라는 정반대의 감정은 그녀로 하여금 이상형에 무모하게 집착하면서도, 만나는 남자마다 단점부터 잡아냄으로써 가까워지는 것을 막게 만들었다.

그들이 사랑에 빠지지 못하는 이유

사랑은 상대를 이상화하는 것으로 시작한다. 내가 원하는 특성이나 이상을 가진 그는 세상에서 가장 멋진 사람일 수밖에 없다. 그런 그에게 내가 유일한 사람이 된다면 얼마나 기쁘겠는가. 그러한 욕망은 이상화를 부추겨 남들이 '눈에 콩깍지가 씌었다'고 놀리는 상태에 이른다. 그러나 애석하게도 실제로 몇 번 만나 보면 그는 내가 원하는 특성을 아예 갖고 있지 않거나 아주 조금 가지고 있을 뿐이다. 모든 사람이 이러한 과정을 예외 없이 겪는다. 이것은 곧 이상화가 서서히 현실의 땅으로 내려오는 과정으로 비유될 수 있다. 그래서 상대가 비록 내가 생각했던 것만큼 이상적인 사람이 아니지만 감사하고 배려하며 그를 더 깊이 사랑하게 된다.

우리가 첫사랑을 거쳐 여러 사람과 데이트를 해 본 뒤에야 정말로 사랑하는 사람을 만나는 것도 이상적인 사람과 사랑에 대한 환상의 실체를 벗겨 내는 과정이라 할 수 있다. 여러 사람과 만나고 헤어지며 우리는 배우게 된다. 우리는 모두 상처받은 영혼임을, 내가 완벽할 수 없는 것처럼 세상에 완벽한 사람은 존재하지 않는다는 것을, 그리고 사랑이란 이런 것들을 인정하고 상대를 받아들이는 가운데 우리의 인생을 더 넓고 깊게 확장시키는 것임……. 또한 우리는 그런 경험을 통해 어떤 사람을 사랑할 수 있으며, 어떤 사람과 함께할 수 없는지를 배우게 된다.

그런데 영은 씨나 윤정 씨처럼 아예 이상형을 정해 두고 그 대상을 찾으면 사랑에 빠질 수 없게 된다. 바라는 이상형을 만나기도 어려울뿐더러 그런 비슷한 사람을 만난다 해도 그가 내가 바라던 사람이 아니면 어떻게 하나 의심부터 하기 때문에 사랑에 빠지려야 빠질 수가 없는 것이다. 그러니 그들은 '콩깍지가 씐다'는 말의 의미를 모르며, 이상적인 모습 뒤에 숨어 있는 상대방의 실체가 보이기 시작하면 실망하여 돌아서게 된다. 그러므로 끝까지 이상형만 고집할 경우 얻는 것은 좌절과 실망뿐이다. 그리고 이는 오히려 이상적인 연인에 대한 집착만 강화시키게 된다.

혹시 당신도 이상형이 나타나기만을 기다리고 있는가? 그렇다면 당신은 또다시 실망하고 좌절할까 봐 두려워하고 있는 것이다. 즉 이상형을 만나자마자 과거의 상처를 보상받고 싶은데, 상대에게 실망만 하게 될까 봐 두려운 것이다. 그러나 진정 당신이 원하는 것은 사랑의 과정을 통해 서서히 이루어진다. 그러니까 이제라도 이상형을 만나는 순간 당신이 바라는 모든 것이 단박에 이루어질 것이라는 착각에서 벗어나야 한다. 사랑은 인내와 시간이 필요한 것이고, 그 안에서 우리는 천천히 성장하고 천천히 바뀌어 나간다.

말 안 해도 통하는 것을
사랑이라 믿는 사람들에게

어느 날 국제결혼을 한 부부가 나를 찾아왔다. 남자는 한국인이고 여자는 미국인이었다. 문화적 차이와 의사소통의 문제 때문에 지난 5년 동안 다툼이 끊이지 않았다는 부부. 남편이 먼저 말문을 열었다.

"이 사람은 아직도 내가 뭘 좋아하는지도 몰라요. 심지어 커피 한 잔을 타 줘도 매번 설탕 몇 스푼? 크림 몇 스푼? 사람 무시하는 것도 아니고 매사가 그런 식이니 짜증이 안 나겠어요?"

그러자 옆에 있던 아내가 비교적 유창한 한국어로 기가 막히다는 듯 말했다.

"아니, 사람이 때에 따라 마시고 싶은 커피가 다를 텐데, 말을 안 하면 내가 그걸 어떻게 알아요? 블랙으로 마시고 싶을 때도 있고, 조금 달게 마시고 싶을 때도 있잖아요."

사랑하는 사람들이 어느 순간 서로에게 내뱉는 말.

"그걸 꼭 말로 해야 아니?"

말 안 해도 다 아는 사이, 눈빛만 봐도 상대의 마음이 어떤지 지금 뭘 원하는지 아는 사이. 이렇게 가까운 사이에 대한 동경은 갓난아기 적 엄마 품에 안겨 있을 때의 기억으로부터 유래한다. 당시 엄마는 내 눈빛만 봐도 내가 배가 고픈지, 졸린지, 아니면 기저귀가 젖었는지 다 알았다. 이때 엄마와의 관계에서 느꼈던 하나가 된 듯한 일치감은 훗날 우리가 추구하는 사랑의 원형이 된다. 굳이 내가 말을 안 해도 엄마가 다 알았듯, 사랑하는 사람 또한 다 알아주기를 기대하게 되는 것이다.

그리고 사랑에 빠진 초기에는 서로 텔레파시가 통하는 듯한 경험을 실제로 하기도 한다. 왜냐하면 열정적인 사랑은 감각의 문을 모두 열어 놓아 직관력을 최고조로 높임으로써 연인 사이에 교감이 가능하게 해 주기 때문이다. 그래서 동시에 똑같은 말이 튀어나와 서로 마주 보며 깔깔대기도 하고, 동시에 같은 노래를 흥얼거리기도 하며, 같은 음식을 먹고 싶어 하기도 한다. 안 그래도 상대방에 대해 생각하고 있는데 마침 전화벨이 울리면 연인들은 서로 신기해하며 그것을 운명적인 만남의 증거로 받아들이기도 한다. 그러나 열정적인 사랑의 시기가 지나면 고조되었던 감각은 다시 원래의 상태로 돌아간다. 그래서 그 후로는 아무리 사랑하는 사이라 해도 서로의 마음이나 상태를 알려면 끊임없이 소통을 위한 노력을 해야만 한다.

그것이 결코 슬픈 것만은 아니다. 생각해 보라. 상대가 내 마음을 다 알고 있다면 정말 좋기만 할까? 아무리 사랑한다 해도 감추고 싶은 비밀이 있고, 상대에게 알리고 싶지 않은 극히 사적인 영역도 있는 법이다. 만약 이런 것들까지도 서로 다 알게 되면 오히려 사랑이 위험해질 수 있다. 마음속에서 생겨나는 갖가지 위험한 충동으로부터 사랑을 지키는 것도 우리의 몫인데, 모든 것을 알고 있으면 그게 불가능하게 된다.

그러니 사랑하는 연인들이여, 상대에게 원하는 것이 있으면 눈으로 말하지 말고, 입을 열어 구체적으로 요구할 일이다. 그리고 만일 연인이 "그걸 꼭 말로 해야 아니?"라고 물으면 이렇게 답하라.

"응, 제발 말좀 해 줘."

피그말리온식 사랑법
- 너는 내가 하자는 대로 해야 해!

호준 씨는 캠퍼스 내에서도 공인된 닭살 커플의 남자 주인공이다. 그는 패션 감각이 남다른 여자 친구 덕에 여러모로 호강했다. 매달 여자 친구가 지정해 준 미용실의 헤어 디자이너에게 머리 손질을 받고, 철마다 여자 친구에게 새로운 패션 아이템을 선물받았다. 나날이 세련되는 옷차림과 친구들의 찬사가 싫지는 않았지만, 옷은 물론 가방 하나를 사도 항상 여자 친구의 승인이 필요한 생활은 점점 재미없어졌다. 게다가 여자 친구의 요구는 패션에만 국한되지 않았다. 갑자기 몸짱이 되라며 하기 싫은 운동을 시키고, 재미없는 순정 만화를 강제로 읽히는 등 그녀의 요구는 끝이 없었다. 급기야 호준 씨는 참았던 말을 터트렸다.

"이걸 꼭 지금 입어야 해?"

"응. 얼른 화장실 가서 갈아입고 와."

"다음에 입을게. 지금은 귀찮아."

"제발~ 부탁이야~."

"휴, 내가……네 인형이니? 아니면 애완견이야?"

"오빠!"

누구나 그런 마음은 조금씩 있다. 사랑하는 사람을 내 마음에 맞게 바꿔 놓고 싶은 마음 말이다. 그래서 엄마가 세 살짜리 아들에게 맘에 드는 옷을 입히고 이거 해라, 저건 안 된다 조목조목 지시하듯이 사랑하는 사람을 내가 원하는 대로 바꾸려 든다. 만약에 상대방이 거부하면 엄마가 반항하는 아이에게 "엄마보다 널 더 사랑하는 사람이 있니? 그러니까 엄마가 시키는 대로 해. 그게 너한테 제일 좋은 거야"라고 타이르듯, 사랑하는 사람에게도 "이게 다 널 사랑해서야"라고 말한다.

'적어도 내가 사랑하는 사람은 이 정도는 되어야 해'라는 지극히 자기중심적인 당위성에서 출발하는 사랑, 상대를 내 맘대로 변화시키고 내가 원하는 사람으로 만들고 싶어 하는 사랑, 우리는 그런 사랑을 '피그말리온식 사랑'이라 부른다.

잘 알려져 있듯이 피그말리온은 고대 그리스의 조각가이다. 피그말리온은 아프로디테 여사제들의 문란한 생활을 보며 평생 독신으로 살기로 결심했다. 그의 꿈은 이 세상에서 가장 아름다운 여자를 조각하는 일이었다. 그는 갖은 정성을 다해 조각상을 만들고 '갈라테이아'라고 이름 붙였는데, 그만 그 조각상과 사랑에 빠지고 말았다. 그래서 꽃과 보석으로 조각상을 장식하고 값비싼 옷을 입히며, 조각상을 끌어안고 키스를 하는 등 마치 살아 있는 여인처럼 조각상을 소중하게 다루었다. 심지어 나중에는 그 조각상을 자신의 아내라고 부를 지경에 이르렀다. 하지만 조각상은 어디까지나 조각상일 뿐 생명체는 아니지 않는가. 안타까운 마음에 아프로디테의 제전의 날, 피그말리온은 기도를 드렸다.

"신이시여, 원컨대 제게 저 조각상 처녀와 같은 여성을 아내로 주소서."

아프로디테는 피그말리온의 청을 들어주었다. 조각상에 생명을 불어넣어 준 것이나. 그리하여 피그말리온은 살아 숨쉬는 갈라테이아와 결혼을 하게 된다.

사랑하는 사람을 자신의 이상대로 만들려 하는 피그말리온식 사랑은 영화 '마이 페어 레이디'에도 잘 나타나 있다. 언어학자인 렉스 해리슨은 꽃을 파는 소녀인 오드리 헵번을 6개월 만에 귀부인으로 만들겠다고 친구와 내기를 하고는 정말로 그녀를 바꿔 놓는 데 성공한다. 영화 '귀여운 여인'도 피그말리온식 사랑의 전형을 보여준다. 왜냐하면 백만장자인 리처드 기어가 거리의 여자인 줄리아 로버츠와 사랑에 빠지는데, 결국은 상대를 있는 그대로 존중했다기보다는 상대를 내가 원하는 우아한 여자로 변화시킨 뒤 사랑하게 되었다는 이야기이기 때문이다.

피그말리온식 사랑은 지극히 위험한 자기애적 사랑으로, 자기가 창조한 대상을 소유하고 지배하려는 욕망을 내포한다. 그래서 이 타입의 사람들은 상대가 자기와 다른 독립된 인격체라는 사실을 견디지 못한다. 다만 상대를 가르치고, 자기가 원하는 대로 바꾸려 하며, 상대가 가 보지 못한 곳을 보여 주고, 읽지 않은 책을 읽게 하며, 상대가 경험하지 못한 기쁨을 주려 하고, 상대의 말투나 매너, 옷 입는 법까지 자신이 바라는 대로 만들려고 한다.

상대를 바꾸기 위해 상대에 대한 자신의 우월성을 주장하다 보면 상대의 가치를 손상시키게 된다. 나중에는 상대에게 많은 것을 강요하게 되다 보니 상대가 자신을 사랑하는 것조차 강요에 의한 어쩔 수 없는 감정이 아닌가 의심하기에 이른다. 그래서 상대를 지배해서 소유하려는 사랑은 결국 사랑을 파괴하고 만다.

서로를 있는 그대로 사랑할 수 있을 때 더 행복한 법이다. 그러니 만일 사랑이라는 이름으로 상대의 의사는 물어보지도 않은 채 당신이 원하는 대로 상대를 바꾸려고 했다면 이제는 그만 방향을 돌려세워라. 생텍쥐페리가 말했다. '사랑이란 서로 마주 보는 것이 아니라 같은 방향을 바라보는 것'이라고. 서로 같은 방향을 보려면 상대가 나와 다른 독립된 존재임을 인정할 수 있어야 한다. 사랑하는 사람은 결코 내 주머니 속 인형이 아닌 것이다.

연인에게 부모의 역할을
강요하지 마라

대학원을 졸업하고 대기업에 입사해 현재 대리 말년차인 서른 두 살 지수 씨. 일 욕심이 많은 그녀는 주위 사람들이 "너무 일만 하는 거 아냐? 결혼도 해야지"라고 걱정하면 "언젠가 하겠죠"라고 대꾸하지만 속은 편치 않다. 안 그래도 요즘 남자 친구와 사이가 좋지 않기 때문이다. 처음에 남자 친구는 그녀가 바쁜 것도 모두 이해해 주고, 급하면 일을 거들어 주기까지 했다. 하지만 그녀가 승진을 하고 더 바빠지자 짜증을 내기 시작하더니 결혼하자고 독촉했다. 결혼으로 일에 소홀해지고 싶지 않았던 지수 씨는 대답을 차일피일 미루었다.

그러던 어느 날 회사로부터 2년 동안 해외 지사로 나가 근무해 보지 않겠느냐는 제안을 받았다. 한마디로 모두들 가지 못해 안달 하는, 놓치기 싫은 자리였다. 그런데 웬걸, 남자 친구가 가로막고 나섰다. 이제 더 이상 못 기다리겠으니 가려거든 헤어지자는 것이었다. 언제는 하고 싶은 일 맘껏 하라더니, 그녀는 남자 친구가 보이는 뜻밖의 반응에 충격을 받았다.

'나의 성공을 가로막는 것은 결국 나를 사랑하지 않는다는 뜻 아닌가?'

그래서 지수 씨는 요즘 7년간 사귄 남자 친구와 헤어질까 말까 심각하게 고민 중이다.

사랑은 이기적인 것이다. 그 사람이어야만 내 삶이 행복하고, 그 사람이어야만 외롭지 않고 충만한 삶을 살 수 있을 것 같기에 나에게는 그가 꼭 필요한 것이다. 어떻게 보면 존재론적 이기심이라고 할 수 있겠다. 게다가 그토록 찾아 헤맨 나의 반쪽이기에 그가 나 자신보다 더 소중하게 느껴지고, 그에게 내가 가진 모든 것을 내주어도 아깝지 않을 것 같다는 생각이 든다.

그런데 사람은 누구나 욕심을 내게 마련이다. 내가 그 사람을 가장 소중하게 생각하면, 그도 나를 가장 소중한 사람으로 여겨 주기를 기대하게 되는 것이다. 즉 그가 나만을 생각하고, 내가 행복해하는 모습을 봐야 비로소 그도 행복해하고, 내가 원하는 것을 그가 기꺼이 해 주기를 바라게 되는 것이다.

이러한 욕심이 더 심해지면 '그가 날 사랑한다면 내가 필요로 하는 모든 것을 해 줘야 해!'라고 생각하게 된다. 대등한 관계에서 어느 한쪽이 일방적인 보살핌을 받는 관계로 전락하는 것이다. 그러면 결국 사랑은 깨지고 만다.

주변에서 이런 이야기는 숱하게 들었을 것이다. 여자가 갖은 고생을 해서 남편을 뒷바라지했는데 남편이 고시 합격 후에 다른 여자와 바람났다더라. 유학 시절 말도 안 통하는 외국에서 아내가 어렵게 돈을 벌어 남편을 공부시켰는데, 남편은 막상 교수가 되자 다른 여자가 생겼다며 이혼을 요구했다더라. 이런 경우, 주변 사람들은 남자를 파렴치범으로 몰아가고 버림받은 여자는 심각한 우울증과 피해 의식에 시달린다.

이러한 관계가 깨질 수밖에 없는 이유는 몇 가지가 있는데, 먼저 발달의 불균형을 들 수 있다. 아내가 남편을 위해 온갖 고생을 도맡아 하고 있는 동안, 남편은 꾸준히 공부해서 남들이 부러워하는 위치에 오르게 된다. 그러면 남편이 성공한 이후에 둘의 관심사는 너무도 멀어져 의미 있는 대화가 힘들어진다. 즉 아내가 남편의 자아실현을 돕느라 자신의 자아를 돌보지 못했기 때문에 결국에 가서는 서로가 다른 세계에 속한 이방인이 되고 마는 것이다.

두 번째 이유는 남편의 부채감이다. 어찌 되었든 남편은 아내에게 빚을 졌다. 남편은 채무자가 되고 아내는 채권자가 되는 것이다. 이 경우 아내는 과거의 희생을 담보로 은근히 남편을 조종하고 지배하려 든다. "이게 다 내 덕인 줄 알아"라고 큰소리치는 듯한 아내의 모습을 보며, 남편은 빚진 느낌에서 벗어나고 싶어 한다.

세 번째 이유는 이들의 관계가 이성 관계라기보다는 모자 관계에 더 가깝다는 것이다. 아내는 입시생인 아들을 돌보는 어머니 같은 역할을 한다. 그러면 남편에게 아내는 여자라기보다는 어머니로 느껴진다. 따라서 아내와는 사랑을 나눌 수 없게 된다. 어머니와 어떻게 이성 간의 사랑을 나눌 수 있겠는가. 이는 남편이 아무리 아내의 희생에 보답하려 해도 참 어려운 문제이다.

그리고 희생을 자처하고 혼자 힘든 일을 다 감당한 것은 아내 본인의 선택임을 간과해선 안 된다. 그렇다고 아내를 저버린 남편들을 옹호하는 것은 아니다. 아무리 위험 요소가 많다고 하더라도 이들의 사랑이 깨진 가장 큰 이유는 '남편의 배신'에 있기 때문이다.

앞의 지수 씨는 자신의 자아실현을 위해서 모든 것을 서포트 해 줄 남자를 필요로 한다. 그런 꿈을 꾸는 것은 아마 그녀만이 아닐 것이다. 우리는 모두 나만을 사랑하고 나를 위해 모든 것을 해 줄 수 있는 사람을 꿈꾼다. 마치 어릴 적 꿈꾸던 '패밀리 로맨스' 처럼 말이다. 패밀리 로맨스란 나의 부모는 친부모가 아니고 다른 곳에 있는 어떤 고귀한 집안의 사람들인데, 어떤 피치 못할 사정으로 내가 여기서 살게 되었을 거라고 생각하는 어릴 적 판타지를 말한다. 그 속에서 아이는 언젠가 친부모가 찾아와 자신이 원하는 모든 것을 들어줄 것이라고 생각한다.

어려서부터 야무지고 똑똑했던 지수 씨는 부모님의 사랑과 기대를 한 몸에 받았다. 부모님은 그녀가 해 달라는 것은 거의 다 해 주는 편이었다. 그러나 성인이 되고 사회에 나오자 그녀의 부모님은 더 이상 예전의 부모님이 아니었다. 이젠 모든 것을 그녀 혼자 해 나가야 하는 외로운 상황에 직면하게 된 것이다. 그럴 때 그녀에게 큰 힘이 되어 준 사람이 바로 남자 친구였다. 그런데 이제 와서 더 이상은 안 된다니 한편으로는 화가 나는데 또 한편으로는 남자 친구를 잃어버릴까 봐 두려웠다. 그녀에게 남자 친구는 부모의 대치물이었던 것이다.

지수 씨가 겪고 있는 문제는 요즘의 젊은이들이 당면하고 있는 문제이기도 하다. 어릴 적부터 부모의 과도한 기대와 과보호 속에서 살아온 세대. 공부만 잘하면 모든 것이 용서됐던 세대. 그래서 스스로 무엇을 결정하거나 책임을 져 본 적이 없는 사람들이 성인이 되어 냉혹한 현실에 내던져진 것이다. 이제 그들은 부모처럼 자신을 온전히 뒷받침해 줄 수 있는 연인을 꿈꾼다. "날 사랑한다면 그 정도는 해 줘야 하는 거 아냐?"라고 당당히 말하면서…….

그러나 연인은 부모가 아니다. 그저 나와 같은 것을 바라는, 나와 비슷한 사람일 뿐이다. 그러므로 연인에게 부모의 역할을 강요하지 마라. 그리고 "사랑한다면서 이것도 못해 줘?"라고 묻기 전에 한번 생각해 보라. 과연 나는 그에게 필요한 것을 해 주고 있는가를. 사랑이란 일방적으로 요구하는 것이 아니라, 서로의 욕구를 조율해 나가는 것이므로.

결혼,
그 두려움에 대하여

　　오늘따라 일이 영 손에 잡히지 않는 수연 씨. 점심도 마다하고 자리에 앉아 인터넷 서핑을 하며 마음을 달래고 있다. 메신저 친구들 모두 밥을 먹으러 갔겠지 생각했는데 아니었나 보다. 경아였다.

　　낑아 : 오늘 상견례 한다고?

　　전격발표 : 응.

　　낑아 : 부럽다. 어디서 만나?

　　전격발표 : 몰라. 갑자기 가기 싫어 죽겠어.

　　낑아 : 왜? 싸웠어?

전격발표 : 아냐. 그런 건 아닌데, 어유~.

낑아 : 무슨 일이야?

전격발표 : 경아야.

낑아 : ?

전격발표 : 나 이 사람하고 결혼하는 게 맞는 거니?

낑아 : 헉.

결혼을 앞둔 사람들이 그 문 앞까지 가서 머뭇거리는 일이 종종 있다. 과연 저 문으로 들어가는 게 옳은 걸까? 이 사람이랑 결혼하는 게 괜찮은 걸까? 결혼이 나랑 안 맞으면 어떡하지? 과연 나는 행복하게 살 수 있을까? 결혼은 미친 짓이라는데 나도 금방 후회하는 건 아닐까? 여러 상념이 머리를 스쳐 지나간다. 수연 씨도 그랬다. 상견례가 끝나면 결혼 날짜 잡는 것부터 시작해서 거의 일사천리로 일이 진행될 것이 뻔했으므로, 상견례 자리에 가는 게 너무 두려워진 것이다.

사실 다른 사람과 하모니를 이루면서 함께 살아가는 것이 쉬운 일은 아니다. 열정은 어느 순간 식어 버리고, 상대의 실망스러운 점들을 견디는 게 쉽지 않고, 생활로 들어가면 당장 경제적인 문제에 부딪힌다. 그러면 부모님들처럼 그저 생활에 찌들어 사는 것은 아닌지 불안해진다. 이외에도 결혼 때문에 자신의 꿈을 접거나 방향을 틀어야 한다면, 결혼이 인생에 있어 큰 전환점일 수밖에 없다.

그래서 예비 신랑 신부는 극도로 예민하고 걱정이 많다. 본격적으로 결혼 준비에 들어가면 거의 모든 남녀가 한두 번씩은 꼭 싸운다. 하지만 만날 때마다 싸우지 않는 것만도 천만다행이다. 그만큼 결혼을 앞두고 생기는 불안감은 크며, 그것은 누구도 피해 갈 수 없다.

그런데 정신분석을 하는 내 입장에서 보자면 결혼을 말리고 싶은, 잘못된 만남이 분명 있다. 인간은 누구나 과거의 불행을 반복하려는 '반복 강박'이라는 충동을 마음속에 가지고 있다. 그래서 과거에 힘들었던 관계를 그대로 현재에 옮겨 놓은 듯한 관계를 선택하는 경우가 종종 있다. 알코올 중독 아버지를 둔 여성이 술을 지나치게 좋아하는 남성과 결혼하고, 심약한 어머니를 둔 남성이 그런 여성을 아내로 맞이하는 경우가 그에 속한다.

아무리 결혼을 약속한 사이라도 두 사람의 관계가 각자의 과거로부터 오는 내적 갈등에 의해 병적으로 얽혀 있다면 결혼을 재고할 필요가 있다. 두 사람이 만날 때마다 싸우고 서로 미워하면서도 그놈의 정 때문에 헤어지지 못하고 있다면, 혹은 두 사람의 관계가 일방적인 측면이 많고 결코 편하지 않다면 곰곰이 돌이켜 보라. 혹시 상대가, 과거에 나를 힘들고 고통스럽게 했던 그 누군가와 닮아 있지 않은지 말이다. 알코올 중독에 빠진 아버지 때문에 그렇게 힘들었는데, 또다시 아버지와 비슷한 사람을 만날 필요는 없지 않겠는가.

그럼에도 서로가 자신들의 갈등을 제대로 숙지하고 있고, 앞으로 해결할 수 있다는 자신감을 갖고 있다면 이야기는 달라진다. 하지만 그 정도로 성숙한 사랑이 아니라면, 그것은 과거의 불행을 다시 한 번 반복하려는 당신의 강박일지도 모른다. 불행의 대물림은 당신이 끊어야 한다. 어느 누구도 그것을 대신 해 줄 수 없다. 당신의 인생이므로 당신이 용감하게 끊어 내야 하는 것이다.

결혼이 사랑의 무덤이라면 삶이 끔찍하지 않을까?

삶의 무게와 획일성으로부터 벗어나 자유를 즐기며 살고 싶은 외과의사 토마스. 그에게 결혼이란 '참을 수 없이 무거운 인생의 굴레이자 자유로운 인생의 끝'일 따름이다. 예전에 미처 그 사실을 몰라 실수로 결혼을 한 적이 있지만, 더 이상은 아니었다. 한 번의 결혼을 통해 그는 자신이 평생 한 여자만 바라보며 살 수 없는 부류의 인산임을 깨달았다. 결혼의 의무, 남편의 사명 따위를 갖지 않을 때 비로소 마음이 가벼워진다는 토마스. 자유연애주의자인 그는 진지한 삶의 자세로 운명적인 사랑을 믿는 테레사와 모든 속박을 거부하는 자유분방한 화가 사비나를 동시에 사랑한다.

  토마스와의 사랑을 운명으로 받아들이는 테레사는 끊임없이 자유연애를 즐기는 토마스를 이해하지 못하고 갈등한다. 결국 테레사는 토마스의 가벼움을 견디지 못하고 그를 떠나게 된다.

  위는 밀란 쿤데라의 『참을 수 없는 존재의 가벼움』에 나오는 이야기로, 우리에게 사랑과 결혼과 삶의 의미를 묻고 있다. 소설 속에서 토마스는 나중에 테레사를 찾아간다. 참을 수 없는 인생의 굴레를 또 한 번 쓰더라도 그녀와 삶을 같이하고 싶었던 것이다. 그러나 안타깝게도 두 사람은 서로의 사랑을 확인하던 날 교통사고로 목숨을 잃게 된다.

흔히 "사랑은 꿈이고 결혼은 현실이다"라고 말한다. 러셀 또한 "결혼 생활의 많은 의무나 현실 앞에서 사랑은 퇴색될 수밖에 없다"라고 말했다. 토마스도 그렇게 생각했을 것이다. 그래서 처음에 테레사를 떠나보낼 수밖에 없었으리라. 테레사를 붙잡기엔 결혼이 너무 무겁다고 생각했던 것이다.

그런데 토마스는 왜 나중에 테레사를 찾아간 걸까? 그들이 교통사고로 죽지 않았다면 행복한 삶을 살았을까? 분명한 사실 하나는 그들이 만일 결혼했다면 반드시 후회했을 거라는 점이다. '미치지 않고서야 내가 왜 결혼을 했을까?' 라고. 원래 결혼이란 해도 후회, 안 해도 후회인 법이니까. 그런데 사람들은 왜 결혼을 하는 것일까?

부부가 맺는 관계는 대략 다음의 세 가지 영역에 걸쳐 이루어진다. 우선은 현실적인 영역으로 '결혼으로 내가 얻는 것은 무엇인가' 와 관련되어 있다. 경제력이 확보된다든가, 심리적 안정을 얻는다든가, 외로움에서 벗어난다든가 등등이 이에 속한다. 두 번째는 문화적 영역으로 두 사람의 문화적 기대가 서로 얼마나 조화를 이루느냐 하는 문제다. 그리고 마지막은 심리적 영역으로, 서로의 무의식이 충돌해서 어떤 결과를 낳는지와 관련되어 있다.

이 세 영역이 얽히고설키면서 결혼 생활은 상당히 역동적이 된다. 서로에 대한 기대와 실망, 애정과 미움 등 온갖 감정이 끊임없이 뒤섞이기 때문이다. 어느새 부부는 서로에게 자신의 가장 밑바닥까지 드러내게 된다. 그래서 정말 아무것도 아닌 일로 목숨 걸고 싸우며, 다른 사람한테는 절대 하지 않을 치명적인 말도 서슴없이 내뱉는다. 그처럼 한바탕 싸우고 나면 서로 큰 상처를 입지만 '미안해, 앞으로는 잘할게' 라는 한마디면 또 모든 것이 괜찮아진다. 지옥과 천당을 오가는 이런 과정은 끊임없이 반복된다. 그래서 리처드 스틸은 "결혼이란 우리가 이 세상에서 경험할 수 있는 가장 완벽한 이미지의 천당과 지옥이다"라고 말하기도 했다.

부부가 싸우면서 서로에게 유치하고 옹졸한 모습까지 보일 수 있는 것은 그만큼 사랑과 믿음이 뒷받침되는 관계이기 때문이다. 미친 짓을 하더라도 상대가 나를 사랑하니까 결국에는 그것을 껴안아 줄 거라는 믿음을 가지고 있는 것이다. 그러나 만일 신뢰가 깨진 관계나면 이야기는 달라진다. 그럴 경우 싸움은 일시적인 것에 그치지 않고, 상대에 대한 실망과 미움으로 인해 파괴적으로 치닫게 된다. 그러면 정말 결혼은 사랑의 무덤이 되고 만다.

그렇기 때문에 결혼 생활을 잘하려면 회복 불가능한 상처를 입지 않도록 서로를 배려하고 존중해 주어야 한다. 특히 신뢰를 깨거나 상대에게 깊은 상처를 남기는 말과 행동은 삼가야 한다. 결혼 그 자체가 사랑의 무덤이 아니라 우리 자신의 잘못된 행동과 말이 순식간에 결혼을 사랑의 무덤으로 만들 수 있음을 명심해야 하는 것이다.

결혼이라는 구속을 견딜 수 있을까?

토요일 아침, 지영 씨는 침대에 누워 텅 빈 주말에 대한 계획을 세워 본다.

'오늘은 대청소하고 나서 영화나 볼까?'

예전에는 안 그랬는데 요즘은 주말이 정말 싫다. 평생 결혼하지 말고 같이 재미있게 살자던 친구들은 하나 둘 청첩장을 내밀더니 이제는 거의 다 시집을 갔다. 그런 친구들이 요즘은 만나기만 하면 "결혼 괜히 했다. 넌 혼자 살아라" 하면서 남편 욕에 시댁 욕을 하느라 바쁘다. 그러면서도 본격적으로 놀 만한 시간이 되면 시계를 흘끔흘끔 보다가 남편이 기다린다며 쪼르륵 가 버리거나, 주말에 심심해서 전화라도 하면 온갖 핑계를 대며 다음에 보자고 한다. 은근히 괘씸한 생각이 들어 다시는 먼저 전화하지 않으리라 다짐한 터다.

'참, 오늘 저녁에 혜원 언니 결혼식이 있지!'

혜원 언니는 어릴 적부터 그녀가 존경 어린 눈으로 바라보던 사촌 언니다. 쉰 살이 다 되도록 혼자 살면서 자기 일과 인생을 즐기던 멋진 언니. 만나면 "난 이렇게 혼자 사는 게 편해. 연애나 가끔 하면서"라고 말하며 철저하게 독신주의를 표방했는데, 그 언니가 결혼을 한다는 것이다. 남자가 그리 멋있어 보이지도 않던데 뭐가 그리 좋은 건지……. 그런데 이상한 것은 어딘지 모르게 차갑고 뾰족해 보이던 언니가 예전보다 훨씬 부드러워지고 예뻐졌다는 사실이다. 결혼 소식은 충격이었지만, 여하튼 토요일 저녁에 갈 곳이 생겼다는 게 다행스럽게 느껴진다.

침대 위에서 뒹굴며 지영 씨는 잠깐 남들처럼 결혼이란 걸 해 볼까 생각한다. 안 그래도 요즘 서른셋이란 나이가 얼굴에 드러나기 시작하고, 해가 지면 빈방에 외로움이 물밀듯 밀려오는 날이 많아졌다. 그러나 곧 머리를 흔들며 정신을 차린다.

'결혼이라니, 미쳤지. 매일같이 아무것도 아닌 일로 서로 으르렁거리는 부모님을 보며 저럴 거면서 왜 결혼을 했을까 생각한 적이 한두 번이 아닌데……'

본인 챙기기도 힘든데 옆에서 이것저것 요구하는 귀찮은 혹이 하나 더 생긴다고 생각하니 끔찍하기만 하다. 역시 지영 씨에게 결혼은 생각만 해도 숨이 막히는 것이다.

'넌 구속당하며 살기는 싫어. 더구나 나처럼 게으르기로 유명한 사람이 그걸 견뎌 내겠어? 아마 나랑 결혼하는 사람도 날 못 견뎌 할걸? 그리고 같이 살다 언제 마음이 변할지 모르는데, 어떻게 한 사람에게 내 인생을 걸 수 있겠어? 게다가 아이라도 낳아 봐. 애를 누가 키워? 아, 끔찍하다. 그래, 결혼은 절대 안 돼.'

이렇게 정리하니 마음이 한결 가뿐해진다. 화창한 토요일이다.

혼자 사는 생활의 가장 큰 어려움은 아마도 외로움일 것이다. 불이 꺼져 있는 집에 들어가기가 싫다면, 사람 목소리가 그리워 텔레비전을 틀어 본 적이 있다면, 전자레인지에 덥혀 먹는 즉석요리나마 함께 먹어 줄 사람이 있으면 좋겠다는 생각을 해 봤다면, 외롭다는 게 얼마나 큰 고통인지를 이해할 수 있을 것이다.

반면 결혼 생활의 가장 큰 어려움은 구속당하는 느낌이리라. 하고 싶은 일을 마음대로 못하고, 여행도 마음대로 못 가며, 게다가 아이라도 생기면 그야말로 책임과 의무라는 사슬에 꽁꽁 묶인 듯한 느낌이 든다.

몇 년 전 한 친구가 나에게 푸념하듯 말했다. 어느 날 일을 마치고 새벽 2시쯤 집에 들어갔더니 부인과 아이 둘이 자고 있는데 이불 밖으로 발 여섯 개가 보이더란다. 순간 친구는 숨이 탁 막혀 오면서 어디론가 도망치고 싶었다고 한다. 아마도 그런 느낌이었으리라. 존 업다이크의 소설 『달려라 토끼』에서 해리가 도망간 것도.

취사도구 세일즈맨으로 일하는 해리. 과거에 고교 농구 선수로 명성을 날린 그는 매일 똑같이 반복되는 일상에 질식할 것만 같다. 그런데 늘 텔레비전을 끼고 살던 아내가 어느 날 임신을 했다고 말한다. 그러잖아도 쳇바퀴 같은 인생이었는데 아이까지 생기다니……. 그는 어느 날 차를 몰고 우발적으로 가출을 감행한다. 우여곡절 끝에 정신을 차리고 집으로 돌아왔는데, 그를 반기는 것은 갓난아기의 울음소리와 아내의 끝없는 잔소리뿐이다. 해리는 또다시 가출을 한다. 그리고 처음 가출했을 때 만난 매춘부에게로 간다. 그러나 거기에서도 얼마 버티지 못한다. 그 여자마저 임신을 했기 때문이다. 해리는 잠깐 가게에 다녀온다고 나와서는 어디론가 또 도망을 친다.

외로움과 구속당하는 느낌은 가장 견디기 힘든 감정 중의 하나다. 그런데 참으로 슬픈 사실은 외롭지 않으려면 구속을 택해야 하고, 구속을 당하지 않으려면 외로움을 견뎌야 한다는 것이다. 외로운 게 싫어서 결혼하기는 싫은데, 구속당하는 게 싫다고 함부로 결혼을 무를 수도 없는데……. 과연 어떻게 해야 할까? 자유로우면서도 외롭지 않은 삶은 정말 없는 걸까?

그런 질문을 하기 전에 먼저 알아야 할 사실이 있다. 결혼했다고 외롭지 않은 것은 아니다. 심지어 사랑하는 사람이 옆에 있는데도 외로울 때가 있다. 또한 싱글이라고 구속당하는 게 없는 것도 아니다. 생계를 유지하려면 돈을 벌어야 하고, 그러면 그 무엇엔가는 구속될 수밖에 없다. 결국 어떤 삶의 형태를 취하든 완전히 자유로우면서도 외롭지 않은 삶이란 없다. 그저 조금 더 자유로우면서도 조금 덜 외로운 삶이 있을 뿐이다.

그러므로 결혼을 하기로 마음먹었다면 먼저 그 삶이 가진 한계를 인정하고 받아들여야 한다. 그것이 행복하고 유쾌하게 살아가는 첫걸음이다.

부모로 산다는 것의 의미

내가 처음으로 엄마가 되었던 때를 되돌아본다. 지금 큰아이가 대학생이니, 참 오래도 되었다. 사실 나의 첫 임신은 실패로 끝났다. 인턴(수련의) 시절의 일이다. 결혼하고 곧바로 의도치 않게 아이를 갖게 된 나는 임신의 기쁨을 느끼기도 전에 고된 현실과 싸워야 했다. 그러잖아도 피곤한 몸에 잠은 항상 부족했고, 입덧을 티 내지 않기 위해 이를 악물어야 했던 날들. 그때마다 태어날 아기를 생각하며 기운을 내려 했지만, 언제나 그렇듯 힘든 시간은 너무나 더디게 흘러갔다.

그러던 어느 날 중환자실에서 당직을 서다가 세 명의 환자에게 심폐소생술을 해야 하는 기막힌 상황이 벌어졌다. 심폐소생술은 30분만 하고 나면 건장한 남자라도 온몸에 땀이 배고 다리가 후들거릴 정도로 힘이 드는 작업이다. 그런데 차례로 환자 세 명의 심장이 멈췄다. 선배들이 차례로 달라붙어 그 일에 매달리는 상황에서, 나는 차마 '저 임신 중인데요'라고 말할 수가 없었다. 아직 임신 초기라 배 속의 아기가 걱정되긴 했지만, 나도 온 힘을 다해 환자의 가슴을 압박했다. 그리고 다음 날부터 시작된 하혈은 결국 유산으로 이어졌다.

그날 밤 나는 참 많이 울었다. 한 생명을 구하려다 내 아이를 잃은 아이러니. 한 번도 의사가 된 것을 후회한 적이 없는데 그때만큼은 내 직업이 원망스러웠다. 그렇게 나는 나의 첫아이를 잃었고 한동안 그 후유증 때문에 힘들었다.

그로부터 2년 후 다시 임신을 했다. 그런데 임신 2개월째 피가 비치기 시작하면서 유산 가능성이 높다는 진단을 받았다. 이번에도 아이를 잃을 순 없었다. 그래서 레지던트(전공의) 수련 중이었지만 한 달간 휴가를 내고 집에서 쉬었다. 엄마가 된다는 게 정말 쉽지 않다는 사실을 뼈저리게 느끼는 하루하루였다. 다행히 이후로는 유산기가 보이지 않았고 아기도 잘 자라 주었다.

점차 출산일이 다가오면서 내 몸속에서 아이를 무사히 키워 냈다는 것이 기쁘고 아이를 빨리 보고도 싶었지만, 한편으론 두려운 생각이 들었다. 내가 과연 좋은 엄마가 될 수 있을까? 아이를 잘 키울 수 있을까? 한창 일하고 공부해야 할 시기인데 일과 육아를 제대로 병행할 수 있을까? 일 때문에 아이에게 충분한 시간과 사랑을 줄 수 없게 된다면? 혹은 아이 때문에 일과 공부를 소홀히 할 수밖에 없게 된다면? 그래서 내가 만일 아이를 귀찮아 하게 된다면? 그런 여러 가지 상념이 내 머릿속을 스쳐 지나갔다.

사실 아이를 낳고 엄마가 되는 과정은 우리에게 신체적·정신적·경제적으로 많은 변화를 요구한다. 우선 아이를 가지면 몸에 변화가 생기는데, 그것 때문에 성적 매력을 잃어버림으로써 남편의 관심이 멀어지지 않을까 불안한 마음이 든다. 요즘처럼 육아에 돈이 많이 드는 현실에서는 경제적 부담감 또한 만만치 않다. 아이 때문에 꿈을 수정하거나 포기해야 할지도 모른다는 불안감도 우리를 멈칫거리게 만든다.

나 역시 막연한 두려움을 느끼면서 출산일을 맞이했다. 그런데 여기서도 문제가 생겼다. 자궁 수축은 오는데 통증도 없고 도통 출산이 진행되지 않았다. 분만 촉진제를 맞고 기다렸지만 여전히 출산의 기미는 보이지 않고 태아의 심박동수만 느려지기 시작했다. 하는 수 없이 응급으로 제왕 절개 수술을 받았다. 5분만 늦었어도 큰일 날 뻔했다는 말을 들으면서 말이다.

이런 우여곡절 끝에 드디어 아이를 내 품에 안게 되었다. 꼼지락거리며 하품을 하는 아기의 모든 것이 신비로웠다. 마치 우주를 품에 안고 있는 느낌이었다. 그 작은 생명이 나에게 주는 신비한 행복감이란 이루 말할 수 없었다.

부모 되기보다 더 힘든, 부모 노릇 하기

정신과 의사로 환자들의 마음을 치료하다 보니 인간의 발달 과정과 관계에 대한 공부를 많이 해야만 했다. 그 과정에서 부모 상담과 양육 방법에 대한 상담도 수없이 했다. 그래서 사실 이론적으로 보면 나는 완벽한 엄마가 되어야 했다. 나는 내가 배운 모든 것을 아낌없이 아이에게 적용해 보리라 마음먹었고, 그것은 어느 정도 자신 있는 일이기도 했다.

그러나 중이 제 머리 못 깎는다고 막상 엄마 노릇을 하려니 모든 것이 서툴렀다. 목도 못 가누는 연약한 아기에게 옷을 입힐 때면 행여 팔이라도 부러뜨릴까 쩔쩔맸고, 아기를 안고 목욕을 시킬 때면 혹시 잘못해서 아이를 물에 빠트릴까 봐 조마조마했다. 결국 나는 친정어머니의 도움을 받을 수밖에 없었다.

나는 아이를 낳고 4주 뒤 병원에 복귀했는데 그때부터 전쟁이 시작되었다. 내 몸 돌볼 여유도 없이 직장에 다니는 것도 힘들었지만, 그보다 나를 더 힘들게 한 것은 아이를 제대로 돌보지 못하고 있다는 죄책감이었다. 어느 날 퇴근 후 혼자 울고 있는 아이를 보고 달래기는커녕 아이를 안고 같이 울었던 것도 그 때문이리라. 아이와 얼마나 오래 함께 있느냐보다 같이 있는 동안 얼마나 최선을 다하는가가 더 중요하다는 사실을 알고 있었지만, 막상 그게 내 일이 되고 보니 부모 마음이란 게 교과서에서 시키는 대로 흐르지 않았다. 그뿐 아니었다. 정말 많이 부족한 엄마임에도 불구하고 나는 때때로 아이를 미워했다. 아이가 나의 성공을 방해하는 것처럼 느껴질 때가 종종 있었으니까.

그렇게 나는 아이들을 사랑하고, 또 미워하며 한 인간으로 조금씩 성장해 나갔다. 그러니까 내가 아이들을 키웠다기보다는 아이들이 나를 엄마로 키웠다고 하는 게 맞을지도 모르겠다.

어느새 훌쩍 커 버린 아이들을 보며

큰아이가 네 살 되던 해 나는 둘째 아이를 임신했다. 그런데 이번에도 임신 기간은 순탄치 않았다. 공교롭게도 둘째를 임신하고 나서 얼마 지나지 않아 친정아버지가 큰 수술을 받으셨다. 그러다 보니 아버지 간병하랴, 큰아이 키우랴 제정신이 아니었다. 우여곡절 끝에 둘째를 낳았는데 심장병이 있었다. 수술은 생후 10개월에나 가능했고 그때까지 아기는 숨을 헐떡이느라 젖도 제대로 빨지 못했다. 밤새 아이를 돌보고 아침이 되면 다시 병원으로 출근하는 강행군이 계속되었다. 그때 나는 밤마다 빌었다. 이 아이를 살려 주신다면 더 이상 아무것도 욕심내지 않고, 어떠한 것도 바라지 않고 살겠다고…….

그런데 그처럼 온 신경이 둘째에게 가 있다 보니 큰아이를 돌볼 틈이 없었다. 하지만 당시 피로와 걱정으로 찌들어 있던 나는 당혹해하는 큰아이의 마음을 헤아리지 못했다. 아니, 도리어 큰아이에게 짜증을 내곤 했다.

다행히 심장 수술이 성공적으로 끝나 둘째 아이는 건강을 되찾았다. 그러나 둘째 아이의 가슴에는 기다란 수술 자국이 남았고, 큰아이의 마음에는 그때 받은 상처가 고스란히 남았다. 내 마음에도 아이들에게 충분한 엄마가 되지 못했다는 죄책감과 상처가 남았다. 나는 이후 두 아이를 키우면서 그 상처들을 어떻게든 치유해 보려고 노력하고 또 노력했다.

그리고 많은 시간이 흘렀다. 아이들은 어느새 훌쩍 커 버려 올해 둘째 아이가 대학에 들어간다. 돌이켜 보면 결코 순탄치 않은 날들이었지만 지금은 아이들이 다 커서 더 이상 나의 보호를 필요로 하지 않는다는 사실이 아쉽기만 하다.

초보 부모들에게 해 주고 싶은 이야기

내가 세상에 태어나 가장 잘한 일이 있다면 그것은 바로 두 아이를 낳고 키운 것이다. 그래서 요즘 아이를 낳지 않으려는 사람이 점점 많아진다는 사실이 참으로 안타깝다.

나에게 모든 것을 의지하는 작은 생명을 품에 안고 키우는 것은 인생에서 다시는 찾아오지 않을 행복이다. 그러니 아이의 성장을 지켜보며 그 시간을 마음껏 즐겨라. 아이는 그저 진심으로 자신을 사랑해 주는 누군가가 있으면 잘 성장하게 마련이다. 그러므로 아이의 성취를 사랑하는 부모가 아니라 아이의 존재 자체를 사랑하는 부모가 되어야 한다.

완벽한 부모가 되겠다는 부담감은 떨쳐 버려라. 이 세상에 완벽한 부모는 아무도 없다. 어차피 인간은 틀리기 쉬운 존재에 의해 길러진다. 그 틀림 속에서 여유와 배려, 감사와 유머가 싹튼다. 그리고 그 속에서 우리는 성장한다. 그러므로 당신이 아이에게 해 줄 수 있는 것은 줄 수 있는 만큼의 사랑을 주고, 할 수 있는 만큼의 최선을 다하는 것뿐이다.

또 한 가지, 아이에 대한 과도한 기대를 포기하라. 당신이 당신 부모님의 뜻대로 되지 않았던 것처럼, 아이 역시 당신 뜻대로 자라 주지 않는다. 아이는 비록 당신 몸을 빌려 태어났지만 자기만의 영혼과 꿈을 가진 독립된 인간이다. 이를 존중해 준다면 아이는 그것만으로도 자신이 가진 잠재력을 충분히 발휘하며 성장하게 된다. 때로 아이 키우기가 너무 힘들면 한발 뒤로 물러서서 관찰해 보라. 무엇인가를 필요로 하는 작은 아이와 어떻게 해야 좋을지 몰라 쩔쩔매는 철없는 부모의 모습을. 아마 딱하기도 하고 우습기도 할 것이다.

아이를 키운다는 것은 꼬마와 같이 추는 왈츠와도 같다. 일방적인 수혜가 아니라 아이의 보폭에 맞춰 가며 같이 추는 왈츠. 때로는 이끌고 때로는 넘어지지 않게 잡아 주면서 음악에 맞춰 즐겁게 춤을 추는 시간은 다시 오지 않을 소중한 시간이다.

기혼자들의 위험한 생각,
그 속에 숨어 있는
결혼의 본질

'내가 손해 본 결혼이 아닐까?'

분명 결혼은 장사나 거래가 아니다. 그런데도 사람들은 결혼을 앞둔 예비 부부의 학벌과 직업, 외모, 연봉 등을 저울에 올려놓고 비교하기를 좋아한다. 결혼 정보 업체나 중매쟁이들은 애당초 저울이 한쪽으로 너무 기우는 만남은 주선하지도 않는다. 이러한 선택 방식에 대해 눈살을 찌푸리는 사람이 많지만, 막상 자신의 일이 되면 그로부터 자유로울 수 있는 사람은 별로 없다. 어떤 배우자를 맞이했는가가 사회적 위치와 생활수준을 간접적으로 드러내는 상징이 되는 오늘날, 상대가 가진 외적 조건에 신경을 쓸 수밖에 없는 것이다.

그리고 무엇보다도 어릴 적부터 익숙한 삶의 방식을 바꾸는 것은 쉬운 일이 아니다. 결혼을 하게 되면 밥 먹는 방식, 자는 습관 등 일상의 세세한 부분까지도 서로 부딪치게 된다. 그런데 두 사람의 가치관과 생활 방식이 너무 다르면 처음부터 불필요한 마찰이 생기게 마련이다. 이러한 갈등을 줄이는 방법이 바로 경제적·문화적 배경이 비슷한 사람을 선택하는 것이다. 그럼으로써 사람들은 불필요한 오해와 소통의 장애를 조금이라도 줄여 보려고 한다.

두 사람의 심한 격차 때문에 젊은 날의 순수한 사랑이 파국으로 치닫는 과정을 섬세하게 보여 준 영화 '레이스 뜨는 여자'. 방학 중에 바닷가 마을을 찾아간 한 대학생 청년은 동네의 한 처녀를 알게 된다. 그는 그녀의 맑고 투명한 눈동자에서 휴식처를 발견하고, 맑은 영혼의 소유자인 그녀는 지친 그의 영혼을 감싸며 서로 사랑에 빠진다.

그러나 방학이 끝나고 둘이 함께 도시로 올라오면서 둘 사이의 어쩔 수 없는 간극이 점점 커지기 시작한다. 공부를 해야 하는 몸으로 도시 생활이 낯설고 서투른 시골 처녀를 돌보다 보니 청년은 차츰 지치게 된다. 게다가 친구들과 만난 자리에서 대화를 잘 알아듣지 못하는 그녀 때문에 모임은 어색한 분위기로 끝나기 일쑤였다. 서로 난처한 입장에 처하는 상황이 계속되자 청년은 고뇌하기 시작한다. 그녀를 사랑하지만 그녀와 모든 것을 함께할 자신이 없던 그는 결국 그녀를 떠난다. 집으로 돌아온 그녀는 그가 떠난 이유가 자신이 뚱뚱하고 못생겼기 때문이라고 생각해 그만 거식증에 걸리고 만다.

영화는 정신 병원에 들어간 그녀가 하얀 레이스를 뜨고 있는 모습을 비추면서 끝이 난다. 두 사람의 사랑은 순수했지만 넘어야 할 산은 너무나 높았고, 사랑은 끝내 산을 넘지 못한 채 지쳐 버린다. 그래서일까. 영화가 보여 준 사랑의 무력한 흐느낌이 아직도 여운처럼 내게 남아 있다.

가까이 서 있지만 다른 뿌리를 가진 두 그루의 나무는 자리다툼을 하다가 어느 날 서로 가지를 꼬아 마침내 하나가 되는 길을 택하게 되는데, 이들은 서로의 뿌리와 성질, 즉 서로의 차이를 인정해 주면서도 혼자였을 때보다 더 강하고 아름답게 자라난다. 이처럼 두 그루의 나무가 자라면서 하나로 합쳐지는 현상을 '언리시' 라고 하는데, 사람도 이와 다르지 않다. 두 사람이 현실에서 부딪히는 장애를 극복할 준비가 되어 있다면 사랑은 많은 것을 이긴다. 그리고 서로의 차이를 인정하고 존중하는 가운데 사랑은 더 확장되고, 또 다른 세상을 발견하게 된다.

그러나 둘 사이의 사고방식이나 생활 방식의 차이를 사랑이 식었거나 사랑하지 않기 때문에 자신과 다른 것이라고 해석한다면, 혹은 다른 세계에서 온 상대를 자신의 세상에 들어온 이방인으로 받아들인다면 사랑은 차이를 극복하지 못한 채 증발해 버린다. 사랑이 승리하느냐, 아니면 패배하느냐는 결국 각자 사랑의 한계를 인정하고 서로의 차이를 좁히기 위해 얼마나 노력하느냐에 달려 있다.

사람은 누구나 자신의 습관이나 사고방식을 고치는 데 완고하게 저항하는 습성이 있다. 그러니 만일 '내가 밑지는 것 같아' 혹은 '내가 꿀려' 라는 생각이 든다면 '사랑이 우리가 살아온 문화적·교육적 차이를 극복할 수 있을까?' 라는 질문을 스스로 하고 있는 것이다. 그리고 답은 오직 당신만이 알고 있다.

"완전 속았잖아!"

영화 '결혼은 미친 짓이다' 에서 사랑하는 사람과는 결혼하지 않고 연애만 하고 싶다는 연희(엄정화)는 연인의 달콤한 사랑의 밀어에 이렇게 답한다.

"거짓말인데도 듣기 좋아. 평생 이렇게 데이트나 하면서 그런 달콤한 말 좀 실컷 듣고 살았으면 좋겠다."

연희는 결혼의 본질 중 한 가지를 이미 알고 있는 영리한 여성이다. 왜냐하면 결혼 생활은 사랑과 결혼에의 환상이 깨지는 것으로 그 서곡을 열기 때문이다.

신혼의 달콤함과 설렘은 곧 익숙함 속으로 묻히고, 바쁘게 반복되는 일상 속에 경제적 논리가 끼어들면서 이제 결혼은 '생존과 생활을 함께하는 가족' 의 모습으로 탈바꿈하게 된다. 사소한 일상까지도 함께하는 가운데 서서히 각자의 본모습이 드러나게 되고, 여기서 실망과 절망, 놀라움과 반가움이 싹트며 변화무쌍한 결혼 생활, 그 '미친 짓'이 시작되는 것이다.

깔끔하고 신비롭던 그녀의 눈곱 낀 부스스한 얼굴이나 씻는 것을 끔찍이도 싫어하는 불결한 그를 보며 경악하기도 하고, 결혼 전에는 사랑을 위해서라면 목숨이라도 내놓을 것 같던 사람이 손가락 하나 까딱하지 않으려 하는 모습을 보면서 분노하기도 한다. 이제 로맨틱한 결혼의 꿈은 사라져 버리고, 연애 시절에는 몰랐거나 그냥 넘어갔던 상대의 단점들이 눈에 들어오면서 결혼에 대한 회의가 들기도 한다.

이미 결혼 전에 서로에 대한 모든 것을 속속들이 알고 있다고 자부하던 두 연인이 결혼 후 새삼스레 "완전 속았어!"라고 외치다니, 어찌 된 일일까?

연애는 모든 것을 공유하지는 않는다. 서로의 작은 습관이나 세세한 일상, 마이너스 통장, 어두운 가족사 등 극히 개인적인 부분은 각자의 영역으로 남아 있고, 사랑의 감정과 꿈, 겉으로 드러난 일상만을 공유한다. 그리고 상대에게 보여 주고 싶은 부분만 보여 주려 노력한다.

그러나 결혼은 그렇지 않다. 결혼은 서로를 가리고 있던 커튼을 열어젖힌다. 마치 화려한 무대 뒤에 너저분하게 널려 있는 소품과 장치들이 노출되듯이, 결혼과 함께 열린 커튼은 상대가 자신이 그동안 생각해 오고 예측해 왔던 사람이 아니라는 사실을 확인시켜 준다. 그래서 신혼 초에는 격렬한 부부 싸움이 일어나기 쉽다. 하지만 이것은 세세한 부분에서는 아직 맞지 않는 두 개의 톱니바퀴가 맞물려 돌아가면서 내는 소리라고 생각하면 된다. 그리고 마찰을 거듭하다 보면 두 개의 톱니바퀴도 부드럽게 닳아 돌아가게 마련이다.

하지만 이것마저 참지 못하고 "뭐야, 내가 속았잖아. 이럴 줄 알았으면 너랑 결혼 안 했어"라고 심각하게 분노하게 된다면 한 번 생각해 볼 일이다. 자신이 상대를 너무 원하는 방향으로만 이상화시켰던 것은 아닌지, 혹시 동화 속의 왕자님이나 순정 만화 속의 여주인공을 바라고 있었던 것은 아닌지 말이다.

또 한 가지, 결혼 생활을 좀 더 부드럽게 꾸려 나가려면 서로에게 잘 속아 주는 것도 필요하다. 상대가 왕자인 척할 때 왕자라고 속아 주고, 순정 만화의 여주인공인 척할 때 그렇게 속아 주는 것. 상대방의 결점과 실수를 잘 알고 있지만 짐짓 모른 척 속아 주는 것. 이 또한 결혼 생활의 중요한 기술임을 잊지 마라. 구속하듯 구속하지 않는 것, 놓아주듯 놓아주지 않는 것은 서로가 입을 수 있는 상처를 줄이고 서로의 존재에 감사할 수 있는 방법이다.

| "넌 날 사랑한 게 아니라 단지 필요로 했을 뿐이야"

결혼 생활을 하다 보면 '내가 저 사람에게 어떤 존재일까?' 하는 회의가 들 때가 한두 번이 아니다. '내가 돈 벌어다 주는 기계야?' 혹은 '내가 밥해 주고 빨래해 주는 가사 도우미야?' 등등 일상에 지쳐 의구심과 피해 의식이 마음속을 파고드는 때가 오는 것이다.

연인에서 부부가 되어 생활 속으로 들어가면 해결해야 할 크고 작은 일들이 기다리고 있다. 어쨌든 둘이 같이 살기 위해서는 누군가는 돈을 벌어야 하고, 누군가는 밥을 하고 빨래를 하고 쓰레기를 버리는 등 집안일을 해야 한다. 이제까지는 부모님이 다 해 주셨기에 그다지 눈여겨보지 않았는데, 직접 해 보면 그 일이라는 게 만만치 않음을 깨닫게 된다.

로빈 윌리엄스가 여자 가정부로 분장했던 영화 '미세스 다웃파이어'는 한 철없는 남편이 이혼 후에야 비로소 좋은 남편과 아빠라는 게 어떤 것인지 깨닫는 과정을 코믹하게 보여 준다. 다니엘은 자유분방하며 천진난만한 사람으로, 항상 기발한 놀이로 아이들을 즐겁게 해 주고 아내를 지극히 사랑한다. 그러나 그는 아이들과 한바탕 놀고 난 뒤 그 쓰레기는 누가 치우는지, 가장의 역할까지 떠맡고 있는 아내의 고충은 얼마나 큰지에 대해서는 전혀 관심이 없다. 그러던 어느 날 참다못한 그의 아내가 이혼을 요구한다. 이혼 후 여장을 하고 자신의 집에 가정부로 취직한 다니엘은 비로소 그동안 아내가 얼마나 힘들고 외로웠는지를 이해하기 시작한다. 뒤늦게 아내에게 자신이 얼마나 어린아이 같고 이기적이었는지를 깨닫고 후회하고 있다고 말하지만 이미 모든 것이 늦은 후였다.

영화에서 보듯이 한 사람이 즐겁기 위해서는 그 뒤에서 그가 놀 수 있도록 뒷받침해 주는 다른 사람의 희생이 필요하다. 마치 어릴 적 소풍 갈 때 아이들은 그저 즐겁지만, 그 뒤에는 새벽부터 일어나 아이의 도시락과 소풍 가방을 챙겨야 하는 엄마의 고단함이 있는 것처럼 말이다.

그런데 어릴 적부터 엄마의 보살핌을 당연시했던 사람들은 막상 결혼 생활을 시작하면 행복은 그냥 만들어지는 것이 아니고 어떤 식으로든 노동이 필요한 것임을 알게 된다. 문제는 매일매일 반복되는 일들이 지루하고 소모적이어서 보람을 느끼기 힘들다는 데 있다. 그래서 내가 이렇게 힘든데 알아주지 않는 상대가 야속하게 느껴지면서 과연 상대가 나를 사랑하는 건지, 아니면 자기 편하자고 결혼한 건지 의심하게 된다. 더구나 이런 일에 초보자라면 일이 더욱 힘들게 느껴지면서 누군가 이 일을 소리 없이 해 주었으면 하는 바람이 슬그머니 고개를 들게 된다. 사랑한다면 내 엄마, 아빠가 그랬던 것처럼 상대가 나를 편하게 해 줘야 하는 것 아닌가 하는 이기적인 발상을 하는 것이다. 그러다 보니 일의 분담을 놓고 마찰이 일어난다.

사랑이 자신의 생존을 위해 상대를 필요로 하는 감정이자 행위임을 어느 정도 인정한다 해도 끝없이 요구만 하는 사랑은 미숙한 사랑이다. 자신이 행복하면 당연히 상대도 행복할 것이라는 착각을 버려라. 진정한 사랑은 배려 위에서 성장한다. 상대의 마음이 다치지 않도록, 상대의 힘든 부분을 같이 나누려 노력해야만 일상의 지루하고 소모적인 일들에 치이지 않고 행복을 가꾸어 나갈 수 있다.

'그 사람이었으면 달랐을 텐데……'

가지 못한 길에 대한 회한은 누구에게나 남는다. 특히 현재의 상황이 불행하게 느껴지는 사람이라면 더욱 그렇다. 하지만 그런 생각을 계속하다 보면 더 행복할지도 모를 가능성을 차 버린 자신이 바보처럼 느껴지면서 현재의 불행을 견디는 게 더 어려워진다.

가능성과 현실 사이의 갈등은 결혼 생활에도 적용된다. 결혼과 함께 연애의 낭만은 사라지고 반복되는 일상과 경제적 압박에 허덕이다 보면 사랑했던 기억은 가물가물해지고, 배우자의 무능하고 못마땅한 면들을 점점 더 견딜 수 없게 된다. 거기서 더 나아가면 배우자는 자신이 불행한 원인이 되어 버린다. 그러면 예전에 부모님의 구속으로부터 현재의 배우자가 자신을 구출해 주기를 바란 것처럼, 이제는 결혼이라는 불행과 감옥 속에서 자신을 구출해 줄 또 다른 상대를 꿈꾸게 된다.

외롭지 않기 위해 결혼했는데, 배우자를 보며 더 깊은 외로움이 찾아오는 시기가 있다. 그러면 과거에 사귀었거나 좋은 감정을 가졌던 사람들이 떠오르면서 그들의 블로그나 미니홈피를 들락거리게 된다. 혹은 같은 직장에서 매일 얼굴을 마주치는 동료와 개인적인 고민을 나누다 사랑에 빠지기도 한다. 배우자에게서 채워지지 않던, 이해받고 배려받고 싶은 욕구가 충족되면서 사랑이 불타오르는 것이다.

소위 말하는 '불륜'은 그 단어가 가진 무거움에 비해 상당히 쉽게 시작된다. 그것은 비밀스럽기에 더 뜨겁고 자극적이며, 두 사람의 관계는 사랑에 대한 꿈만 공유하기 때문에 더 달콤하고 좀처럼 포기하기 어려운 것이 된다.

그런데 가만히 생각해 보자. 지금 막 사랑에 빠진 그 사람과 일상을 같이하더라도 과연 행복할 수 있을까? 지금은 자신을 배려하고 이해해 주지만 같이 살게 되면 또다시 사소한 일로 충돌하며 싸우게 되지 않을까? 만일 그 사람과 결혼 생활을 하다가 지금의 배우자를 뒤늦게 만났다면 어땠을까? 상대만 바뀔 뿐 같은 일이 반복되지 않을까? 또 똑같이 결혼 생활에서 실망한 부분을 다른 사람으로부터 채우려 들지 않을까?

결혼 생활을 불행하게 만드는 또 다른 요소로 배우자를 다른 사람과 끊임없이 비교하는 습성을 들 수 있다. 막상 한 사람을 선택해서 결혼을 하고 보니 다른 사람의 선택이 더 좋아 보여 나도 모르게 자꾸만 비교를 하게 되는 것이다. "옆집 남자는 돈도 잘 벌어 오고 가정적이던데……", "김 과장 와이프는 살림도 잘하고 애교도 만점이던데……" 하는 말을 들으면 "그래, 그 사람 데려와서 잘 살아 봐"라는 큰 소리가 나게 마련이다. 그러나 내 배우자보다 잘나 보이는 그 사람의 모습이 그의 전부는 아니다. 그가 집에서 자신의 배우자에게 어떨는지는 아무도 모르는 일이다.

그래도 자꾸만 배우자의 결점을 보며 당신의 선택에 대해 깊은 회한이 밀려온다면, 잠시 시선을 당신 자신에게 돌려 볼 필요가 있다. 당신이 달라지지 않는 한 배우자를 다른 사람으로 바꾼다 한들 비슷한 문제는 반복될 것이기 때문이다. 여러 번 비슷한 이유로 이혼하는 사람들이 그렇듯이 말이다. 그리고 만일 당신이 지금 유혹에 흔들리고 있다면 혹시 가지 못한 길을 보느라 현재의 길에 피어 있는 예쁜 꽃들을 놓치고 있는 것은 아닌지 한번 살펴보라.

'당신이 죽어 버렸으면 좋겠어'

누가 맨 먼저 이랬을까? 마누라가 죽으면 남편은 화장실 가서 웃는다고 말이다. 그 모습을 상상만 해도 소름이 끼친다. 초췌한 얼굴로 조문객들을 맞이하던 남자가 혼자 화장실에 들어가 웃고 있는 모습이라니……. 아마도 이 말은 결혼의 일상에 질려 속으로 마누라가 죽어 버렸으면 좋겠다고 생각하는 남자들의 상상에서 시작됐을 것이다. 하지만 아내들도 그리 순하지만은 않다. 술을 마시고 늦게 들어온 남편이 식구들 다 깨워 소란을 피울 때면 아내는 등을 보이고 모로 누운 채 이렇게 생각할지도 모른다.

'당신이 죽어 버렸으면 좋겠어.'

결혼 생활이 어느 순간 감옥처럼 느껴질 때가 있다. 그럴 때 우리는 잔소리하는 사람이나 일을 시키는 사람이 없는 홀가분한 세상을 꿈꾼다. 심지어 상대가 조용히 사라져 주기를 바라기도 한다. 그러나 참으로 불가사의한 관계가 바로 부부 사이이다. 죽었으면 좋겠다고 생각한 남편이 막상 연락도 없이 며칠 동안 안 보이면 불안함이 요동을 치고, 뒷모습도 쳐다보기 싫던 아내가 어느 날 아파서 쓰러지면 혼자 남을까 봐 덜컥 겁부터 난다.

오 헨리의 단편 소설 『시계추』는 그런 결혼 생활의 불가사의한 측면을 코믹하게 보여 준다. 주인공 존은 직장에서 집으로 퇴근,

아내와 저녁 식사, 다시 외출, 친구들과 당구 게임, 다시 집이라는 기본적인 일상의 틀을 가진 남자다. 그 사이사이에 끼어드는 아내의 잔소리는 그의 심드렁한 일상을 더욱 재미없게 만든다.

그런데 어느 날 당구를 치고 집으로 돌아오니 아내가 없다. 시간이 흐를수록 그는 점점 더 불안해진다. 사실 그는 아내가 없는 생활을 단 한 번도 생각해 본 적이 없다. 아내는 그의 생활 속에 공기처럼 녹아 있는 존재였지만 그는 그 고마움을 몰랐다. 아내의 부재로 그를 묶어 놓은 결혼이라는 사슬이 풀렸지만 그는 아무것도 할 수 없다. 아내를 혼자 두고 친구들하고만 어울렸던 자신을 질책하기 시작한 존. 순간 친정에 다녀온 아내가 아무렇지도 않게 문을 열고 들어온다. 잠시 머뭇거리던 존은 시계를 보고 일어선다. 아직 친구들이 당구장에 있을 시간!

아내의 부재로 아내의 존재감을 뒤늦게 깨닫지만, 아내가 돌아온 즉시 그 모든 것을 잊고 또다시 이기적인 일상으로 돌아가는 존.

우리는 이 소설을 통해 부부가 함께 산다는 것에 대해 다시 한 번 생각해 보게 된다. 부부는 성적인 욕망과 사랑받고 싶은 의존적 욕망, 공격성, 탐욕과 질투, 어린아이와 같은 유치한 욕심 등 자신의 모든 것을 상대에게 노출시키는 사이이다. 그런데 이처럼 생존과 행복을 위해 서로를 절실히 필요로 하기 때문에 오히려 자신이 배우자에 의해 구속당하고 통제당하고 있다는 느낌을 받기 쉽다. 그래서 자유롭게 혼자 있고 싶다는 생각을 종종 하게 된다. 하시만 막상 혼자가 되고 보면 이야기는 달라진다. 물론 처음에는 오랜만에 찾은 자유가 신선한 공기처럼 느껴지며 마치 감옥에서 해방된 것 같은 기분이 들기도 한다. 그러나 이런 기분은 잠시, 하루 이틀이 지나면서 안절부절못하는 자신을 발견하게 된다. 혼자 먹는 밥은 맛을 모르겠고, 좋아하는 텔레비전 프로그램을 마음 놓고 볼 수 있는데도 왠지 모르게 심드렁해진다. 그리고 혼자 이렇게 중얼거린다.

"그렇게 지긋지긋하더니, 왜 이리 허전한 거지? 왜 그 잔소리가 그립고 듣고 싶은 거지?"

이는 부부 사이를 유지시켜 주고 돈독하게 만드는 가장 큰 힘이 바로 '함께함'이기 때문이다. 혼자 하는 경험은 순간적인 경우가 많지만, 배우자와 함께 나누는 경험과 감정은 그 사이에서 공명하며 증폭된다. 뿐만 아니라 배우자가 나와 함께 그 경험을 기억하고 있다는 사실은 그 경험이 실재했음을 확인시켜 주며 그것에 생명력을 불어넣어 준다. '기쁨은 나누면 배가 된다'는 말처럼 감동 역시 나누면 공명하며 증폭된다. 그리고 보존된다.

사소한 습관까지도 알고 있는 사람, 그걸 알면서도 자신을 참고 견뎌 줄 뿐 아니라 사랑해 주는 사람, 그래서 인생의 역사를 같이 써 내려가는 사람, 현재의 경험을 공유하고 그 경험에 의미와 생명력을 불어넣어 주는 사람, 그 사람이 바로 당신의 배우자이다. 무엇이든 '함께할' 그 누군가가 있다는 것, 그것이야말로 삶의 가장 큰 축복이 아닐까?

그럼에도
우리가 사랑을 하는 이유

　인생은 어쩌면 헤밍웨이의 『노인과 바다』에 등장하는 노인처럼 하루도 빠짐없이 혼자서 거친 바다로 나가야 하는 고행의 연속인지도 모르겠다. 게다가 노인처럼 사흘간의 사투 끝에 큰 물고기를 잡았다 하더라도 다른 물고기들에게 살점을 다 뜯기고 앙상한 뼈만 끌고 해안가로 돌아올지도 모른다.

　인생의 마지막 장에, 그처럼 앙상한 뼈만 남았을 때 우리에게 위안이 될 수 있는 것은 과연 무엇일까? 만약 죽을 때, 그 마지막 순간에 가지고 가야 할 기억이 있다면 무엇을 꼽을까? 학교에서 1등 했던 기억? 일에서 성공한 기억? 복권에 당첨되었을 때의 기억? 글쎄, 아무리 기쁘고 영광스런 기억이 있다 한들 죽음을 앞두고 있는 나에게 그것들이 위로가 될까? 그보다는 죽어 가는 내 옆에서 두려움에 벌벌 떠는 나의 손을 꼭 잡아 줄 사람이 있다면, 그리고 내 귀에 '사랑한다'고 속삭여 주고 나 또한 '사랑한다'고 말해 줄 사람이 있다면, 그것이 진정 나의 삶이 완성되는 순간 아닐까?

사랑하는 사람들과의 기억은 우리가 죽음을 덜 두려워할 수 있도록 도와준다. 왜냐하면 사랑의 기억은 사람들에게 자신이 중요한 사람이었음을 일깨워 주고, 목숨보다 더 사랑했던 사람과의 기억은 자기 초월적인 경험을 제공함으로써 죽음의 공포를 초월하는 데 도움을 주기 때문이다. 더구나 죽어 가는 내 옆에 사랑하는 사람이 있다면 내가 헛살지 않았다는 안도감을 갖게 된다.

인간은 관계 안에서 태어나 관계 속에서 살아간다. 그리고 죽음이란 그 동안 맺었던 관계의 매듭을 풀고 삶이란 무대에서 사라져 가는 노배우의 모습과 닮아 있다. 노배우를 사랑했던 사람들이 찾아와 서서히 내려오는 커튼을 아쉽게 바라보며, 무대 뒤로 사라지는 그에게 진심 어린 사랑과 이별의 박수를 보냄으로써 그의 고달팠던 연극 인생을 완성시키듯 우리네 인생도 마찬가지다. 살면서 맺은 수많은 관계가 죽음을 어떻게 맞이하느냐를 결정짓는다.

'아침엔 네 발로, 점심엔 두 발로, 저녁엔 세 발로 걷는 동물은 무엇인가?'

오이디푸스에게 던졌던 그 유명한 스핑크스의 수수께끼다. 답은 물론 '인간'이다. 이 문답에는 인간의 삶에 필요한 관계에 대한 메

타포가 숨어 있다. 인간은 어릴 때는 전적으로 타인에게 의지하고 타인의 도움을 받으며 자라다가 성인이 된 후에는 독립적인 인간이 되어 자기의 두 발로 당당히 인생을 헤쳐 나간다. 하지만 나이가 든 다음에는 타인 없이는 살아갈 수 없는 자신을 발견하고 타인의 다리 하나에 자신의 무게를 싣고 살아간다. 이것이 우리네 삶의 아름다운 모습이다. 그 여러 관계 맺음 중에서 우리를 가장 행복하게 하고 삶을 가장 가치 있게 만드는 관계가 바로 사랑이다. 그중 남녀 간의 진정한 사랑은 이 지구 상에서 우리가 경험할 수 있는 최상의 행복과 천국을 제공해 준다.

사랑은 혼자 살아가기엔 너무나 연약한 인간들이 발전시킨 가장 고귀한 감정이다. 이것은 내적·외적 유혹이나 위험으로부터 관계를 지키게 함으로써 서로의 결속을 단단히 하며, 서로의 내면을 열어 진정한 조우(encounter)를 가능케 한다. 사랑은 또한 우리를 인생의 새로운 단계로 나아가게 만든다. 왜냐하면 여태껏 나를 둘러싸고 있던 심리적 장벽과 터부를 깨뜨릴 수 있는 가능성과 어린아이 때는 할 수 없었던 것을 배우고 익힐 수 있는 기회를 제공하는 것이 바로 사랑이기 때문이다. 사랑은 우리를 성숙시킨다. 사랑 안에서 우리는 과거의 상처를 극복하고 과거로부터 자유로워질 수 있으며, 그럼으로써 좀 더 자유롭게 나를 찾아 앞으로 나아간다.

그런데 사랑은 경우에 따라서 지상의 천국 대신 지옥을 보여 주기도 한다. 굳이 지옥까지는 가지 않더라도 사랑은 사람들에게 기대와 환희와 행복을 약속하는 만큼, 실망과 상처와 불행을 안겨 줄 가능성을 안고 있다. 왜냐하면 사랑처럼 간절한 감정도 없을뿐더러 사랑하는 연인처럼 서로 가까운 관계도 없기 때문이다. 절실할수록 실망도 크게 마련이며, 가까울수록 서로에게 상처를 입힐 가능성 또한 높다.

그럼에도 우리는 사랑을 한다. 짐 캐리가 열연했던 영화 '이터널 선샤인'은 서로의 마음에 비수를 꽂고 헤어진 연인들이 다시 만나 사랑에 빠지는 이야기다. 두 사람은 헤어진 직후 너무 고통스러운 나머지 상대방과 관련된 모든 기억을 지워 버리는 뇌신경 수술을 받는다. 하지만 뭔지 모를 힘에 이끌려 두 사람은 다시 예전의 장소에서 만나게 된다. 그리고 예전에도 그랬던 것처럼 또 한 번 서로에게 끌린다. 그런데 다시 만남을 이어 가려는 순간, 두 사람은 자신들이 과거에 사랑했던 사이이며, 서로를 엄청나게 미워하며 헤어졌다는 것을 알고는 당황하게 된다. 먼저 도망치는 건 여자 쪽이다. 그녀는 완강하게 그를 거부한다.

"당신은 나를 곧 거슬려 할 거고, 나는 또 당신을 지루해할 거야."

그러자 그들의 사랑을 운명이라 믿고 돌아온 남자는 대답한다.

"그래도 괜찮아…… 괜찮아."

그가 '괜찮아'를 반복하며 그녀를 다독이는 사이, 그녀의 얼굴은 점점 환해진다.

관객들은 이 영화에서 가장 기억에 남는 대목으로 위의 장면을 꼽는다. 나 역시 그랬다. 과거에 그랬듯 또 아플 수도 있겠지만 그럼에도 지금은 사랑을 하자는 메시지가 나의 가슴을 울렸다. '내 생애 가장 아름다운 일주일'이란 영화도 마찬가지다. 이 영화를 이루고 있는 일곱 가지 이야기는 우리네 인생살이, 신날 것이라곤 잠깐밖에 없는 산 넘어 산의 연속이지만 그래도 사랑할 수 있어서 아름답다고, 사랑할 수 있어서 다행이라고 말한다. 그리고 니체가 남긴 명언이 이 영화의 대미를 장식한다.

"몇 번이라도 다시! 끔찍한 인생이여!"

살아 있는 동안 누군가와 천국에 머무는 듯한 사랑을 경험했다면 그 사람은 무척 행복한 사람일 것이다. 어떤 사람은 한 번에 그런 사랑을 찾기도 하고, 또 어떤 사람은 몇 번 만에 그런 사랑을 만나기도 한다. 또 어떤 사람은 그런 사랑을 찾아 계속해서 방황한다. 어찌 되었든 사랑을 하지 않는 것보다는 불행한 사랑이라도 하는 것이 낫다.

세상에 완벽한 사랑은 없다. 완벽한 현실도 없다. 모든 것은 유동적이다. 그러나 사랑이 우리를 성숙시키고 우리의 인생을 완성시킨다는 것은 변하지 않을 진실이다.

사람의 마음속에는 무엇이 있는가? 사랑

사람에게 허락되지 않는 것은 무엇인가? 죽음

사람은 무엇으로 사는가? 사랑

—톨스토이, 『사람은 무엇으로 사는가』 중에서

심리학이 서른 살에게
들려주고 싶은
이야기

마음먹은 만큼
성공할 수 있다

무표정한 심사 위원 셋. 그중 한 명이 심드렁하게 질문을 던진다.

"무슨 노래 부르러 오셨나요?"

출연자의 모습은 평범하다. 아니, 솔직히 평범하지는 않다. 못생긴 외모에, 남루한 양복, 볼록하게 나온 배. 심지어 앞니마저 부러져 있다.

"오페라 한 곡 부르겠습니다."

잔뜩 긴장한 출연자가 짧게 대답하자마자 노래의 전주가 흘러나온다. 오페라 '투란도트'의 아리아 '공주는 잠 못 이루고'. 물론 그를 주목하는 사람은 아무도 없다. 하지만 그가 노래를 시작하자 심사 위원들은 심상치 않다는 듯 자세를 고쳐 앉는다. 소리가 제법 깊이 있다고 생각했는데, 곡의 마지막 하이라이트 부분에서 출연자가 안정된 바이브레이션 창법으로 고음을 내뿜자 관객들은 자리에서 일어나 일제히 기립 박수를 보낸다. 환호와 탄성이 쏟아지는 가운데 몇몇 관객은 감동의 눈물까지 흘린다.

위의 이야기는 실화인데, 출연자는 영국 웨일스의 한 도시에서 휴대폰 외판원으로 일하던 서른여섯 살의 폴 포츠였다. 어렸을 때부터 못생긴 외모에 어눌한 말투로 놀림을 받던 그는 가수가 되는 것이 꿈이었다. 그러나 그를 받아 주는 곳은 아무 데도 없었다. 꿈을 이루기 위해 안간힘을 쓰는 그에게 운명은 가혹한 시련만을 안겨 주었다. 악성 종양으로 대수술을 받아야 했으며, 오토바이 사고로 쇄골을 다치기도 했다. 결국 하루하루 생계를 유지하는 것조차 벅찬 상태가 되었지만, 가수가 되겠다는 꿈만은 결코 포기하지 않았다.

그 결과 그는 영국에서 일반인들의 스타 등용문으로 유명한 방송 '브리튼스 갓 탤런트'에 출연해 위와 같이 우승을 거머쥐었다. 그는 상금으로 10만 파운드를 받고, 대회가 끝나자마자 악평으로 유명한 심사 위원이자 대형 음반 제작사를 운영하는 사이먼 코웰과 100만 파운드에 음반 계약을 체결했다. 그의 데뷔 앨범은 영국 UK차트 1위에 올랐고 발매 2주 만에 30만 장이 팔려 나갔다. 그의 감동적인 이야기는 순식간에 전 세계로 퍼져 나가 일주일 만에 천만 명의 네티즌이 그의 동영상을 클릭했다. 이제 그는 3년 동안의 스케줄이 벌써 정해져 있는 전 세계에서 가장 바쁜 오페라 가수 중 한 명이다. 모두가 그를 비웃었지만, 그는 서른여섯 살에 당당하게 자신의 꿈을 이뤘다.

서른 살이 넘은 시점에 갑자기 인생을 전환하기란 쉽지 않다. 남들은 이미 길을 정해서 전력을 다해 질주하고 있는데, 이제 와 새로운 꿈을 꾼다는 게 무모한 도전처럼 느껴지기 때문이다. 일찍이 꿈을 접고 살아온 선배들은 방황하는 서른 살에게 말한다.

"제발 꿈 깨라! 꿈 깨! 네 나이가 몇인데 아직도 꿈 타령이냐? 꿈이 밥 먹여 줘? 지금 하는 일이나 잘해. 그것도 제대로 못하면서 무슨······."

그들의 말이 완전히 틀린 것은 아니다. 서른 살이 넘어 새로운 것을 해 보겠다고 도전해 봤자 받아 주는 곳이 별로 없는 것이 현실이니까. 그러나 불가능한 것은 아니다. 서른 살이 넘어도 새로운 꿈에의 도전은 가능하다. 남의 인생이라고 쉽게 이야기하는 것은 결코 아니다. 사실, 서른 살이 넘어 시작하는 새로운 일은 오히려 성공할 확률이 높다. 서른이란 나이가 갖는 여러 장점이 그걸 가능하게 만든다.

우선, 서른 살은 이상과 현실이 만나는 시기이다. 그래서 이상에만 치우치지 않고 좀 더 현실적인 꿈을 꾸게 된다. 30여 년을 살아오면서 자신과 현실의 한계를 알게 되고 따라서 꿈을 현실에 맞게 조율해 나갈 수 있게 되는 것이다. 고등학교 시절을 떠올려 보라.

대학에 붙으면 고생 끝 행복 시작, 대학에 떨어지면 인생도 끝난다고 생각했지만 과연 그랬는가. 대학에 붙어도 또 다른 경쟁의 세계가 우리를 기다리고 있었고, 대학에 떨어져도 삶의 길은 많았다. 대학에 떨어진 뒤 정말 하고 싶은 일을 찾은 사람도 많다. 즉 우리는 20대를 거치며 'all or nothing'의 흑백 논리를 떠나 인생에서 최선이 아니면 차선이 있음을, 실패가 곧 끝이 아님을 알게 되면서 실패를 받아들일 수 있게 된다.

그래서 앞의 폴 포츠도 '결승전에서 떨어지면 다시 휴대폰 팔면 되지'라는 생각으로, '실패할 수도 있어. 그렇지만 후회하지 않도록 최선을 다할 거야'라는 생각으로, 무대에 올라 마음껏 자신의 기량을 발휘할 수 있었다. 만일 그가 '이게 안 되면 나는 끝이야'라고 생각했다면 아무도 그를 주목하지 않는 분위기에서 실수를 할까 봐 더욱 긴장했을 테고, 그러면 자신의 실력을 100퍼센트 발휘하지 못했을지도 모른다.

한편 나이가 들어 좋은 점 또 한 가지는 뇌의 기능이 점점 발달해 통합력이 높아진다는 것이다. 통합력이 높아지면 세상을 좀 더 포괄적이고 종합적으로 볼 수 있게 된다. 따라서 일도 예전처럼 즉흥적이 아니라 보다 통합적이고 장기적인 안목을 가지고 추진한다. 20대의 열정으로 시작한 일이 실패하는 사례가 많은 데 비해, 서른 살이 넘어 치밀한 계획을 세워 시작한 일이 성공할 확률이 높은 이유는 바로 그 때문이다.

또한 서른 살이 넘으면 인생이 그리 길지 않다는 것이 서서히 피부에 와 닿기 시작한다. 이러한 시간에 대한 인식은 더 절실하게 자신이 좋아하는 것에 몰두할 수 있게 한다. 나이 들어 좋은 점은 진심으로 자기가 좋아하는 것이 무엇인지 알 수 있으며, 어떻게 이 짧은 인생을 사는 것이 정말 가치 있는 것인지에 대한 성찰이 생긴다는 점이다. 그래서 남들과 경쟁해서 승리해도 그것이 자신에게 의미가 없으면 허무하다는 사실을 깨우치게 된다.

이렇게 자신의 능력과 한계를 깨닫고, 진정 자신이 원하는 것을 찾을 수 있으며, 자신의 꿈을 현실과 조율할 수 있는 능력, 이것은 20대의 젊음이 가질 수 없는 능력이다.

『해리포터』 시리즈로 영국 여왕보다 더 부자가 되었다는 작가 조앤 롤링이 『해리포터』의 첫 권을 발표했을 때 그녀 나이는 서른둘이었다. 알려진 대로 그 책을 내기 전 그녀의 삶은 생활보호자 연금을 받을 만큼 궁핍했고, 이혼한 채 혼자 키우던 갓난아기를 맡길 곳이 없어 일자리조차 얻을 수 없었다.

그러나 그녀는 절망하지 않고 묵묵히 원고를 썼다. 왜냐하면 그녀는 20대 때 번번이 실패로 돌아간 직장 생활의 경험을 통해 자신의 재능이 글을 쓰는 데 있음을 깨달았기 때문이다. 가장 하고 싶고 가장 잘할 수 있는 일을 발견한 그녀에게 지나간 인생에 대한 후회는 없었다. 비록 결혼에 실패하고 직장 생활도 실패로 돌아갔지만, 그것은 그녀에게 문제가 되지 않았다. 그저 최선을 다해 글을 쓴 그녀는 결국 인생의 대반전을 이루어 냈다.

그러므로 서른은 무언가 새로운 것을 시작하기에 결코 늦은 나이가 아니다. 아니, 서른은 다 잃어도 새로 시작할 수 있는 나이이다. 『20대에 하지 않으면 안 될 50가지』로 밀리언셀러 작가가 된 나카타니 아키히로는 서른 살을 8년 다닌 직장을 그만두는 것으로 시작했다.

"그만두겠습니다."

광고 회사에 다니던 시절, 상사에게 그렇게 말한 날이 내 인생에서 최고의 날이었습니다. 나는 가슴속에서 솟구치는 기쁨을 참지 못해 웃음을 터뜨리고 말았습니다. 내가 무슨 일을 하고 싶어 하는지 알기 때문에 상사도 구태여 말리지 않았습니다. 다만 당분간 아무에게도 말하지 말라고 해서, 친한 동료에게도 말할 수 없었습니다. 하지만 터져 나오는 웃음까지 감출 수는 없었습니다.

무엇이든 언제 시작했느냐 하는 것은 중요하지 않다. 얼마나 열정을 갖고 어떤 준비 과정을 거쳐 어떤 마음으로 시작했느냐가 중요하다. 그리고 위의 나카타니 아키히로처럼 일단 자신의 깊은 내면이 시키는 대로 무엇인가를 결정했다면 뒤돌아보지 말아야 한다. 이것은 큰 꿈에 도전했던 이들이 공통적으로 내는 목소리이다.

전라남도의 작은 섬 완도에서 태어나 미국 PGA를 석권한 프로 골퍼 최경주. 그의 별명은 '탱크'다. 언젠가 한 인터뷰에서 그는 자신의 별명이 참 마음에 든다고 말했는데, 그 이유가 '탱크는 뒤로 갈 수 없는 병기'인데 자신도 한번 간 길은 뒤돌아보지 않기 때문이란다. 최근 가장 드라마틱하게 자신의 꿈을 이룬 폴 포츠도 말했다. 먼저 꿈을 이루기 위해 최선을 다하고, 그러고 나서는 뒤돌아보지 말라고 말이다.

서른 살이 넘어 진정 자신이 원하는 것이 무엇인지 알았다면 꿈꾸기를 두려워하지 마라. 당신이 진정 좋아하는 일로 성공하고 싶다면, 그 바람을 행동으로 옮긴다면, 그리고 실패를 두려워하지 않는다면 그 꿈은 분명 이루어질 것이다. 비록 가는 길이 험난하고 때론 넘어져 다칠 수도 있지만, 인생에서의 성공은 꿈꾸는 자의 몫이다.

서른,
더 뜨겁고 간절한 사랑을
할 수 있는 나이

신문사 기자인 J씨는 주말에 간간이 이벤트처럼 소개팅을 한다. 하지만 그렇게 만난 여자와 석 달 이상 만나 본 적이 없다. 상대에게 특별히 싫은 면을 발견한 건 아니지만 그렇다고 딱히 사랑할 만한 결정적인 이유를 발견하지도 못했다. 그래서 만남을 질질 끄느니 끝내는 게 낫겠다 싶어 그만둔 것뿐이다. 그렇게 30대 중반에 접어드니 주변에서 묻는다.

"도대체 뭘 기대하는 거야?"

글쎄, 나는 뭘 기대하는 걸까? J는 스스로 조용히 묻는다. 설마 스무 살에 처음 만나 20대 중반까지 같이 보낸 첫사랑 때의 감정

같은 것? 아니, 그런 감정이라면 이미 수년 전에 깨끗이 정리하고 포기한 부분 아니었나? 스무 살의 불꽃같은 사랑은 이제 더 이상 없다. 기대하지 말자. 기대하지 말자.

서른 살이 넘어 소위 노총각, 노처녀 반열에 들어서면 사람들은 열정적이고 낭만적인 사랑은 끝났다고 생각한다. 이미 사랑도 한두 번은 해 봤고, 그 결말의 쓸쓸함도 맛본 그들은 사랑에 대해 비관적이며 냉소적이다. 그들은 사랑을 믿지 못할 뿐 아니라 마음속의 열정 또한 다 식어 버렸다고 생각한다. 그래서 사랑 때문에 가슴앓이를 하는 후배들에게 거침없이 말한다.

"사랑은 무슨 사랑 타령이니? 어디 크게 흠 없고, 딱히 싫은 구석 없으면 그냥 만나는 거지. 거기가 거기고, 그 사람이 그 사람이야. 뭐 다른 세 있는 줄 아니?"

그도 그럴 것이 그들은 주위에서 서로 죽고 못 살 정도로 사랑해서 결혼했지만 나중에는 서로를 증오하며 이혼하는 커플을 너무 많이 봤다. 이혼만 안 했지 이혼한 거나 다름없는 커플은 또 얼마나 많은가. 이 모든 것을 보고 겪으며 서른 살을 넘기면 모든 것이 심드렁해지고 세상을 다 산 것 같은 느낌마저 든다.

하지만 그렇다고 그들이 사랑을 전혀 기대하지 않으리라고 생각한다면 그것은 오해다. 사랑에 대해 냉소적이 된 것은 더 이상 사랑 때문에 상처받고 싶지 않기 때문이다. 오히려 그들은 누구보다도 마음속 깊이 사랑을 갈구한다. 문제는 그들이 원하는 사랑이 너무나 이상적이라는 것. 그렇기 때문에 결국에는 사랑에 절망하게 되기가 쉽다. 단지 그들이 원하는 그런 이상적인 사랑이 없을 뿐인데도 말이다.

그러나 불행인지 다행인지 사랑의 감정은 평생 늙지 않는다. 사랑의 열정 역시 나이를 아무리 먹어도 사그라지지 않는다. 일흔 살이 넘은 노인도 사춘기 소년처럼 사랑에 들뜰 수 있다. 사랑의 열정은 언제 어디서건 활활 타오를 불씨를 우리 가슴속에 남겨 놓고 있다. 어떤 계기가 있어 이 불씨에 산소가 공급되면 불씨는 다시 활활 타오르기 시작한다. 그리고 나이가 들면 사랑도 심드렁해진다는 통념과는 달리 나이 들어 하는 사랑의 열정이 더 뜨겁게 타오른다.

그것은 왜일까? 나이를 먹는다는 것은 살아온 세월만큼의 경험이 우리 내부에 쌓인다는 뜻이다. 우리는 직간접적인 수많은 경험을 통해 인생의 다양한 측면을 이해하게 된다. 또한 우리 내부에 있는 수많은 모순과 싸우면서, 그리고 세상 사람들이 가지고 있는 불합리한 면들과 부딪치면서 인간의 욕망과 한계를 이해하게 된다. 그러면 자신과 타인에 대해 관대해지면서 그동안 두려워서 억압해 오던 욕망을 허용하고 풀어 놓을 수 있게 된다. 욕망을 즐기고 삶의 활력으로 삼을 수 있는 힘 또한 얻게 된다.

그래서 나이가 들면 자신의 욕망에 좀 더 솔직해지고, 충실해지며, 과감해진다. 이제 상대에게 자신이 원하는 것을 솔직하게 요구하고, 상대가 원하는 것을 자연스럽게 받아들이고, 서로의 기쁨을 나누며 행복한 순간들을 만들어 가게 된다. 따라서 나이 들어 하는 사랑은 더 열정적일 수밖에 없다.

한편 서른 살이 넘으면 이전 사랑의 경험을 바탕으로 사랑의 위험한 함정을 피해 가는 법을 배우게 된다. 사랑의 한계를 알기에 상대에게 너무 많은 것을 요구하지 않으며, 뒤늦게 만난 상대의 소중함을 알기에 상대를 더욱 배려하면서 서로가 원하는 더 깊고 절실한 사랑을 나누게 되는 것이다.

또 하나, 나이 들어서 좋은 점은 사람을 보는 눈이 생긴다는 것이다. 30년이 넘는 세월 동안 수많은 사람을 겪어 오면서 저마다 다른 사람을 파악할 수 있는 능력을 조금씩 키워 왔다. 그래서 적어도 상대가 나와 맞는 사람인지, 상대의 의중이 어떤지에 대해 나름대로 파악할 수 있고, 따라서 잘못된 상대와 잘못된 사랑에 빠질 위험성이 훨씬 줄어들게 된다.

만일 로미오와 줄리엣이 10대가 아니라 서른 살이 넘은 사람들이었다면 이야기는 어떻게 전개되었을까? 사회적·경제적 독립이 가능한 그들은 자신들의 힘만으로도 충분히 사랑을 이룰 수 있었을 것이다. 반대하는 집으로부터 도망치기 위해 굳이 신부님의 도움을 구할 필요도 없었을 테고, 죽음을 가장하지 않아도 되었을 것이며, 따라서 오해에 따른 비극적 죽음도 막을 수 있었을 것이다. 물론 그들은 자신들의 가치관과 감정적 끌림 사이에서 좀 더 갈등했을 것이고, 그들의 사랑이 가져올 파장에 대해 좀 더 숙고했을 것이며, 사랑을 이루기 위한 현실적인 방법을 좀 더 모색했을 것이다. 즉 그들은 10대의 로미오나 줄리엣처럼 맹목적으로 사랑의 열병에 자신들을 태우지만은 않았을 것이다.

하지만 이런 특성으로 인해 나이 들어 하는 연애는 시작하는 것 자체가 어렵기도 하다. 사랑을 시작하기에 앞서 자신의 내적 갈등부터 극복해야 하기 때문이다. 그렇다고 사랑에 빠져 있으면서도 이것저것 현실적인 고민을 하게 되는 자신을 '속물'이라고 비하할 필요는 없다. 책임에 대한 인식이 높아져 가는 나이에 책임질 수 있는 사랑을 고민하는 것은 지극히 당연한 일이다. 그리고 나이 들어서의 건실한 현실 감각은 젊음의 무모성과 사랑의 맹목성으로부터 자신을 지키고 사랑을 좀 더 실현 가능한 것으로 만들어 준다.

사랑은 어느 때고 우리에게 찾아올 수 있다. 그리고 앞에서도 살펴봤지만 나이가 들면 연륜이 주는 경험과 포용력으로 인해 더욱 뜨겁고 열정적으로 사랑을 즐길 수 있게 된다. 그러니 서른 살이 넘었다고 해서 사랑의 비관자가 될 이유는 전혀 없다. 지레 포기하거나 움츠러들 필요도 없다. 서른 살, 당신은 더 멋지고 더 뜨거우면서도 안전한 사랑을 할 수 있다. 지난 경험으로부터 배울 수만 있다면, 그리고 지금 절실히 사랑을 원한다면 말이다.

마음먹은 만큼
행복해질 수 있다

H는 열여덟 살 난 여고생이었다. 그런데 주중에는 교복으로 연출할 수 있는 최대한의 멋을 내는 데 온 신경을 집중했고, 주말에는 어른처럼 꾸미고 화장하느라 정신이 없었다. 또 한 가지, 담배를 피웠다. 그것도 많이. 곁에서 지켜보기 안타깝던 나는 어느 날 작정하고 말을 꺼냈다.

"담배 피우면 행복하니?"

대답을 끌어내는 게 쉽지는 않았지만, 결국 그런 것 같다는 소극적인 답을 들었다.

"네 몸은 별로 행복하지 않을걸? 지금은 잘 못 느끼겠지만 조금만 지나면 바로 나타나."

"그게 언젠데요?"

"글쎄, 오래 버텨도 서른 살쯤?"

그런데 내 입에서 서른 살이란 단어가 떨어지기가 무섭게 대꾸를 한다.

"서른 살 넘으면 어차피 행복은 끝 아니에요?"

그러면서 자기는 이미 담배를 너무 많이 피워서 그때까지 살지도 못할 거라고 했다. 마치 서른 살까지 살면 큰일이라도 날 것처럼.

왜 원하는 것을 가져도 불행한 걸까?

누구나 해가 바뀌면 나이를 한 살 더 먹는다. 그러므로 누구나 살아 있는 한 서른 살을 맞이한다. 그런데 H처럼 학창 시절 서른이 되면 죽을 거라던 친구가 한 명 있었다. H나 그 친구나 왜 서른이란 나이를 그처럼 끔찍하게 생각했을까? 왜 그 나이가 되면 행복하지 않을 거라고 단정 지었던 것일까?

행복의 사전적 정의는 '모자라는 것이 없어 기쁘고 넉넉하고 푸근하다' 이다. 그런데 서른 살은 그런 감정 대신 불행을 느끼기 쉬운 나이이다. 이제까지 꿈꿔 오던 이상적인 세상 대신 차갑고 고달픈 현실에 부딪히면서 좌절하고 우울해지기 쉽기 때문이다.

게다가 현대 사회는 행복 과잉 시대이다. 드라마와 영화에서는 매일 행복한 사람들의 화려한 일상이 펼쳐지고, 상품 광고는 '이것을 사면 당신은 행복해질 겁니다'라는 메시지를 계속 보낸다. 이제 행복은 상품화되어 간다. 그래서 사람들은 행복도 돈을 주고 살 수 있다는 착각 속에 빠진다.

그러나 물질적 충족에 의한 행복은 짧고 허망할 뿐이다. 왜냐하면 지금 내가 가진 것보다 더 좋은 물건은 항상 있게 마련이며, 우리의 욕심은 끝이 없기 때문이다. 나를 행복하게 했던 물건은 그보다 더 좋은 것을 발견하는 순간, 불행의 원인이 되고 만다. 그것밖에 못 가졌기 때문에 불행해지고 마는 것이다. 다행히 돈이 많아서 원하는 물건을 샀다고 치자. 그보다 더 좋은 물건이 없을까? 그러다 보면 돈이 아무리 많아도 행복해질 수 없다. 실제로 각 나라의 행복 지수를 조사한 결과, 행복 지수가 가장 높은 나라는 방글라데시나 나이지리아 같은 가난한 나라였다. 결국 행복은 돈과는 상관없이, 현재의 삶에 얼마나 만족하느냐에 달려 있는 것이다. 그리스 철학자 메네데모스는 이에 대해 다음과 같이 말했다.

"원하는 것을 가질 수 있다면 그것은 커다란 행복이다. 하지만 그보다 더 큰 행복은 갖고 있지 않은 것을 원하지 않는 것이다."

우리가 가장 행복한 순간

현대 사회는 이미지의 시대이다. 그래서 사람들은 행복을 느끼기보다는 남들에게 행복하게 보이는 것에 더 집착한다. 카메라 앞에 선 배우처럼 항상 웃음을 띠고 행복을 연기하는 것이다. 그러나 그러면 그럴수록 내면적으로 공허해지고, 그 텅 빈 느낌을 메우기 위해 더욱 강박적으로 행복에 집착하게 된다.

그러다 보니 행복감과 쾌락을 혼동하기도 한다. 사실 가장 강렬한 행복감은 본능적인 것들이 아무런 제재 없이 충족되었을 때 찾아온다. 그러나 이 황홀감은 애석하게도 불꽃처럼 곧 꺼져 버린다. 불꽃이 꺼진 후 어둠이 더 짙게 느껴지듯이 강렬한 감정이 사라지고 나면 더 깊은 공허함이 엄습한다. 사람들은 이 무력한 공허감으로부터 벗어나기 위해 더 강렬한 감정을 원하고, 더 강한 자극을 찾아 헤맨다. 그래서 마약이나 섹스에 중독되는 사람이 자꾸만 늘어난다.

행복은 보이기 위한 것이 아니다. 남들이 어떻게 보든 내가 행복하다고 느끼는 것이 우선되어야 한다. 이와 관련해 재미있는 설문 조사 결과가 있다. 「런던 타임스」에서 가장 행복한 사람에 대한 정의를 독자로부터 모집하여 순위를 매겼더니 다음과 같이 나타났다. 1위는 모래성을 막 완성한 어린아이, 2위는 아기를 목욕시키고 난 어머니, 3위는 세밀한 공예품을 만든 뒤 휘파람을 부는 목공, 4위는 어려운 수술을 성공리에 마쳐 막 생명을 구한 의사였다. 이 결과를 보면 우리가 정말 행복을 느끼는 순간은 내가 해야 할 일을 해낸 순간, 혹은 내가 타인에게 중요한 존재임을 느낄 때이다.

이를 뒷받침해 주는 또 하나의 연구 결과가 있다. 런던 대학교의 포드사비 박사 연구팀은 삶의 만족도를 '비참함'에서 '행복함'까지 7단계로 나누어 만 명에게 설문 조사를 실시했는데, 그 결과 인간을 가장 행복하게 만드는 것은 우정과 성공적인 인간관계로 나타났다. 이 결과를 반증하듯 역사적으로나 세계적으로 탁월한 성취를 이룬 사람들, 커다란 역경을 극복한 사람들, 또 자기 삶에 높은 만족을 보이는 사람들에게는 반드시 이들을 신뢰하고 지지하며 사랑해 주는 친밀한 관계가 있었다.

불행을 바라지 않는 것만으로는 부족하다

행복의 또 다른 문제는 행복을 느끼는 시간이 짧다는 점이다. 행복한 순간은 금세 지나가고 다시 똑같은 일상이 찾아온다. 그 일상은 그리 행복하지도, 그렇다고 그다지 불행하지도 않은 무덤덤한 시간으로 이루어진다. 누구나 항상 행복한 것은 아니며, 아무리 행복해도 지극히 평범한 일상을 맞이하게 마련이다.

그렇다고 해서 지루한 일상을 불행하게 생각하고 뭔가 다른 것이 있어야 한다는 강박 관념을 가질 필요는 없다. 행복하기를 원한다면 오히려 권태로운 시간을 잘 견딜 수 있어야 한다. 이에 대해 냉소주의자들은 다음과 같이 말할지도 모른다.

"행복하냐고? 행복은 미신이자 유혹이야. 그건 순간적으로 지나가는 꿈 같은 거지. 행복한 순간이 지나가면 다시 버거운 일상으로 내려오게 되지. 우리의 삶이란 행복을 찾아 헤매다 결국은 우리가 불행하다는 것을 발견하게 되는 과정일 뿐이야."

만약 당신도 그렇게 생각한다면 생각을 바꿔 보라. 우리는 좀 더 적극적으로 행복해질 수 있다. 만일 행복을 절실히 원한다면 말이다.『시크릿』이란 책에서 론다 번은 수세기 동안 성공과 부를 이룬 사람들의 공통점을 조사하면서 우주에는 '끌어당김의 법칙'이 존재한다는 사실을 발견했다. 우리가 무엇이든 적극적으로 원하는 것에 집중하면 그것은 정말 이루어진다. 반대로 원하지 않지만 자꾸 그것을 의식하고 생각만 해도 정말 그런 일이 일어난다. 즉 긍정적인 생각이든 부정적인 생각이든 그것을 계속 생각하면 우주에서 그것을 끌어당기기 때문에 그런 일이 일어난다는 것이다.

나 또한 이와 비슷한 현상을 정신분석 치료 과정에서 자주 경험했다. 환자가 과거의 특정 기억 때문에 힘들어서 그 고민을 털어놓고 상담을 하고 있으면, 환자의 신상에도 어김없이 그와 관련된 일이 일어났다. 한 여자 환자가 어릴 적 그녀가 아팠을 때 부모님이 별로 신경도 안 쓰고 귀찮아 했다는 이야기를 하는 과정이었는데, 그녀의 아이가 갑자기 아프기 시작했다. 그녀는 아이를 정성껏 돌보면서 과거 자신이 받고 싶던 보살핌을 아이에게 줌으로써 대리만족을 느꼈고, 또한 아이를 돌보며 간간이 힘들고 짜증이 나는 감정을 느끼면서 당시 자신의 부모가 어떤 심정이었는지를 어렴풋이 이해하게 되었다.

내가 책을 쓸 때도 마찬가지 일이 많이 일어났다. 수년 전 내가 사랑에 관한 책을 쓸 때였다. 1년여 동안 사랑에 관한 온갖 책과 논문을 읽고 원고를 쓰면서 보냈는데, 신기하게도 그 무렵 사랑 문제로 고민하는 환자가 부쩍 늘었다. 심지어 일흔 살이 넘은 할아버지도 사랑 문제로 병원을 찾아왔다. 이런 현상은 다음해 우울에 관한 책을 쓸 때도 계속됐다. 내가 우울에 몰두하자 이번에는 우울함을 호소하는 환자들이 모여들었다.

이처럼 무언가를 절실히 원하고 그것에 몰두하면 실제로 그러한 일이 일어난다. 따라서 행복을 절실히 원하면 행복은 오게 되어 있다. 불행하기를 원하지 않는 것만으로는 부족하다. 불행하지 않으려는 마음에만 몰두하다 보면 불행을 피하는 데 에너지를 모두 낭비하게 된다. 그러나 행복하기를 바라면 우리의 눈에는 행복해질 수 있는 길이 보인다. 그러면 불행을 피하기 위해 괜한 에너지를 낭비하지 않아도 되고, 행복의 지름길을 찾아갈 수 있다.

서른 살의 당신도 행복해질 수 있다. 당신이 그것을 진심으로 원하고 믿는다면 말이다. 당신 앞에는 넓은 개척지가 펼쳐져 있다. 비록 외롭고 두려움이 앞서긴 하지만, 새로운 모험은 흥분과 기대를 동반한다. 이 개척지에 행복한 집을 지을지, 불행한 집을 지을지는 온전히 당신의 선택에 달려 있다. 만일 당신이 사소한 것에서도 행복을 느낄 줄 안다면, 인생에는 굴곡이 있음을 인정한다면, 행복해지길 절실히 원한다면, 그리고 마지막으로 세상이 항상 당신의 바람에 화답할 것이라는 믿음을 갖는다면 당신은 분명 행복한 집을 짓게 될 것이다.

당신은 언제나 옳다, 그러니 거침없이 세상으로 나아가라

사람들은 곧잘 이렇게 말한다.

"그때 그 시절로 다시 돌아갈 수만 있다면, 이렇게 살지는 않을 텐데……."

그러나 그런 말을 들을 때마다 나는 속으로 생각한다. 나는 절대로 그 시절로 돌아가고 싶지 않다고……. 돌아가 봤자 달라지는 건 아무것도 없을 것이다. 내가 지금의 기억과 생각을 고스란히 가지고 그 시절로 돌아가지 않는 이상, 아무리 내가 그 시절로 돌아간다 한들 나는 또다시 그때처럼 살 수밖에 없을 것이다. 그게 바로 '나'였으니까 말이다.

이런 생각을 할 때면 떠오르는 환자가 있다. 어느 날 서른 살의 태영 씨가 갑자기 오른쪽 팔꿈치 아래쪽이 마비가 되어 병원을 찾아왔다. 신경학적 검사를 해 보니 아무 이상이 없고, 마비된 양상도 신경학적 소견과 전혀 맞지 않았다. 그럼에도 불구하고 태영 씨는 팔이 전혀 움직이지 않으며 감각이 없다고 호소했다. 사람들은 그가 꾀병을 부린다고 생각해 눈살을 찌푸렸다.

그러나 태영 씨의 마비는 일시적이고 부분적이긴 했지만 사실이었다. 그는 술만 마시면 가족을 때리는 아버지에 대해 강한 적개심과 분노를 안고 자라났다. 그런데 며칠 전 길거리에서 술 마신 나이 든 남자와 싸움이 붙었다. 자꾸 와서 시비를 거는 남자를 "이거, 좀 놓으세요" 하면서 떼 내려고 했을 뿐인데, 그 남자가 중심을 못 잡고 땅바닥에 넘어졌다. 그 남자는 "젊은 놈이 사람을 치네!"라며 고래고래 소리를 지르고 아프다며 엄살을 피웠다. 태영 씨는 화가 나서 그를 한 대 치고 싶었으나 그가 다쳤을까 봐 겁이 나 그러지 못했다.

그때부터였다. 태영 씨의 팔이 움직이지 않기 시작한 것은. 당시 태영 씨의 마음속에서는 평소 억눌렀던 아버지에 대한 분노가 튀어나오려고 했다. 그러다 그 남자가 넘어지자 태영 씨는 자기가 아버지를 해칠지도 모른다는, 자신의 분노에 대한 두려움과 죄책감이 일어났다. 그런 태영 씨가 할 수 있는 일은 위험한 행동을 할지도 모르는 자신의 팔을 마비시키는 것이었다. 물론 이 모든 과정은 태영 씨의 무의식 안에서 그도 모르게 일어났다. 그러나 태영 씨의 자아 강도와 정신 구조로는 그러한 방법이 당시의 갈등을 해결하는 최선책이었다.

드왈드란 정신분석가는 "환자는 언제나 옳다"라고 말했다. 환자가 어떤 방어 기제를 사용하여 어떤 증상을 보이든지 당시 그 환자로서는 자신이 할 수 있는 최선을 다했다는 사실을 인정해야 한다는 말이다. 태영 씨의 경우도 마찬가지였다. 그가 당시 취할 수 있는 방법은 여러 가지였다. 어떻게든 술에 취한 그 남자를 떼 내고 자리를 피할 수도 있었고, 그 남자를 타이를 수도 있었으며, 그 남자를 파출소에 데려다 줄 수도 있었다. 그런데 태영 씨는 그중 아무것도 하지 못하고 대신 자신의 팔을 마비시켰다. 그것이 그가 취할 수 있는 최선의 방법이었기 때문이다.

그러므로 태영 씨에게 꾀병을 부린다고 비난할 것이 아니라 그럴 수밖에 없던 그의 마음을 이해하고 공감해 주는 것이 먼저다. 그래야만 마비된 팔이 정상적으로 움직일 수 있다.

당신은 그때 최선을 다했다

당신도 마찬가지다. 과거에 실수나 잘못을 저질렀는데, 지금 생각해 보면 말도 안 되는 선택과 결정 때문에 벌어진 일이었다. 다시 돌아간다면 그런 미련한 선택을 하지 않을 텐데, 좀 더 올바른 선택을 할 텐데……. 이런 후회는 누구나 할 수 있다. 하지만 곰곰이 생각해 보라. 그때 당신이 그런 선택을 한 근거는 무엇이었고, 결국 그렇게 할 수밖에 없었던 이유는 무엇이었는가? 그 또한 당신 나름대로는 오랜 숙고 끝에 내린 결정이었다면, 그것이 그 당시로서는 최선의 결정 아니었을까? 물론 지금의 판단력으로는 말도 안 돼 보이긴 하지만, 그것은 모든 것을 경험하고 난 지금의 당신 눈에 비친 그림일 뿐이다. 그러니 과거의 잘못에 연연하며 후회와 연민으로 세월을 낭비하지 마라. 중요한 것은 그러한 경험이 쌓여 현재의 당신이 되었다는 사실이다. 그리고 현재 당신의 선택과 행동이 옳을지 그를지는 미래가 알려 줄 것이다.

"네가 항상 옳다는 것을 잊지 마라. 심지어는 네가 틀렸더라도 말이다!"

'로빈슨 가족'이라는 애니메이션에서 로빈슨 부인이 주인공인 루이스에게 해 주는 말이다. 그래서 로빈슨 가족은 루이스가 땅콩버터 분출기를 고치는 데 실패해도 박수를 치고 환호를 보낸다. 비록 실패했어도 최선을 다한 루이스에게 박수를 보내는 것이다. 로빈슨 부인의 말이 아니더라도 당신 또한 항상 옳다. 왜냐하면 당신은 언제나 최선을 다하고 있기 때문이다. 그리고 그 순간의 판단이 설령 틀렸다 할지라도 그 실패로부터 배우고 앞으로 나아가면 된다.

많은 성공담을 통해 우리가 배울 수 있는 교훈은 '중요한 것은 실패가 아니라 그 실패로부터 무엇을 배우고 앞으로 나아가느냐 하는 것이다. 그리고 작은 실패는 큰 실패를 막아 준다. 실패의 경험이 단 한 번도 없다면, 나중에 걷잡을 수 없는 큰 실패에 직면하게 될지도 모른다.

서른이라는 나이가 당신에게 주는 선물

서른이라는 나이는 또다시 최선을 다해 앞으로 나아가려는 당신에게 선물이 될 것이다. 30년의 세월이 주는 선물, 그것은 바로 하고 싶은 것을 선택할 수 있는 자유와 당신의 인생을 스스로 운전할 수 있는 능동성이다.

우선 서른 살의 당신에게는 하고 싶은 것을 마음껏 해도 되는 자유가 있다. 물론 그 무엇도 보장된 것은 없고 확실한 것도 없다. 그럼에도 부모로부터 경제적으로나 심리적으로 완전히 독립한 당신은 자유롭게 당신이 가고 싶은 길을 갈 수 있다. 그리고 당신이 무엇인가를 절실히 원하고 그것을 향해 실패를 두려워하지 않고 나아간다면 꿈은 이루어질 것이다.

또 하나, 서른 살의 당신에게는 자신에 대한 확신과 능동성이 있다. 지금까지의 당신은 내적·외적 세계의 압력으로부터 벗어날 수 없는 수동적이며 무기력한 사람이었지만, 정체성을 확립한 당신은 이제 스스로 상황을 조정하고 통제할 수 있다는 자신감이 생기면서 스스로에 대한 긍정적인 확신을 얻게 된다. 스스로가 자신의 인생을 결정짓고 자신의 인생에 책임질 줄 아는 능동적인 사람으로 거듭나는 것이다. 그러한 자신에 대한 확신은 불확실한 미래를 헤쳐 나갈 수 있는 원동력이 된다. 이처럼 서른 살이 주는 확신과 여유 덕택에 당신은 비로소 인생을 즐기며 살 수 있게 된다.

한편 서른은 어른다움을 지닌 성인이 되는 나이이다. 경험이 없어 인생을 이상적으로만 보던 20대를 뒤로하고 인간과 세상의 여러 측면을 인정하기 시작하는 나이, 자신의 의견과 반대되는 것도 매우 중요한 진실이 될 수 있음을 알게 되는 나이, 사물을 조각조각으로 보지 않고 통합적으로 볼 수 있는 나이. 그러나 그러면서도 서른 살은 아직 젊다. 20대의 활기와 정열이 여전히 넘쳐흐른다. 그래서 서른은 인생을 호기심과 열정으로 대할 수 있으면서도 좀 더 폭넓게 인생을 수용하기 시작하는 축복받은 나이이다.

젊음과 나이 듦의 장점이 서로 만나고 섞이기 시작하는 나이인 서른의 당신은 당신의 미래를 만들어 갈 수 있다. 어떤 것이든 당신의 결정과 판단이 옳다고 확신한다면, 그리고 실수와 실패를 두려워하지 않고 그것으로부터 배울 준비가 되어 있다면, 당신의 미래는 많은 가능성을 향해 열려 있을 것이다. 그러니 당신 자신을 믿고 세상을 향한 발걸음을 힘차게 내디뎌라. 왜냐하면 당신은 언제나 옳으니까!

서른 살이 심리학에게 묻다

초판 1쇄 발행 2008년 2월 18일
초판 187쇄 발행 2025년 1월 20일

지은이 김혜남

발행인 이봉주 **단행본사업본부장** 신동해
디자인 이석운 김미연
마케팅 최혜진 이은미 **홍보** 반여진 허지호 송임선
제작 정석훈

브랜드 갤리온
주소 경기도 파주시 회동길 20
문의전화 031-956-7208(편집) 02-3670-1123(마케팅)
홈페이지 www.wjbooks.co.kr
인스타그램 www.instagram.com/woongjin_readers
페이스북 https://www.facebook.com/woongjinreaders
블로그 blog.naver.com/wj_booking

발행처 ㈜웅진씽크빅
출판신고 1980년 3월 29일 제 406-2007-000046호

ⓒ 김혜남 2008 (저작권자와 맺은 특약에 따라 검인을 생략합니다.)
ISBN 978-89-01-07858-8 03180

갤리온은 ㈜웅진씽크빅 단행본사업본부의 브랜드입니다.
이 책은 저작권법에 따라 보호받는 저작물이므로 무단 전재와 무단 복제를 금지하며, 이 책 내용의 전부 또는 일부를 이용하려면 반드시 저작권자와 ㈜웅진씽크빅의 서면동의를 받아야 합니다.

ⓒ Salvador Dali, Foundation Gala-Salvador Dali, SACK, Seoul, 2008
이 서적 표지에 사용된 Salvador Dali의 작품은 SACK를 통해 VEGAP와 저작권 계약을 맺은 것입니다.
저작권법에 의하여 한국 내에서 보호를 받는 저작물이므로 무단 전재 및 복제를 금합니다.

· 잘못된 책은 구입하신 곳에서 바꾸어 드립니다.
· 책값은 뒤표지에 있습니다.